제3판

교육과정과 교육평가

CURRICULUM & EDUCATIONAL EVALUATION

김진규 저

동문사

제3판 머리말

2002년 3월에 「교육과정과 교육평가」라는 단행본을 처음 출간하였고, 5년이 지난 2007년 6월에 개정판을 발행하였다. 개정판을 펴낸 지도 어언 7년의 시간이 경과되었다. 그동안 이 책은 여러 대학에서 교재로 채택되어 예비교사들에게 교육과정과 교육평가를 비교적 쉽게 이해하도록 도와주는 안내서로 널리 활용되었다. 무엇보다도 독자 여러분들이 크나큰 관심을 가진 덕분에 저자는 제3판의 원고를 기쁜 마음으로 완성할 수 있었다. 물심양면으로 도와주신 주위의 많은 분들께 다시 한 번 감사의 말씀을 전하고 싶다.

개정판을 출간한 이후에 교육과정과 교육평가 분야에 많은 변화와 두드러진 발전이 이루어졌다. 먼저 '교육과정 및 교육평가'로 개설되던 교직과목이 교육과정과 교육평가로 분리되어 두 과목으로 가르치도록 규정이 개정되었다. 이어서 2007 개정 교육과정, 2009 개정 교육과정, 2011 개정 교육과정, 2015 개정 교육과정, 그리고 유치원의 3-5세 연령별 누리과정 등과 같은 교육과정이 큰 변화를 겪게 되었다. 또한 2012년 3월 학기부터 중등학교에 성취평가제가 도입되어 성취기준의 적용과 더불어 학교생활기록부 기재 방식이 크게 변경되었다.

괄목할만한 변화의 흐름 속에서 현장 교사들은 교육과정을 재구성하는 전문가로서 역할을 담당하는 동시에 학생평가 전문성을 더욱 더 확고하게 신장시켜야 할 것이다. 이러한 급변하는 교육 환경을 즉각적으로 반영하기 위하여 이 책의 개정 작업을 서둘러 추진하게 되었다.

개정판에서 드러난 미비점을 수정하였고, 낡고 불필요한 부분을 과감하게 삭제하는 대신에 새로운 내용을 추가하였다. 또한 교육과정 분야에서는 개정판의 기본 골격을 그대로 유지하면서 개정된 교육과정 내용을 최대한 반영하였다. 교육평가 분야에서는 6개 장 가운데 수행평가와 정의적 특성 평가를 별도의 장으로 신설하였다. 비교적 복잡한 교육평가의 모형, 컴퓨터 검사, 그리고 문항반응이론 등과 같은 일부 내용은 부록에서 간략하게 소개하는 방식을 취하였다.

특히 교육과정과 교육평가의 새로운 변화상을 최대한으로 반영하는 동시에, 이들 두 분야에 대한 현장 교사들의 전문성을 제고시키기 위한 실천적 학습지침서를 만들어 보겠다는 초심을 잃지 않으려고 노력하였다. 그러나 여전히 현장 교사들이 손쉽게 활용하기에는 다소 부족하다는 느낌을 말끔하게 지울 수 없었다. 끝으로 어려운 여건 하에서도 출판을 맡아 주신 동문사 이중수 사장님, 유은아 팀장을 비롯한 편집팀의 모든 분들께 감사드린다.

2015년 11월

金 鎭 奎

초판 머리말

학교교육현장을 비롯한 교육활동이 전개되고 있는 여러 교육 장면에서 가장 본질적인 과제는 학생이나 교육 대상에게 무엇을 어떻게 가르칠 것인가를 결정하고 가르치고 있는 과정과 결과를 확인하는 일이다. 이와 관련된 여러 문제를 탐구하는 영역이 바로 교육과정, 수업, 그리고 교육평가라는 세 가지 연구 분야이다. 무엇을 가르칠 것인가의 문제를 탐구하는 것이 교육과정의 영역이고, 가르치는 것과 관련된 여러 활동이 성공적으로 이루어지고 있는가를 확인하는 것이 교육평가의 분야이다.

그동안 교육과정과 교육평가는 예비교사를 양성하는 대학에서 교직과목의 한 과목으로 소개되어왔다. 사실 현직 교사들이 실제로 담당하고 있는 직무에서 교육과정과 교육평가의 과제가 차지하는 비중에 비추어 보면 이 두 분야가 상대적으로 지나치게 소홀히 취급해왔다고 해도 과언이 아니다. 그럼에도 불구하고, 대학에서 이 과목에 대한 교육은 사실상 실제적인 측면보다는 이론적인 부분에 더 치중되어 왔다고 판단된다. 이러한 결과로 인하여 교직과목에서 배운 교육과정과 교육평가에 대한 이론적인 지식과 학교 현장에서 적용하는 실제적인 측면과는 상당한 간격이 있다는 사실을 인정하지 않을 수 없다.

교직을 선택하는 예비 교사나 현직 교사들은 교육과정과 교육평가에 대한 전문적 지식과 현장에의 적용 능력을 갖추고 있어야만이 교육전문가로서의 전문성을 발휘할 수 있을 것이다. 그래서 이 책은 이러한 교사들의 교육과정과 교육평가에 대한 전문성을 제고시키기 위하여 필수적인 기본개념과 현장에 적용하는 문제를 아울러 다룬 지침서로 역할을 충실히 수행할 수 있도록 쓰여졌다. 무엇보다도 교육과정과 교육평가의 영역에 대한 다양한 이론을 소개하는 것에 치우치지 않고 현장의 실무적인 문제를 해결하도록 도와주는 현장위주의 적용하는 문제를 아울러 강조하여 집필하고자 하였다. 궁극적으로 교사들이 교육과정과 교육평가에 대한 전문성을 확보하고 있을 경우에 그들의 강력한 교육력을 행사할 수 있으며, 나아가 학교교육의 질적 개선과 발전에 기여할 것이라고 기대할 수 있다.

이 책은 크게 교육과정과 교육평가 분야로 구분되어 있다. 제1장부터 6장까지는 교육과정의 이해와 적용을 도와주기 위해서, 그리고 제7장부터 12장까지는 교육평가의 이해와 실천을 돕기 위해서 집필되었다. 먼저 교육과정의 이해와 적용을 도와주기 위하여 교육과정의 개념과 유형, 그리고 개발모형을 살펴보았고 우리나라 교육과정의 변천과정과 현행 제7차 교육과정의 주요 특징을 정리하였다. 특히 단위학교에서 직접 담당해야 하는 학교교육과정 편성방법과 학교교육과정 평가방법을 구체적으로 제시하였다.

다음으로 교육평가의 이해와 실천을 위하여 교육평가의 개념, 모형, 그리고 유형에 관련된 내용을 정리하였다. 현장에서 실제적으로 요구되는 평가문항의 제작능력과 분석능력을 신장시키는 데 보다 많은 지면을 할애하였다. 특히 수행평가 과제의 제작방법을 구체적으로 제시하였고, 전통적인 고전검사이론과 최신의 문항반응이론을 간략하게 정리하였다. 마지막으로 최신의 컴퓨터활용 평가방법을 소개하였다.

이 책을 집필하면서 교육현장에서 교사들이 교육과정과 교육평가에 관련된 전문성을 신장시키는 데 도움이 되는 이론적 토대와 실천적 지침을 제시해보려는 욕심을 부렸다. 그러나 탈고하고 보니 아직도 현장에서 손쉽게 적용하는 부분이 다소 미약하다는 느낌이 들었다. 앞으로 이 문제를 더욱더 보완할 것을 약속드리며 독자들의 많은 관심과 지도편달을 바란다.

끝으로, 책이 완성되기까지 여러분이 많은 격려와 도움을 주었다. 경북대학교 은사님이신 변창진 선생님, 대구가톨릭대학교의 정일환 박사님, 그리고 부천대학의 윤길근 박사님께 깊은 감사를 드린다. 또한 어려운 여건 하에서도 출판을 맡아 주신 동문사 이중수 사장님을 비롯한 직원 모두에게 진심으로 감사하는 마음을 전한다.

2002년 2월

金 鎭 奎

차 례

제 2 장 교육과정의 이론적 배경

제 3 장 교육과정의 유형

제 6 장 | 우리나라 교육과정의 변천

제 7 장 교육평가의 기초

제 8 장 교육평가의 유형

제12장 평가결과의 분석과 활용

부 록

제1장
교육과정의 기초

현행 교육과정을 문이과 통합형 교육과정으로 개정하는 문제를 둘러싸고 뜨거운 논쟁이 가열되고 있다. 21세기 융복합 시대에 적합한 창조적 인재를 육성하기 위하여 문이과의 구분을 없애야 한다는 주장이 제기되고 있다. 이러한 현안을 반영한 새로운 교육과정에 대한 교육이해 당사자들의 관심이 집중되고 있다. 학생지도를 직접 담당하고 있는 교원들을 비롯하여, 교육현장을 지원하는 교육행정가, 학부모 집단과 사회 각계각층의 인사들까지도 새로운 교육과정에 대한 지대한 관심을 표명하고 있다.

이 장에서는 교육의 기본관점을 비롯하여 교육과정의 개념정의, 교육과정의 종류, 그리고 교육과정의 구성요소에 관하여 간략히 살펴보기로 한다. 교육과정이 무엇인가를 개념적으로 정의한다는 것은 결코 쉬운 문제는 아니다. 이러한 교육과정에 대한 개념은 여러 학자들에 의해 꾸준히 논의되어 왔다. 무엇보다도 교육과정이 교육의 본질적인 영역의 하나임을 인식하여 교육에 대한 이해의 폭을 넓히는 계기가 되어야 할 것이다.

1절 교육의 기본 관점

1. 교육의 의미

사람들이 살고 있는 가정, 학교, 사회에서는 어떤 형태의 교육이 존재한다. 사람이 태어나서 죽을 때까지 교육은 평생 계속된다. 이러한 교육에 대한 정의는 매우 다양하다. 교육에 대한 어원도 한글, 한자, 영어에서 주는 의미가 다양하다. 한글에서 교육은 '가르치다'와 '기르다'의 합성어로 갈고 닦게 하는 훈련을 통하여 성장시킨다는 의미를 지니고 있다. 한자어로 교육(教育)은 어른이 막대기를 들고 아이들이 본받도록 하고(教) 어머니가 자식을 안고 키운다(育)는 의미의 훈육과 양육을 동시에 갖고 있다. 영어의 'education'은 '밖'을 뜻하는 e와 '꺼내다'를 뜻하는 'duco'의 합성어로 '안에 있는 잠재적 특성을 밖으로 꺼낸다'는 의미를 지니고 있다(박봉목, 1977).

교육에 대한 여러 학자들의 정의도 다양하다. 예컨대, 교육은 아동을 사회화시키는 활동, 인간행동을 계획적으로 변화시키는 것, 교육받은 사람이 장차 거기에 헌신할 가치 있는 것을 전수해 주는 일, 인간의 성장가능성을 최대한으로 신장시키도록 돕는 일, 그리고 최대한의 자아실현을 돕는 일 등과 같다. 이들 정의에서 공통점은 교육의 대상이 사람이라는 것이고, 가르치는 사람과 배우는 사람과 그들 간의 상호작용이 일어나는 환경으로 구성되어 있다는 것이고, 더 나아가 배우는 사람은 배우기 전보다는 무엇인가 달라진다는 것으로 요약될 수 있다. 따라서 교육이란 사람을 더 나은 상태로 변화시키려는 활동이라고 정의할 수 있다.

2. 인간관

교육이라는 현상의 표적은 인간이다. 인간을 어떻게 보고 인간에 대한 시각을 어떠한 관점에서 보느냐에 따라 교육의 모습은 달라질 수 있다. 인간의 본성, 인간의 행동, 그리고 목적의식에 따라 인간을 분류하면 다음 <표 1-1>과 같다(성태제, 2009).

〈표 1-1〉 인간에 대한 분류

인간의 본성	인간의 행동	목적의식
성선설	수동적	무목적
성악설	능동적	유목적
중립설	상호작용적	현상학적

인간의 본성을 선하다고 보는 경우 자연히 본성이 밖으로 드러나기 때문에 아무런 제약을 가할 필요 없이 그대로 두면 선한 본성이 저절로 개발될 것으로 본다. 인간의 본성이 악하다고 본다면 인간의 악성이 밖으로 표출되지 않도록 그러한 본성을 억압해야 한다는 논리가 성립한다. 인간의 악성을 표출되지 않도록 하기 위해 훈육, 훈련, 수양 등이 필요하다고 본다. 인간의 본성을 중립적으로 보면 인간이 선하게 되거나 악하게 되는 것은 후천적 경험을 통해서 이루어진다고 믿는다. 그래서 선악의 내용을 결정하는 경험과 감각을 중요시하게 된다.

인간의 행동에 대한 시각에는 수동적, 능동적, 그리고 상호작용적이라는 3가지 관점이 존재한다. 인간이란 외부의 자극이나 영향에 수동적, 반사적으로 반응하는 수동적 유기체로 보는 관점이 있다. 또한 인간이란 자기의 의식, 능력, 동기, 감정을 스스로 밖으로 표출하는 적극적 유기체로 보는 관점도 있다. 그리고 인간과 환경과의 상호작용에 의해 인간을 규정하려는 관점도 존재할 수 있다(황정규, 1989).

목적의식에 따라서는 인간을 무목적, 유목적, 현상학적으로 분류한다. 무목적 인간이란 어떤 특별한 목적 없이 행위를 한다는 관점이고, 유목적 인간이란 어떤 행위를 하든지 목적을 가지고 행위를 한다는 관점이다. 그리고 현상학적 해석이란 인간의 행위에 의미가 부여될 때 목적이 생긴다는 관점이다.

여기서 세 가지 차원과 세 가지 시각을 조합하면 독특한 교육사상이 형성되고 교육이론도 달라질 수 있다. 성악설-수동적-무목적의 조합은 자극과 반응의 연결을 통한 인간 개발을 주장하는 행동주의와 기능주의 이론이 탄생한다. 성선설-능동적-유목적의 인간관을 바탕으로 자연적 방법에 교육을 맡기려고 하는 낭만적 자연주의 교육관이 형성된다. 성선설-상호작용적-현상학적 해석을 중심으로 한 인간관을 가질 때 거기에는 인간주의 교육관이 형성된다.

3. 학습자 관점

교육의 대상이 인간이며, 학습하는 주체인 학습자를 다양한 관점에서 볼 수 있다. 학습자에 대한 기본가정, 변화 가능성, 그리고 학교와 교사의 역할에 따라 우수-열등 학습자, 빠른-느린 학습자, 그리고 개별 평등 학습자로 구분하면 다음 <표 1-2>와 같다.

〈표 1-2〉 학습자 관점에 따른 분류

관점 \ 학습자	우수-열등	빠른-느린	개별 평등
기본 가정	학습능력 차이	학습속도 차이	학습조건 차이
변화 가능성	선천적 고정 불변	중간적 제한적 변화	후천적 변화 가능
교사 역할	변별 선발	학습시간 확대	개별화된 학습환경

우수한 학습자와 열등한 학습자가 있다는 시각에서 보면, 학습자의 학습능력은 비교적 고정적, 선천적이므로 변화시킬 수 없는 것으로 간주한다. 그래서 학교에서는 우수한 학생과 열등한 학생을 가려내어서 우수한 학생들을 격려하는 일에 최선을 다한다. 교사들은 학생들의 능력 차이를 인정하고 변별, 등급, 선발 등을 강조한다.

빨리 배우는 학습자와 느리게 배우는 학습자가 있다는 시각에서 보면, 학습자의 학습능력은 고정적인 능력의 차이가 있는 것이 아니라 배우는 학습속도가 다르다는 생각이다. 만약 학습자에게 필요한 시간을 주면 대부분의 학생이 비슷한 수준의 학습에 도달할 수 있다는 신념에 기반을 두고 있다. 이러한 학습자관은 학습수준을 학습시간의 개념으로 바꾸어 생각하게 해 주었다는 점에서 다소 진일보한 측면은 있다. 그러나 여전히 학습속진아와 학습부진아 간에는 차이가 존재하며 제한적 변화를 가져올 수 있다는 한계를 지니고 있다.

개별 평등 학습자가 있다는 시각에서 보면, 적절한 학습조건을 제공하면 대부분의 학습자가 학습수준, 학습동기 등에서 비슷하게 된다는 생각이다. 우수아와 열등아, 그리고 속진아와 지진아 간의 차이는 학생들에게 적절한 학습조건을 제공하지 못한 것에서 비롯된다고 보고 있다. 이러한 생각의 기저에는 개별 학습자의 인간능력에서 독특한 개별성을 인정하고, 모든 인간은 평등하며 평등해질 수 있다는 사상이 뒷받침되고 있다. 여기서 획일적으로 적용되는 균질적 평등이 아니라 개성이 존중되는 평등이 중요하다. 그래서 개별 학습자에게 최적의 학습전략을 사용하여 피드백과 교정을 수시로 하며 개별화된 학습 환경을 제공하면 학생들 간의 학습속도에는 별로 차이가 없어져서 차츰 비슷해 질 수 있다고 본다(황정규, 1989).

4. 교육의 본질적 영역

교육의 본질적 영역은 교육과정, 교수-학습, 그리고 교육평가 세 가지로 요약될 수 있다. 교육과정은 무엇을 가르치고 배울 것인가의 문제 영역이다. 어떤 교육상황이라 할지라도 바로 무엇을 가르치고 배울 것인가 하는 교육내용을 선정하고 조직하는 영역이다. 교육내용의 문제를 학술적으로 접근하는 것이 바로 교육과정 영역이다. 그리고 교육내용이 선정된 연후에는 어떻게 가르치고 배울 것인가 하는 교육방법의 문제가 제기된다. 교사가 주어진 교육내용을 어떤 방법을 동원하여 가르칠 것이냐의 문제이다. 같은 내용을 가르칠지라도 어떤 방법으로 가르치는 것이 효과적인가 하는 문제를 다룬다. 이 영역은 바로 교수-학습과정 또는 수업과 교육방법의 문제이다. 최신 교육공학적 접근방법을 도입하는 것도 보다 효율적이고 효과적으로 가르치고자 하는 한 시도라고 해석할 수 있다. 마지막으로, 어떤 내용을 가르친 것으로 모든 것이 종료된 것으로 볼 수 없다. 제대로 가르치고 배웠는가라는 질문은 교육평가와 관련된다. 교육목표의 설정에서부터 내용의 선정, 가르치고 배우는 과정, 그리고 가르치고 난 다음에 학생들이 어느 정도 배웠는지의 행동변화에 이르기까지 그 과정과 결과를 어떤 기준에 비추어 성과를 확인하는 평가가 요구된다. 이를 다루는 문제의 영역이 바로 교육평가이다.

이러한 교육의 본질적 영역에 대하여 교육의 진행과정을 기초로 한 기본 질문과 연계시켜서 다음 [그림 1-1]과 같이 일목요연하게 제시하고 있다(홍후조·박도순, 2006).

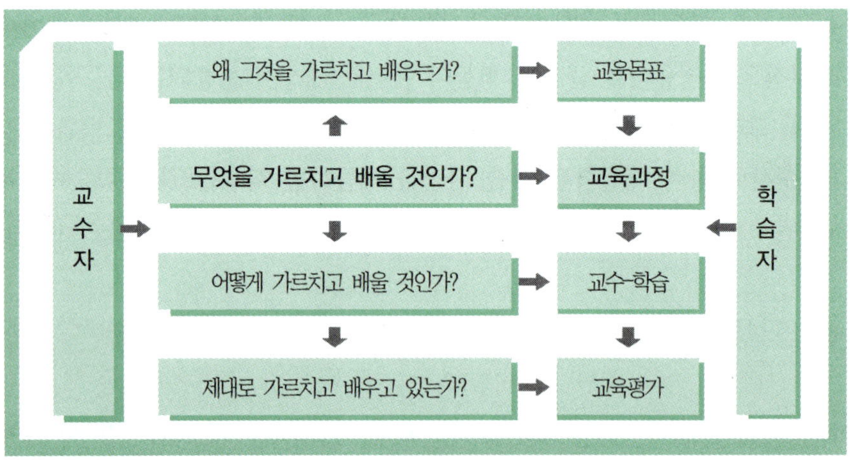

[그림 1-1] **교육의 본질적 영역에 대한 기본 질문**

위의 [그림 1-1]에서 제시된 바와 같이, 3가지 교육의 본질적 영역에다가 교육목표가 하나 더 첨가되어 있다. 교육목표는 교육의 3가지 본질적 영역을 관통하여 연계시키는 공통분모와 같은 성격을 지니고 있다. 교육목표는 교육을 통하여 달성하고자 하는 행동의 변화를 말한다. 교육목표는 '왜 그것을 가르치고 배울만한 것으로 보느냐'라는 물음에 대한 답변을 정당화하는 영역이다. 교육목표는 3가지 본질적 영역과 밀접한 관계를 맺고 있다. 교육과정은 각 학교급별, 교과별, 학년별로 설정되어 있는 다양한 목표들의 집합체라고 규정할 수 있다. 교육과정을 운영하는 현장 교사는 수업목표를 설정하여 학습자에게 분명한 목표를 제시해야 한다. 또한 교사와 학생은 수업의 과정뿐만 아니라 학습 성과에 대한 달성 정도를 확인하기 위한 평가목표를 분명하게 파악해야 한다. 따라서 교육과정, 교수-학습, 교육평가에 이르는 목표가 일관성 있게 설정되어야 하고, 각 수준의 목표에 대한 질 관리가 철저하게 이루어질 경우에 좋은 교육과 강력한 교육이 보장될 것이다.

2절 교육과정의 개념

1. 교육과정의 어의

현재 우리나라에서 사용하는 교육과정이라는 용어는 영어의 커리큘럼(curriculum)을 번역한 것이다. 역사적으로 볼 때, 1918년에 Bobbitt가 「교육과정」이라는 단행본을 발간한 이후 교육과정이 학문의 연구대상이 되었다는 점을 주목할 필요가 있다. 그 당시 Bobbitt가 사용한 curriculum은 라틴어의 쿠레르(currere)에서 유래된 말이다. currere는 '달린다', '뛴다'라는 뜻으로 경마장의 경주로(a race course)와 경주하는 그 자체(the race itself)에 해당하는 것으로 활동의 장소나 활동의 연속을 의미한다. 말이 달리고 학생들이 뛰는 경주로를 의미하던 curriculum이 교육 분야에 자주 사용됨에 따라 그 의미가 다양하게 변천하게 되었다. 교육의 장면에 적용할 경우에 달린다는 것은 학생들이 공부한다(study)라는 의미이며, 달리는 코스는 특정한 목적을 가진 학생들이 일정한 기간 동안 공부하는 과정, 즉 course of study를 뜻한다.

Course of study는 실제로 학생이 공부하는 내용을 포함하게 되어 contents of study라는 의미를 지니게 된다. 그래서 curriculum의 어의는 학생이 학습할 내용을 일정한 순서에 따라 조직하고 배열하는 것이라고 해석할 수 있다. 어의적인 측면에서 보면 curriculum은 학교에서 가르치는 기본적인 교과서 또는 매일 교수하기 위하여 부과된 일정의 교수요강, 교수요목 내지 학습지도 요령을 의미하며, 학교 프로그램이나 학교의 지도하에 경험하는 학생들의 경험이나 전체 생활이라고 보는 넓은 뜻으로 사용하게 되었다.

2. 교육과정의 정의

교육과정의 정의는 학자들에 따라서 다양하고 광범위하게 사용되고 있다. 교육과정을 '학교에서 수업시간에 가르치는 교과내용만으로 좁게 정의하기도 하고, 학교 안팎에서 학생들이 겪는 모든 경험'으로 넓게 정의하기도 한다. 또한 교육을 위해 계획한 것을 중심으로 개념화하려는 사람이 있는가 하면, 교육을 통해 일어난 결과를 중심으로 개념화하려는 사람도 있다. 가장 최근에 나타난 입장 중의 하나는 학생의 삶에 대한 해석과 전망(강현석·주동범, 2004), 실존적 체험과 그 반성(김대현·김석우, 2005), 개인의 인생행로에 대한 해석(박도순·홍후조, 2006) 등이다.

이성호(1984)는 교육과정을 내용으로서의 교육과정, 경험으로서의 교육과정, 계획으로서의 교육과정, 결과로서의 교육과정 등 네 가지 영역으로 구분하였다. 오성삼·구병두(1996)는 교육과정을 교과내용으로서의 교육과정, 학습경험으로서의 교육과정, 학습계획으로서의 교육과정, 학습결과로서의 교육과정 등 네 가지 영역으로 나누었다. 김대현·김석우(1996)는 교육과정을 교육내용, 학습경험, 의도된 학습 성과, 문서 속에 담긴 교육계획으로 구분하였다. 지난 수십 년 동안 다양하게 논의된 정의를 다양하게 분류하고 있음을 알 수 있다. 무엇보다도 이러한 분류의 핵심적인 질문은 무엇을 가르칠 것인가에 대한 문제이다.

1) 교육내용

교육과정을 교육내용으로 보는 입장은 역사적으로 가장 오래되고 널리 알려져 있다. 이 입장에서 교육과정을 교과들의 목록, 해당 교과의 교수요목, 강의요목(syllabus)으로 생각하는 것이다. 주로 교육과정이라는 말보다는 교과과정으로 사용되어 왔다. 교과과정이란 일정기간 동안 제공되는 교과목의 종류, 성격, 내용 등을 간단히 나열해서 기술한 것으로 이해되고 있다.

학생의 입장에서는 학습해 나가야 할 과정이고, 교사의 입장에서는 학생에게 가르쳐야 할 교육내용의 체계를 의미한다. 이러한 입장은 교육의 목적을 인지적 능력의 계발에 두고, 인지적 능력계발에 도움을 줄 수 있는 특정 교과목들이 곧 교육과정의 내용이 되어야 한다는 의미이다. 여기서 교과는 설명을 용이하게 하는 논리적 순서로 배열되며, 학교 학습이나 학생의 경험에 선행하여 결정된다.

2) 학습경험

교육과정을 계획된 학습경험으로 보는 입장이다. 교육목적이 학생들의 바람직한 행동변화에 있다는 것은 널리 알려진 사실이다. 만일 어떤 학생들이 학교를 다니면서 주요 교과들을 배웠지만 조금도 나은 방향으로 달라지지 않았다면, 학습에 문제가 있다고 생각한다. 이 말은 아무리 주요 내용으로 구성된 교과라 하더라도 학생들에게 학습되지 않는다면 교육적으로 아무런 가치가 없다는 것이다.

학생들의 바람직한 행동변화가 교육목적이라면 교육과정은 학교 시간표에 제시된 교과의 목록이나 강의계획서에 나타난 내용이 아니라 학생들이 갖는 경험 속에 있다는 것이다. 학교에서 제공되는 모든 경험이 교육적 가치가 있다고 보기 어렵기 때문에 교육과정을 학교에서 제공되는 경험 중에서 계획된 경험으로 한정하는 것이 좋다는 견해도 있다(김대현·김석우, 1996). Doll(1992)이 교육과정을 학교의 지원 또는 감독아래 학생들에게 제공하는 모든 경험이라고 한 것은 이러한 의미이다.

3) 의도된 학습 성과

교육과정이란 수업을 통하여 도달해야 할 의도된 학습 성과로 보는 입장이다. 이 정의에 의하면 교육과정은 수업을 통해 도달해야 할 학습 성과를 의미한다. 이는 교육과정과 수업의 의미를 구분하는 입장이다. 즉 교육과정을 수업에 해당하는 학습경험의 계획이라기보다는 학습경험을 통하여 성취해야 할 그 무엇으로 보는 것이다. 특히 Johnson(1981)은 교육과정을 의도된 일련의 구조화된 학습결과들로 봄으로써 교육과정이 학습경험을 통해 성취해야 할 그 무엇이라고 본다.

이 입장에 의하면 교육과정은 수업의 결과에 대해서 처방, 규제하는 수업을 위한 지침서이지 수업 그 자체는 아니다. 그리고 수업은 학생이 바람직한 경험을 하도록 환경과 상호작용하는 과정이나 활동이다. 교과별로 수행목표들의 체계를 제시하고 있는 영국의 국가교육과정 문서는 이러한 의미의 교육과정에 해당한다.

그러나 교육과정 전문가가 이러한 의미의 의도된 학습 성과의 목록작성에만 몰두한다면 교육과정 연구에서 전통적으로 포함되어 왔던 매우 중요한 과정이 일부, 예컨대 내용선정과 학습활동의 명세화에 대한 책임과 관심이 약화되기 쉬우며, 쉽게 측정될 수 있는 행동적 결과나 목표들만이 강조될 우려가 있다(김대현·김석우, 1996).

4) 문서 속에 담긴 교육계획

교육과정을 문서 속에 담긴 교육계획으로 보는 입장이다. 교사들은 교육과정이라는 이름의 문서를 만들거나 다루기도 하며 평가하는 기회를 갖기도 한다. 물론 그들이 만들거나 취급하는 문서들의 내용이 교육내용, 학습경험, 학습 성과로 구성된 것도 있어서 교육과정의 의미를 그와 같이 생각하는 경우도 있지만, 일반적으로 교육과정 문서에는 이들 요소들 중의 어느 하나가 아니라 모두를 포함하고 있다.

이런 의미에서 교육과정은 문서 속에 담긴 교육목적과 교육내용의 체계, 그리고 이를 효과적으로 전달하기 위한 교육방법, 교육평가, 교육 운영 등에 대한 종합계획을 가리킨다(김대현·김석우, 1996). 교육과정은 학교교육을 통해서 도달해야 할 교육목표들의 체계와 배워야 할 교육내용들의 범위와 위계로 구성되며, 학생들이 이와 관련된 학습경험을 가질 수 있도록 기회를 부여하는 데 필요한 교육방법, 교육평가, 기관운영의 일반적 지침들로 구성된다.

이러한 정의는 교육과정을 학습 성과, 학습내용, 학습경험으로보다는 학습을 위한 종합계획으로 본 점에서 포괄적이며, 예비교사들이나 교사들이 교육부, 교육청, 학교에서 만든 문서에 들어 있는 내용을 이해하는 데 도움을 준다는 점에서 실용적이다.

5) 실존적 체험과 그 반성

교육과정을 체험과 실존적 반성으로 보는 입장이다. 교육과정의 라틴어의 어원인 쿠레르(currere)에서 교육과정에 대한 의미를 재해석한다. currere는 마차 경주에서 말들이 달려야 하는 정해진 길을 뜻하기도 하고, 경주에서 각각의 말들이 정해진 길을 달리면서 겪게 되는 체험의 행위를 의미하기도 한다. 교육과정을 생생한 체험과 그 반성으로 보는 관점은 후자의 해석에 기초를 두고 있다. 다시 말하면 currere로서 교육과정은 교육자나 학습자 자신이 외부의 사물이나 사건을 접하고, 읽고, 생각하고, 느끼고, 배우는 체험과 그 반성의 과정을 가리킨다(김대현·김석우, 2005). 이러한 관점에서 교육과정은 학생들이 학교에서 혹은 자신의 삶을 살아가면서 이수하거나 거쳐야 하는 고정된 실체로서의 대상이 아니라 공부하고 삶을 살아가는 그 자체인 것이다. 경주로는 결과를 획득하기 위해서 모든 사람이 넘어야 할 객관적인 대상이지만, 경주하는 행위나 활동은 그 행위를 하는 사람들에게는 서로 다른 의미가 있으며 그 행위 속에서 자신의 의미를 해석적으로 구성해 나간다(강현석·주동범, 2004).

그러나 교육과정을 타인과 자서전적인 대화를 통해 자신의 인생을 만들어 가는 과정으로 보는 것은 교사와 학생 자신에 의해 이루어지기 어려운 면이 있다. 여기에는 정신과 의사나 심리분석가와 같은 전문적인 치료자의 식견이 요구된다. 설령 그것이 학교에서 달성 가능한 것이라고 하여도 그렇게 되어서는 안 된다(박도순·홍후조, 2006).

3. 교육과정의 관련 용어

교육과정은 수업과 프로그램 등과 같은 용어를 엄격하게 구분하여 사용하기도 하고, 비슷한 의미로 혼용하는 경우도 있다. 이들 개념 간의 관계를 정의하면 다음과 같다.

1) 교육과정과 수업

교육과정 전문가들은 교육과정과 수업의 개념을 구분하려고 오랫동안 노력해 왔다. 일반적으로 교육과정을 교육내용의 목록으로 정의하면 교육과정과 수업은 간단히 구별된다. 교육내용은 가르칠 내용을 중심으로 하는 활동이며, 수업은 가르치는 방법에 관한 활동이 된다.

그러나 교육과정을 학습경험의 계획으로 볼 때 사태는 달라진다. 학생들에게 어떤 학습경험을 갖도록 할 것인가 하는 것은 교육내용뿐만 아니라 교사, 학습자, 학습자의 심리적·물리적 환경 등의 여러 가지 요인을 고려해야 하므로 수업의 계획과 구별 짓기 어렵다(김대현·김석우, 1996).

Johnson(1981)은 교육과정을 의도된 학습 성과로 보면서 수업내용과 방법의 계획과는 다르다고 규정하였다. 의도된 학습 성과를 결정하게 되면 어떤 학습경험이 적절한지를 파악하는 데 도움이 되지만, 학습 성과들이 곧바로 어떤 내용, 어떤 활동, 어떤 자료가 필요한지를 구체적으로 규정하는 것은 아니기 때문에 교육과정 결정과 수업계획은 구별된다는 것이다.

Oliva(1988)도 교육과정과 수업활동을 구분하면서, 교육과정의 결정에 따라 수업이 이루어지고 다시 수업활동의 결과에 따라 교육과정의 변용이 이루어지는 기능적인 연관성을 가진 것으로 설명하였다. Beauchamp

(1981)도 교육과정체제와 수업체제를 구별하고 교육과정체제의 산물인 교육과정은 수업체제에 투입되는 주요 요인으로 보았다. 그리고 Saylor, Alexander, Lewis(1981)는 교육과정과 수업의 관계를 도식화하여 설명하였다. 이들의 견해는 교육과정이 수업계획에 영향을 주지만 수업계획은 교육과정을 포함하여 여러 가지 요인들에 의하여 결정된다는 것이다. 즉 교육과정과 수업계획은 각기 고유한 영역을 가지며, 교육과정은 수업계획에 영향을 미치는 주요한 투입 요인이라는 것이다(김대현·김석우, 1996).

2) 교육과정과 프로그램

교육과정은 프로그램과 자주 혼동되는 용어이다. 교육과정은 공교육제도권 내의 학습활동을 위한 계획을 의미하는 반면, 프로그램은 제도권 외의 모든 학습활동까지를 포함하는 광범위한 의미이다. 교육과정 개발은 프로그램 계획의 하위과정 중의 하나로 단지 학습경험의 선정과 관련된 부분을 지칭한다. 반면에 프로그램은 교육과정보다 훨씬 광범위한 개념으로 학습활동 수행을 위한 예산, 홍보, 평가 등의 관리 과정까지 포함하고 있다(기영화, 2001).

Niemi & Nagle(1977)은 교육과정과 프로그램을 구분하면서 교육과정은 학교교육에, 그리고 프로그램은 성인교육에 적합한 개념으로 언급하였다. 교육과정은 국어, 수학, 사회, 과학 등과 같은 교과목에 초점을 두는 반면에, 프로그램은 다양한 문제와 학습활동에 초점을 두고 있다. 교육과정은 전문가에 의해 설계됨으로써 학습자의 참여가 배제되는 반면에, 프로그램은 학습자의 요구와 문제를 중심으로 구성되어서 학습자의 참여가 중시되고 학습자의 경험을 학습활동에 최대한 활용하며 학습자의 요구에 즉각 부응한다.

프로그램은 궁극적으로 학습활동을 통한 변화를 유도한다. 프로그램의 종류는 매우 다양하다. 예를 들면, 가족폭력, 아동학대, 이혼 청소년의 임신, 알코올 중독, 약물복용 등의 문제를 해결하고 방지하기 위한 활동이 일종의 프로그램이다. 다른 예로, 중소기업의 경영자를 위한 상담과 경영

지원, 재정분석, 시장점유성과 가능성 연구, 현금유통에 대한 강좌와 자료 제공, 생활 보호자를 위한 사회보장제도 안내, 개정된 이혼법 소개, 각종 법률상담, 벤처창업 희망자를 위한 첨단 산업분야의 소개, 농민들의 컴퓨터 교육 등이 바로 프로그램의 일례들이다(기영화, 2001).

3절 교육과정의 종류

교육과정의 종류를 다양하게 분류할 수 있다. 편의상 기본 성격에 의한 분류를 비롯하여, 교육내용의 수준에 의한 분류와 의사결정자 수준별 분류로 구분하여 논의하고자 한다.

1. 기본 성격에 의한 분류

교육과정이 지니고 있는 기본적인 성격에 따라 공식적 교육과정, 잠재적 교육과정, 실제적 교육과정, 교과 외 교육과정, 영(零) 교육과정 등으로 정리하면 다음과 같다.

1) 공식적 교육과정

공식적 교육과정(official curriculum)은 표면적 교육과정이라고도 하고 학교의 문서 속에 담긴 교육과정이며 학교에서 설정한 목표를 배우면서 학생들이 경험하는 내용을 의미한다. 우리나라의 공식적 교육과정은 교육부가 고시한 문서화된 국가교육과정을 지칭한다. 문서화된 교육과정에는 국가수준의 교육과정 문서를 비롯하여 시·도 교육청의 교육과정 지침, 교육지원청의 장학자료, 학교의 교육방침, 교과서, 인정도서, 교사용 지도서 등과 같은 문서가 포함된다.

2) 실제적 교육과정

실제적 교육과정(operational curriculum)은 교사의 수업에 의하여 교실에서 학생들에게 가르치는 내용을 의미한다. 똑같은 교과서를 가지고 수업을 하여도 교사에 따라 교실에서 가르치는 내용은 상당한 차이가 있다. 이렇게 교실에서 교사가 직접 가르치는 내용을 실제적 교육과정이라 한다. 교사는 자신의 지식, 신념, 태도 등을 중심으로 교육과정을 해석하기 때문에 학생들은 공식적 교육과정보다 실제적 교육과정의 영향을 더 많이 받는다.

공식적 교육과정이 문서화된 교육과정인 반면에, 실제적 교육과정은 가르친 교육과정, 학습된 교육과정, 평가된 교육과정으로 나눌 수 있다. 가르친 교육과정은 교사들이 실제로 가르친 교육내용을 의미하며, 학습된 교육과정은 학생들이 학습한 교육내용을 말하고, 평가된 교육과정은 중간고사나 기말고사를 통하여 평가되는 교육내용을 의미한다.

3) 잠재적 교육과정

잠재적 교육과정(hidden curriculum)은 학교나 교사의 계획과는 무관하게 학교생활을 통하여 학생이 얻게 되는 모든 경험을 의미한다. 이는 비공식적 교육과정이라고 부르며, 학교에서 목표로 세우지는 않았지만 학교생활과 관련된 학생의 변화 전부를 의미한다. 학교의 드러나지 않은 기능 때문에 학생들에게 영향을 끼치는 교육과정이라는 점에서 잠재적이라고 부른다.

잠재적 교육과정의 근원으로는 학교교육에서 통용되는 상과 벌, 사회적 관행, 문화적 편견, 인종적 차별, 물리적 조건 등이 포함된다. 잠재적 교육과정은 공식적 교육과정의 성과에 긍정적으로 영향을 미치기도 하지만 부정적으로 영향을 미치는 경우도 있으므로 교육과정의 실천, 곧 수업과 평가에서 반드시 고려되어야 하는 중요한 영역으로 인식해야 한다.

4) 교과 외 교육과정

교과 외 교육과정은 학교 교과목 이외에 학교에서 학생들이 경험하도록 계획한 모든 활동들을 말한다. 일반적으로 교과 외 교육과정은 특별활동 교육과정(extra-curriculum)으로 지칭되어 왔으나, 제7차 교육과정에서 학교교육과정 영역을 크게 교과활동, 재량활동, 특별활동으로 구분하면서 재량활동이 추가되는 양상을 보이고 있다. 따라서 학교교육에서 교과 외 활동이란 교과영역을 제외한 창의적 재량활동, 특별활동, 또는 창의적 체험활동 등을 의미한다.

특별활동은 교과와 상호보완적 관련 속에서 학생들의 심신을 조화롭게 발달시키기 위하여 실시하는 비교과적 활동이다. 특별활동은 근본적으로 집단 활동의 성격을 지니고 있으나, 집단에 소속된 개인의 개성, 자율성, 창의성도 아울러 고양하려는 교육적 노력을 포함한다(교육부, 1997b). 특별활동은 학생의 자발적이고 자율적인 활동에 의하여 주도되는 활동중심 교육과정이다.

창의적 재량활동은 학생의 자기주도적 학습능력을 신장시키기 위하여 단위학교에서 만들어가는 교육과정을 의미한다. 창의적 재량활동은 교과활동과 특별활동과 상호보완적 관계를 유지하며, 학교 및 학생의 선택권을 강조하고, 융통성 있게 운영하는 형성적 교육과정이라는 특징을 지니고 있다(교육부, 2000). 2007 개정 교육과정에서는 '초등학교의 재량활동은 창의적 재량활동으로 운영한다'는 지침을 통해 초등학교에서는 재량활동을 창의적 재량활동만으로 운영하도록 하였다. 따라서 초등학교의 재량활동은 학생의 관심과 지적 발달 단계에 적합한 체험 위주 활동을 중심으로 구성되었다.

창의적 체험활동은 2009 개정 교육과정에서 기존의 교과 재량활동을 제외한 창의적 재량활동과 특별활동을 통합한 개념이다. 창의적 체험활동은 창의성과 인성을 겸비한 미래 인재 양성을 목적으로 하는 교과 외 활동을 말한다. 따라서 교과 재량활동에서 다루었던 교과의 심화·보충 학습이나 선택 과목 학습을 포함하지 않은 영역으로서, 교과 학습보다는 개성

신장, 여가 선용, 창의성 개발, 공동체 의식 함양 등을 달성할 수 있는 교과 외 영역에 대한 체험학습에 중점을 둔다고 할 수 있다(교육과학기술부, 2009a). 창의적 체험활동은 교과 활동과 상호보완적 성격을 지니며, 개별적인 활동보다는 자율성에 바탕을 둔 집단을 단위로 하는 활동이다.

5) 영(零) 교육과정

영(零) 교육과정(null curriculum)은 공식적 문서에 포함되지 않은 교육과정을 말하며 필요한 내용임에도 불구하고 학교에서 학생들에게 가르치지 않음으로써 교육적 결과를 가져오게 하는 교육과정을 의미한다. 영 교육과정은 학교에서 소홀히 하거나 의도적으로 배제시켜 가르치지 않는 교과나 지식, 사고양식을 말한다. 학생들이 공식적 교육과정을 배우는 동안 놓치게 되는 기회학습 내용이라고 할 수 있다. 교육과정이 가르칠 내용을 선택하여 학생들에게 배울 기회를 마련하기도 하지만, 일부러 특정 내용을 배제하거나 약화시켜 학생들이 배울 기회를 놓치게 만드는 기능을 수행한다(박도순·홍후조, 2006).

산업혁명 직후 산업 노동력이 필요로 할 때 학교에서는 읽기와 쓰기는 가르쳤으나 셈하기는 가르치지 않았다. 셈하기를 배우면 육체 노동보다는 경리사원이 되려고 하므로 셈하기는 한 때 영 교육과정이었다. 과거 비민주적인 정권시절에 비판적인 사고 능력의 개발은 정부 비판 능력의 신장을 의미한다고 생각하여 학교에서 의도적으로 제외한 것도 영 교육과정의 사례로 볼 수 있다.

2. 학교교육의 과정에 의한 분류

교육과정의 개념을 학교교육의 전반적인 과정에 영향을 미치는 요인으로서 세 가지 교육과정으로 구분할 수 있다. 세 가지 교육과정의 종류는 의도된(intended) 교육과정, 전개된(implemented) 교육과정, 실현된(attained) 교육과정이다.

1) 의도된 교육과정

의도된 교육과정이란 국가 또는 체제수준, 지역수준(국가에 따라서 학교 수준)에서 규정된 교육목적과 이들 교육목적을 달성하기 위해 마련된 교육내용을 말한다. 의도된 교육과정은 교과서, 교육과정 지침서, 실험내용, 정책과 규정 등과 같은 공식적 문서에 나타나 있다. 또한 의도된 교육과정은 제도 수준이나 학교 여건에 영향을 미치는 더 넓은 사회적 배경 속에서 논의되는 개념이다. 사회가 학교교육에 대해 요구하는 목적, 기대, 그리고 가치, 사립학교의 역할, 교사 준비, 시설, 교사의 사회적 지위, 사회의 인적·물적 자원 등이 사회적 배경의 실례가 될 수 있다.

2) 전개된 교육과정

전개된 교육과정이란 교사가 의도된 교육과정을 자기 나름대로 해석해서 학생에게 가르친 교육내용을 의미한다. 전개된 교육과정은 아주 정상적인 학교에서까지도 교사가 의도된 교육과정과 동일하지 않다는 연구결과가 있다. 그러나 전개된 교육과정은 의도된 교육과정에 영향을 받지 않을 수 없다. 이러한 전개된 교육과정은 학교나 교실 수준에서 이루어지는 학교 울타리 속에서 논의되는 개념이다. 교사의 수업 실제, 학급경영, 자원의 활용, 교사의 배경 등이 전개된 교육과정에 해당한다. 또한 학교 내의 전개된 교육과정은 지역사회의 사회·경제적 지위, 학교교육에 대한 기대감, 지역사회에서 학생과 학부모의 참여율 등과 같은 인근 지역사회의 배경에 영향을 받을 수 있다.

3) 실현된 교육과정

실현된 교육과정이란 학생들이 교사의 수업을 통하여 학습한 내용을 뜻한다. 실현된 교육과정은 개별 학생 수준에서 논의되는 개념으로서 의도된 교육과정과 전개된 교육과정에 영향을 받는다. 학생들이 수행하는 숙제의 분량, 학생들이 수업에 임하는 자세, 학생들의 교실 행동유형 등이 실현된 교육과정에 관련된다. 또한 학생들의 학교에 대한 태도, 포부 수준, 성공능력에 대한 지각, 학생의 성공에 대한 학부모의 기대감, 그리고 가정의 사회·경제적 생활수준 등도 학생의 개인적 배경으로서 실현된 교육과정에 영향을 미칠 수 있다.

3. 의사결정자 수준에 의한 분류

국가에서 교육과정을 개발하고 평가하는 중앙집권적 교육과정 체제와 지역이나 학교를 중심으로 교육과정을 개발하는 지방분권적 교육과정 체제로 구분할 수 있다. 최근에는 두 체제가 각기 장점과 단점을 지니고 있기 때문에 절충 형태를 취하려는 경향이 두드러지게 나타나고 있다. 국가는 일반적인 지침을 제시하고 지역과 학교는 국가수준의 지침을 지역이나 학교의 특수성에 비추어 국가교육과정을 재개발, 운영, 평가하는 형태를 취하고 있다. 우리나라의 교육과정도 의사결정 수준에 따라 국가수준, 지역수준, 학교수준으로 구분할 수 있다.

1) 국가수준 교육과정

국가수준 교육과정은 교육부가 공식적으로 고시하는 문서로서 보통교육의 방향을 제시하고 실제 교육 운영을 관리하는 중요한 기능을 수행하는 기준이며 지침을 의미한다. 교육부 장관이 교육기본법에 의거해 결정하여 고시하며 초·중등학교에서 편성·운영해야 할 교육과정의 목표, 내용, 방법, 평가, 운영 등에 관한 기준과 기본 지침을 담고 있다.

함수곤(2000)은 국가수준 교육과정의 성격을 세 가지로 요약하고 있다.

첫째, 교육내용의 공통적, 일반적, 요강적 기준의 성격을 지니고 있다. 국가는 전국적으로 공통적, 일반적, 표준적으로 다루어야 할 최소한도의 교육내용의 기준으로서 성격을 지닌 국가수준 교육과정 기준을 제정하여 제시할 수 있다.

둘째, 법적 구속성을 지닌 고시 문서 기준의 성격을 지니고 있다. 고시

문서란 법령이 정하는 바에 따라 일정한 사항을 알리는 문서로서 개정 폐지되지 않는 한 그 효력이 계속되는 문서를 말하는 것으로서, 아무런 법령 근거 없이 시행되는 일반 공고문서와는 구별되는 법적 효력을 지닌 문서를 말한다.

셋째, 폭과 탄력성이 인정되는 표준적 기준의 성격을 지니고 있다. 교육과정 기준은 교육목표의 달성과 교육방법의 효율화를 위해서 교육대상, 교육여건 등에 따라 융통성 있고 탄력성 있게 적용될 것이 요구되는 폭과 탄력성이 인정되는 표준적 기준의 성격을 지니고 있다. 교육과정에 명시된 교과, 시간배당기준, 편성, 운영의 기본지침 등은 법적 구속성이 강한 강행규정에 해당되는 것과 각 교과의 교육내용 등에 관한 사항은 비교적 예시적, 표준적 규정의 성격을 지니고 있어 재구성의 여지와 폭을 가지고 있다는 점을 유의해야 한다.

2) 지역수준 교육과정

지역수준 교육과정은 국가교육과정에 명시된 시·도 교육청의 임무에 따라 각 교육청에서 작성한 시·도 교육과정 편성·운영지침을 의미한다. 지역수준의 교육과정은 국가교육과정과 학교교육과정을 연결하는 교량역할을 담당한다. 지역수준 교육과정은 지역의 특수성을 반영하며 지역 교육청의 교육문제 해결능력을 신장하고 교육관련 전문성을 향상시킬 수 있는 장점이 있다.

우리나라에서는 제6차 교육과정을 계기로 시·도 교육청의 교육과정에 관한 결정권이 보다 확장되었다. 시·도 교육청의 역할은 초·중등교육법 제23조에 연결되는 지방자치교육에 관한 법률 제27조에 나타난 교육감의 교육·학예에 관한 관장 사무 제6호 '교육과정의 운영에 관한 사항'에 근거한다. 제6호는 매우 포괄적인 규정이어서 교육과정의 구체적인 틀을 짜는 개정 시마다 교육과정 문서에 이를 구체화해야 한다.

제7차 교육과정의 편성·운영은 약화되어 있는 시·군 지역교육청의 교육과정에 대한 역할을 강화하는 방향에서 별도의 교육과정 편성·운영 지침을 제시하고 있다. 그래서 제7차 교육과정에서는 지역교육청이 시·도의 각급 학교교육과정 편성·운영지침을 기초로 하여 학교교육과정 편성·운영에 관한 실천 중심의 장학 자료를 작성하여 초·중학교에 제시하도록 규정하고 있다.

3) 학교수준 교육과정

학교수준 교육과정은 국가교육과정에 명시된 학교의 임무에 따라 국가교육과정과 시·도 교육과정 편성·운영 지침을 토대로 하여 단위학교에서 편성한 학교교육과정을 말한다. 학교수준 교육과정은 학교의 실태를 반영하며 학부모와 학생들의 특성과 요구를 고려하여 교육에 대한 학교의 의도를 담은 문서내용을 말한다.

제7차 교육과정 시기에서부터 학교가 국가교육과정, 시·도의 교육과정 편성·운영 지침, 그리고 교육지원청의 학교교육과정 편성·운영에 관한 장학자료를 바탕으로, 학교실정에 알맞은 학교교육과정을 편성하여 운영하도록 규정하고 있다. 학교교육과정 편성권이 학교에 주어지므로 실질적으로는 학교장이 그 권한을 행사하여 중앙정부나 지방 자치단체로부터 위임받아 교육과정을 변용하거나 재구성할 수 있다. 이 경우에 국가교육과정을 대체하는 것이 아니라 보완하는 의미를 지닌다.

4절 교육과정의 구성요소

교육과정을 어떻게 정의하느냐에 따라서 교육과정을 구성하는 요소가 달라질 수 있다. 교육과정의 구성요소에 대한 학자들의 견해가 다양하게 제시되고 있다. Tyler(1949)는 교육과정의 구성요소를 목표, 학습경험의 선정, 학습경험의 조직 및 평가로 보았다. Taba(1962)는 목적 및 목표, 내용 및 학습경험, 평가 등 세 가지 요소를 들고 있으며, Zechiel 외(1942)는 교육목표, 교과, 방법과 조직, 평가 등 네 가지 요소를 들고 있다.

Fitzgerald 외(1956)는 철학, 교과과정, 배열, 방법, 측정, 진단 및 교정의 6가지 요소로 표시하고 있으며, Glaser(1960)는 교수목표, 출발점 행동, 교수절차, 성취도평가 등 네 가지 요소로 분류하고 있다. 그리고 정범모(1956)는 교육목표 설정, 학습경험 선정, 학습경험 조직, 학습지도, 교육평가 등 다섯 가지 요소로 보고 있으며, 이영덕(1981)은 교육목표, 교육내용의 선정 및 조직, 학습경험과정, 평가 등 네 가지 요소로 분류하고 있다. 김호권 외(1994)는 수업목표의 상세화, 학습경험의 선정과 조직, 수업의 설계와 실천, 학습 성과의 평가 등 네 가지 요소로 분류하고 있다.

이상의 견해를 종합하여 정리해 보면, 교육목표, 교육내용(선정·조직), 교수-학습 과정, 평가 등의 네 가지 요소로 구분할 수 있다. 여기서는 이들 각 요소에 대하여 간단히 살펴보고자 한다(김성권, 1991).

1. 교육목표

교육목표는 교육을 통하여 달성하고자 하는 행동의 변화를 말하는 것으로서 지식의 이해, 응용, 사고, 창의성, 흥미, 태도, 가치관, 지능 등의 일반적 특수적인 행동의 변화를 포함하는 개념이다(정범모, 1956). 그리고 교육목표는 그 교육과정의 전체 방향을 제시하고 그 교육내용이나 구체적인 학습활동 또는 지도활동의 기준 내지 근거를 제공하는 기능을 갖고 있기 때문에 교육과정 구성 내지 전개 절차로 보아 우선적으로 상정해야 할 성질의 것이다. 따라서 교육목표가 결정되지 않는 한 교육내용이나 방법 또는 평가기준이 나올 수 없다. 일련의 교육과정에서 교육목표가 충분히 반영되어 구현되기 위해서는 명백하게 그리고 가치론적인 차원에서 진술되어야 한다.

2. 교육내용

교육과정의 구성에서 두 번째 단계는 설정된 교육목표를 달성할 수 있게 하는 교육내용을 선택하고 조직하는 일이라고 할 수 있다. 따라서 이미 설정된 교육목표를 달성하게 해 줄 것으로 예상되는 많은 교육내용 중에서 실제로 가장 가치 있고 효율적인 것으로 입증된 교육내용을 선택해야 하고, 선택된 교육내용들은 체계 있게 조직하여 학생들에게 제시되어야 한다. 교육을 통해서 달성해야 할 바를 교육목표라고 한다면, 그러한 교육목표를 달성케 해주는 강력하고 효율적인 수단을 교육내용이라고 할 수 있다. 따라서 교육목표와 교육내용의 관계는 목적과 수단의 관계인 것이다.

3. 교수-학습 과정

교수-학습 과정은 학습지도로 표현되어 온 개념이다. 학습지도의 개념은 주로 경험주의 교육이론가들에 의해서 즐겨 사용되었고, 교수-학습 과정의 개념은 1960년대 이후 학문중심 교육과정이 소개되면서 사용되기 시작하였다.

교수-학습 과정의 중심은 학습자가 직접 학습경험을 쌓아나가는 활동과정으로서 특정한 학습상태 속에서 특정한 학습활동을 거쳐 학생들이 가지게 되는 구체적인 학습경험 여부가 그들의 학습내용과 질을 결정해주는 것이다. 학습과정은 실제로 전개되는 학습 및 행동과정이기에 이에 관련되는 제 요인의 상호작용적 관계를 통정하는 종합적 사고체계가 필요하다. 즉 이 교수-학습 과정에서는 학습자의 심리적 특성, 교사의 인성과 자질 및 그 지도능력, 목표와 내용, 교수여건 및 방법, 학교 또는 학급의 학습 분위기, 물리적 환경 등의 제 요인들이 역동적으로 상호작용하여 이루어지는 과정이다. 그리고 여기서는 교사변인이 학습자변인에 의해 크게 영향을 미치는 단계로서 학습자에 관한 하위변인으로서는 그들의 발달단계 및 특징, 지능, 학습방법과 습관, 지식과 지능 및 태도, 가치관, 그리고 학습자의 인성 등이고, 교사에 관한 하위변인으로는 교사의 인성, 교육배경, 지식수준, 가치관, 목표의식, 교수방법과 기술 등이라고 할 수 있다.

4. 평 가

교육평가는 더욱 나은 교육적 향상과 발전을 위하여 체계적이고 계획적인 교육적 노력의 계속과정으로서 여기서 평가대상은 학습자의 학습성과뿐만 아니라 학습을 지도하는 교사 자신의 평가에 교육과정 그 자체의 평가도 함께 포함되는 것이다.

학습자의 평가는 단순히 나타난 학습결과만으로 끝나는 것이 아니고 학습자의 학습활동 전 과정을 평가해야 한다. 교사 자신의 평가는 교사의 지도계획, 지도과정, 지도방법, 목표의식, 평가계획 등과 같은 모든 것까지 평가해야 한다. 이와 같이 평가는 교육과정의 구성 및 전개와는 동떨어진 별도의 활동이라기보다는 교육과정 속에 포함되는 활동이라고 할 수 있다.

제2장

교육과정의 이론적 배경

교육과정이라는 학문분야는 20세기 초에 본격적으로 체계화되기 시작하였다. 교육과정을 보다 체계적으로 이해하기 위해서는 먼저 역사적인 인물의 업적과 대표적인 사건의 배경을 살펴보는 것이 필요하다. 교육과정에 대한 학문적 논의를 처음으로 제시한 Spencer를 비롯하여, 학문적 체계를 확립한 Bobbitt, 8년 연구를 통하여 교육과정 개발모형을 정립한 Tyler, 학문중심 교육과정을 주도한 Bruner 등에 대하여 간략히 살펴보고자 한다.

교육과정을 설명하는 학자들에 따라서 이론은 아주 다양하게 제시되고 있다. 교육과정 이론은 교육과정의 역사와 함께 논의될 수 있다. 이 장에서는 지금까지 중요하게 영향을 끼치고 있는 대표적인 교육과정 이론을 다루되, 역사적 사건의 흐름을 중심으로 살펴본다. 형식도야 이론을 비롯하여, 경험중심이론, 지식의 구조론, 지식의 형식론, 그리고 교육과정 재개념주의에 대하여 간략히 소개하고자 한다.

1절 교육과정의 역사

1. Spencer: 학문적 논의의 점화

교육과정에 대한 논의는 교육의 역사만큼 오랜 전통을 지니고 있지만, 영국의 공리주의자인 Herbert Spencer(1820~1903)가 현대적 의미의 학술적인 논의를 점화시키는 주도적인 역할을 수행했다. Spencer는 1860년에 그의 저서 「교육론: 지, 덕, 체(*Education: Intellectual, Moral, and Physical)*」을 통해 암기식 대학준비 위주의 고전교육을 강력히 비판하면서 교육의 목적을 어떻게 하면 개인과 사회의 행복을 위한 온전한 삶을 영위할 수 있도록 준비시킬 것인가에 두어야 한다고 주장한다.

Spencer는 어떤 지식이 가장 가치 있는 지식인가라는 질문을 하면서 무엇을 가르칠 것인가에 대한 교육내용의 선정 준거에 관한 문제를 제기하였다. 이 질문은 바로 교육과정을 학술적으로 논의하는 시발점을 제공한 의미 있는 교육과정적 물음이라고 할 수 있다. 그는 고전어와 7자유학과와 같은 장식적인 지식을 비판하고 온전한 삶을 준비시키는 데 필요한 실용적 가치가 있는 지식을 더 중시한다. 특히 온전한 삶을 준비시키는 교과로서 과학이 가장 중요한 교과임을 강조한다. 그래서 그는 인간의 온전한 삶의 활동에 실제적인 중요성에 따라 가치 있는 지식을 5가지 활동과 관련 학문(괄호 속에 표기)으로 분류하였다. ① 직접적 자기보존에 기여하는 활동(건강관련 학문, 생리학), ② 의·식·주 생활에 필요한 물질획득에 도움이 되는 간접적 자기보존에 기여하는 활동(자연과학, 윤리학, 사회과학 등), ③ 자녀의 양육과 교육에 관한 활동(생리학, 심리학), ④ 적절한 사회적·정치적 관계 유지에 관한 활동(역사, 사회학), ⑤ 생활의 여가를 즐기는 활동(문학, 미술, 음악, 체육) 등이다(박도순·홍후조, 2006).

Spencer의 교육론에서는 지·덕·체의 조화로운 발달을 강조하면서 삶과 건강을 위해서도, 생활에 필요한 재화를 얻는 데도, 자녀를 양육하기 위해서도 과학적 기반을 지닌 지식을 가르칠 것을 제안하였다. 이와 같이 실생활 측면에서 교과를 정당화한 생각은 미국의 중등학교 목표 7대 원리에 영향을 미치게 된다(강현석·주동범, 2004).

2. Bobbitt: 학문적 체계의 확립

20세기로 접어들면서 전통적 교과에 대한 불만이 다양한 반응으로 나타났다. Kliebard(1986)는 크게 네 가지 관점으로 설명하고 있다(강현석·주동범, 2004). 첫째, 인문학적 지식과 전통적 가치 및 문화전수를 강조하는 전통적 인문주의자(C. A. Eliot로 대표됨), 둘째, 아동의 발달과 요구를 강조하는 아동중심주의자(G. S. Hall로 대표됨), 셋째, 새로운 사회의 요구와 성인의 역할을 준비시켜주는 것에 강조점을 두는 사회적 효율성 입장(F. Bobbitt로 대표됨), 넷째, 학생들에게 사회정의와 평등에 대한 전망을 심어주고 사회를 개선시키려는 사회개혁주의자(H. Rugg로 대표됨) 등이 있다. Kliebard에 의하면, 이들 각 집단들은 미국 교육과정 역사에서 특정시기에 주도적 역할을 수행하였다. 전통적 인문주의자들은 19세기에, 사회적 효율성론자들은 20세기 초반 20여 년 동안에, 아동중심주의자들은 1920년대에, 사회개혁주의자들은 1930년대에 미국교육을 주도하였다.

교육과정에 대한 다양한 관점이 대두되면서 교육과정 분야가 학문적 체계를 갖추기 시작하여 하나의 독립된 학문으로 확립된 것은 Bobbitt가 1918년에 「교육과정(*The Curriculum*)」이라는 책을 저술한 것과 관련이 깊다. 그는 1910년에 시카고 대학교 교수로서 교육행정학과 미분리 상태에 있던 교육과정 교과를 처음으로 독립된 강좌를 개설하였다. 이어서 1924년에는 「교육과정 구성법(*How To Make A Curriculum*)」을 저술하고 과학적 교육과정 구성법을 소개하고 있다. 여기서 과학적 방법이란 특정 대상에 대해 일일이 열거하며 분명히 밝혀내고 구성요소를 상세화하는 것이다. Bobbitt는 그 당시 시대정신인 사회적 효율성 달성을 위한 과학적 직무관리기법을 과학적 교육과정을 구성하는 문제에 적용하였다. 과학적 교육과정 구성을 활동분석법으로 부르기도 한다. 활동분석법의 절차를 5단계로 제시하면 다음과 같다(강현석·주동범, 2004).

- 1단계 : 인간경험의 분석(광범위한 인간 경험을 중요한 몇 개의 분야로 구분한다.)
- 2단계 : 직무분석(인간 경험의 주요 분야를 다시 몇 개의 더 구체적인 활동으로 상세화한다.)
- 3단계 : 교육목표 추출(활동을 수행하는 데 필요한 능력들에 대한 진술로부터 교육목표를 추출한다.)
- 4단계 : 목표선정(도출된 목표들로부터 학생들의 활동으로 계획할 목표 목록을 선정한다.)
- 5단계 : 구체적인 활동계획 수립(목표를 달성하는 데 포함되는 다양한 활동·경험·기회를 각 연령별 혹은 학년별로 학생들의 매일 활동을 상세하게 수립한다.)

3. Tyler: 8년 연구와 개발모형의 정립

8년 연구는 미국에서 1932년부터 1940년까지 진보주의교육협회의 주도하에 진보주의 교육의 효과를 알아보기 위하여 전통적인 중등학교와 진보주의 중등학교 교육과정을 비교한 대규모 현장실험 연구이다. 8년 연구는 교육과정의 효과를 과학적으로 탐구하는 기념비적인 연구 프로젝트일 뿐만 아니라 현대적 의미에서 활용중심 평가와 같은 프로그램 평가연구의 일종이며, 민주적 정책평가의 전형적인 모형으로 평가된다(Watras, 2006). 8년 연구는 1930년에 제안되어 1932년에 300개 이상의 대학이 동참하게 되고, 1933년 가을 학기부터 중등학교에서 본격적인 연구가 착수되기까지의 준비기간이 있었기 때문에 연구의 시작 시기를 다르게 언급하고 있다. 1932년부터 1936년까지의 연구비는 카네기 재단에서 충당하였고, 그 후 1940년까지의 연구비는 록펠러가 설립한 교육재단인 일반교육위원회(General Education Board)에서 지원하였다(Watras, 2006).

8년 연구가 추진된 직접적인 배경은 20세기 초반에 새로운 진보주의 교육을 초등학교에 적용하여 가시적 성과를 얻었으나, 중등학교에서는 당면한 대학입시 문제로 진보주의 교육을 실천하지 못하고 있다는 비판에서 비롯되었다. 1930년 4월 진보주의교육협회의 연차 학술회의에서 이 문제가 제기되면서 중등학교와 대학 간의 관계위원회를 결성하자는 안이 제안되었다. 같은 해 10월에 학교-대학협력위원회가 구성되었고 Wilford M. Aikin이 위원장으로 선출되었다. 이 위원회에서 중등학교교육의 문제점을 1년 동안 연구하여 당면과제를 제시하고 두 가지 연구의 목표를 세웠다.

첫째, 중등학교 재구조화를 허용하는 방향으로 대학과 중등학교의 관계를 정립한다.

둘째, 실험과 탐구를 통하여 미국의 중등학교가 어떻게 청소년들에게 더욱 효과적으로 봉사할 수 있을까를 탐색한다. 8년 연구의 구체적 목표는 첫째, 초등과 중등의 연계로서 초등에서와 같은 진보주의 교육을 중등학교에서 시행해도 성공할 수 있는가이고, 둘째, 중등과 고등의 연계로서 진보주의식 중등교육을 받은 학생들이 대학가서도 성공적으로 학습하고 생활할 것인가를 확인하기 위한 것이었다(박도순·홍후조, 2006).

1932년에 이르러 300개 이상의 대학이 동참하게 되었고, 1932년 5월에 대학과 중등학교 간의 협력개선 방안이라는 협약안이 발표되었다. 1936년에 대학에 입학하는 학년을 시작으로 5년간의 실험기간 동안 고등학교에서 자유로운 교육과정을 운영할 수 있도록 특정교과 이수여부를 대학입학 전형자료로 삼지 않을 것을 합의하였다. 대학에서 추천된 200개 고등학교 가운데 30개 학교가 선정되었으나 최종 29개 학교가 참여하게 되었다. 그 가운데 15개 학교는 유명한 사립학교였고, 4개 학교는 대학부속 실험학교였으며, 나머지 10개 학교는 공립학교였다. 공립학교 중 4개 학교는 부유계층이 살고 있는 지역의 학교였다.

1933년 가을학기부터 실험학교들은 자율적으로 교육과정을 다양하게 운영하였다. 대체로 전통적 교과목을 약간 수정한 교육과정을 가진 학교, 광역교육과정을 개발한 학교, 전체 문화권을 중심으로 교육과정을 개발한 학교, 진로와 직업준비 중심 교육과정을 가진 학교, 중핵교육과정을 가진 학교로 나눌 수 있다(Aikin, 1942). 8년 연구에서 교육과정의 변화 가운데 전통적 교과를 가르치더라도 새로운 시각에서 삶의 다양한 영역에서 문제를 해결하는 방법을 가르치는 식으로 바뀌었고, 교과목 간의 경계를 허물고 통합하려는 시도가 추진되었다.

무엇보다도 8년 연구에서는 학생들에 대한 평가와 기록의 중요성을 인식하였다. 초기에는 기존의 검사를 사용하였으나 새로운 내용과 교육과정을 기존의 검사로 평가할 수 없게 되어 새로운 평가도구와 평가연구진이 필요하게 되었다. 이러한 문제를 해결하기 위하여 Tyler가 평가진의 연구책임자로 1934년에 참여하게 되었다. 평가진에서는 학생들의 행동변화를 확인하는 평가방법을 구안하고 실험학교의 교사와 함께 7년 동안 약 200개 검사를 개발하여 적용하였다. 고등학교에서는 대학에서 요구하는 교과의 이수단위에 대한 기록보다는 더 의미 있는 다양한 정보를 상세히 기록한 학교생활기록부를 제공하여 대학에서 선발근거 자료로 활용하도록 하였다. 평가진이 개발한 평가내용에는 학생의 책임감·의존성, 창의성과 상상력, 영향력, 탐구심, 개방성, 분석능력 및 습관, 사회적 관심, 정서적 감수성, 진지한 목표의식, 사회적 적응력, 학습 습관 등이 포함되어 있다(조덕주, 2004).

1936년부터 1941년까지 매년 여름 6주간에 실험학교의 교사를 위한 실무연수를 위한 워크숍을 개최하였다. 여기에는 교육과정 전문가, 교과전문가, 청년발달 이론가, 교육평가 전문가, 실험학교 교장 등이 참여하였다. 오전에는 교과담당 교사들이 모여서 해당 교과 교육과정을 개발하고, 오후에는 같은 학교의 여러 교과담당 교사들이 모여 자기 학교의 교육과정 개발 작업을 하였다. 또한 Tyler의 지도로 학생들의 사고력, 사회성, 예술성, 인간적·사회적 적응력을 질적으로 평가하는 기법의 개발과 그에 대한 연수도 진행되었다. 평가진들은 검사를 개발하고, 교사들에게 검사 개발, 활용, 해석방법을 연수시켰다. 이런 연수를 통해 교사들은 이 연구의 성과를 종합적으로 분석할 능력을 갖추게 되었다(Aikin, 1942).

실험학교의 첫 대상이 된 학생들은 1936년 9월에 전통적인 입학전형을 거치지 않고 대학에 입학하게 되었다. 학생들의 대학생활을 ① 지적 능력, ② 교양 함양, 여가시간 활용, 예술적·창조적 측면, ③ 실제적 능력,

상식과 판단, 일상적 수공기술, 환경적응력, ④ 생활철학, ⑤ 인성특성, ⑥ 정서적 안정, ⑦ 사회적 적응, ⑧ 사회문제에 대한 민감성, ⑨ 신체건강 측면에서 분석하기로 합의하였다. 1936년에 대학에 입학하여 연구대상이 된 1,475쌍의 학생들은 모두 4년간 연구에 참여하였다. 1937년에 입학한 학생들은 3년 동안, 1938년에 입학한 학생들은 2년 동안, 1939년에 입학한 학생들은 1년 동안 연구에 참여하였다.

연구결과에 의하면 실험학교 출신 학생들이 전통적 교육과정을 이수한 학생들보다 학문적 성취도와 개인적·사회적 발달상태에서 훨씬 더 좋았다는 평가를 받았다. 이 결과는 진보적 교육과정이 전통적 교육과정보다 우수하다는 사실을 경험적으로 입증한 것으로 평가된다.

8년 연구의 결론은 다음과 같다(박도순·홍후조, 2006).

첫째, 실험학교 졸업생들은 대학공부와 생활에서 조금도 뒤지지 않았다.

둘째, 대학이 정한 교과목과 단위에서 벗어나 대학 입학준비를 하더라도 대학 입학준비생들의 대학 준비도를 낮추는 것이 아니다.

셋째, 실험학교들 중에서도 가장 근본적인 교육과정의 변화를 단행한 6개 실험학교 출신 학생들이 전통적인 입장을 취한 6개 비교학교 학생들에 비하여 훨씬 더 잘하였다.

그러나 1942년에 5권의 보고서가 발간되었으나 제2차 세계대전의 와중에 들어가면서 큰 관심을 집중하지 못하였다. 연구에 참여한 대부분의 학교마저도 보수적인 교육과정 운영으로 회귀하게 되었다. 8년 연구가 종료된 이후에 진보주의교육협회에 연구비를 지원하는 단체가 없어지면서 조직을 해체하는 길로 접어들게 되면서 결국 1955년에 진보주의교육협회는 역사에서 사라지게 되었다.

Tyler가 8년 연구의 평가진 연구책임자로 참여한 경험을 토대로 1949년에 「교육과정과 수업의 기본원리(*Basic Principles of Curriculum and Instruction*)」를 발간하였다. 이 책에서 교육과정과 수업을 계획할 때 고려해야 할 네 가지 질문, 목표의 명세화, 학습경험의 선정, 학습경험의 조직, 그리고 평가로 이어지는 교육과정 개발을 위한 목표모형을 제안하였다. 이 책은 20세기 전반부의 교육과정 논의를 합리적으로 종합 정리한 것인 동시에 20세기 후반부의 교육과정 논의와 개발을 발전시키거나 극복하기 위한 대안을 탐색하는 실마리를 제공한 불후의 명저라고 평가할 수 있다. Bloom과 Mager 등의 교육목표 위계화와 상세화는 Tyler의 지원에 힘입어 발전된 것이며, Taba, Tanner, McNeil 등의 교육과정 개발논의는 Tyler의 교육과정 개발에 대한 발전적 전개이며, Kliebard, Walker, Eisner 등은 Tyler의 교육과정 논의와 개발이 갖고 있는 거대한 실제적·이론적 힘을 넘어서는 데 커다란 어려움을 겪고 있다(박도순·홍후조, 2006).

4. 제2차 세계대전과 생활적응교육의 등장

1945년 제2차 세계대전의 종전과 더불어 20세기 초반에 등장하였던 진보주의 교육운동이 '생활적응교육(life adjustment education)'이라는 이름으로 부활하였다. 1945년에 처음 등장한 생활적응교육이라는 말은 대학에 진학하지 못하는 절반이 넘는 고등학생들에 대해 염려하는 한 직업교육담당 교사가 만들어냈다(김재춘 외, 2005).

특히 대학에 진학할 생각이 없으면서 직업교육을 받지 않는 학생들은 대학진학 프로그램이나 직업교육 프로그램 중 어느 것도 적합하지 않게 되고, 이에 따라 중도탈락자가 대거 양산되기에 이르렀다. 그 당시 교육의 적합성 문제가 제기되었고, 중등교육전문가와 직업교육전문가들이 이 문제를 해결하기 위해 여러 차례의 모임을 가지고 1946년에 생활적응교육을 실시하기 위한 구체적 방침을 설정하였다.

생활적응교육의 방침가운데 가장 특징적인 것은 생활 사태에 직접 적용할 수 있는 실제적 기예들, 즉 가정생활, 건강, 시민생활과 관련된 기능성 경험을 모든 중등학교에서 제공해야 한다는 점을 강조한 것이었다. 이러한 조치는 형식도야이론에서 교육 사태를 생활 사태에 연결시키려고 하는 데에 비하여 그것보다는 더 직접적으로 교육 사태를 생활 사태로 대치해야 한다는 것이다.

생활적응교육은 미국의 교육과 관련해서 두 가지 면에서 기여하였다.

첫째, 교육과정의 개념을 이론적인 학교 교과목을 넘어서는 것으로 이해하는 계기를 마련해 주었다.

둘째, 국가적인 차원에서 중도 탈락생들에 대한 관심을 갖도록 만들었다. 그러나 생활적응교육에 대한 관심이 대부분의 경우 학교교육과정의 실질적인 변화로는 연결되지 못했다. 생활적응교육으로 인해 나타난 실제적인 변화로는 첫째, 진로지도교사가 약간 증가되었고, 둘째, 역설적이게도 20세기 초 이래 지난 50여 년 동안 침묵을 지키고 있었던 교과 또는 학문 중심 교육이 재등장할 수 있는 사회적 여건을 마련하였다는 것이다(김재춘 외, 2005).

5. 스푸트니크와 학문중심 교육과정의 대두

1950년대부터 미국에서는 당시의 교육, 즉 진보주의 교육사조에 입각한 소위 생활적응교육이 학생들에게 무엇인가 중요한 내용을 가르치는 데에 실패하고 있다는 우려가 널리 퍼져 있었다. 생활적응교육은 1920년대부터 1940년대에 미국의 학교교육현장에서 광범위하게 실천되었던 Dewey의 진보주의 교육에 영향을 받은 것이다. 생활적응교육이 결정적으로 비판을 받게 된 계기는 미국이 구소련과의 우위경쟁에서 우위를 차지할 수 없게 된 사건에서 비롯된다. 교육비판가들은 당시의 미국 교육으로는 미국이 구소련과의 경쟁에서 우위를 차지할 수 없다고 보았다. 그리하여 학교가 무엇을 가르쳐야 할 것인가를 심각하게 고민할 필요성이 제기되었다(김재춘 외, 2005).

1957년 10월에 구소련이 미국보다 먼저 스푸트니크 인공위성을 발사함에 따라 미국 교육의 위기가 고조되었다. 1950년 이전부터 제기되어 왔던 교육과정 개혁운동이 이 사건을 계기로 더욱 가속화되었다. 1959년 9월에 매사추세츠 주의 Woods Hole에서 각 분야 전문가 35명이 모여서 미국 교육의 근본적 문제점과 개선방안을 모색하기 위하여 10일 간의 회의를 개최하였다. 이 회의를 통해서 미국교육의 근본적인 문제가 현재 학교에서 가르치고 있는 교과의 성격에 있다는 점이 합의되었으며, 이 문제를 극복하기 위해 '지식의 구조'라는 개념이 제안되었다. 이 회의에서 제안된 지식의 구조라는 개념은 학교교육과정에 강력한 영향력을 미치게 되었다.

Bruner가 지식의 구조를 제안함으로써 교육과정 문제는 새로운 국면을 맞이하였다. 기존의 교과중심 교육과정에서 중시하는 교과지식에 대한 입장을 비판적으로 이해하고, 학습자 중심의 활동 교육과정의 문제를 종합적으로 고려하여 지적 수월성을 강조하는 방향으로 교육과정의 문제를 해결하고자 하였다. 교과는 새롭게 부활하였고 지식의 구조라는 의미에 비추어서 그 의미가 새롭게 제시되었다. 이러한 입장에서 교과는 학문과 동일한 것이며 학문을 탐구하는 활동의 측면에서 교과를 새롭게 조명할 필요가 있다. 여기에 Bruner 이외에도 학문의 구조를 제시한 Schwab, 의미의 영역을 제안한 Phenix, 교과를 인지적 및 평가적 지도로 보는 Broudy, 지식의 형식을 제안한 Peters와 Hirst 등이 있다. 이들은 교과의 가치를 종래와는 다른 방식으로 정당화하였다(강현석·주동범, 2004).

2절 교육과정이론

1. 형식도야이론

1) 이론적 근거

형식도야이론(formal discipline theory)은 교육의 역사에서 가장 오랫동안 영향력을 행사한 이론이며, 전통적으로 학교에서 가르쳐 온 교과의 가치를 설명하는 최초의 교육과정이론이다. 형식도야라는 용어는 정신도야(mental discipline)와 혼용되기도 한다. 이 이론은 개인 학자나 학파에 의하여 이론적 체계를 갖추어 발전한 것이 아니고 이미 성립되어 가르쳐 온 교과의 가치를 의심하는 사람들에게 전통적 교과의 가치를 잘 설명해주기 위해서 뒤늦게 등장한 것이다(김재춘 외, 2005).

이 이론의 기원은 플라톤까지 거슬러 올라갈 수 있지만 1734년에 독일의 심리학자인 Christian Wolff가 제안한 능력심리학에서 찾고 있다. 그는 인간의 정신은 서로 뚜렷이 구분되는 몇 가지 능력들, 지각, 기억, 상상, 추리, 감정 및 의지로 구성되어 있다고 주장한다. 능력심리학에서는 마치 신체기관이 각각 상이한 부위를 차지하고 있는 것과 마찬가지로 정신 능력도 마음 속에서 각각 상이한 부위가 있는 것으로 간주한다. 능력심리학자인 Thomas Reid(1717~1796)는 뇌에는 27개의 상이한 부위가 있으며 각 부위에 대응하는 특수한 능력을 지니고 있다고 주장하였다(Hergenhahn, 2001). 여기서 능력은 우리 몸에 비유되는 마음의 근육으로서 마치 몸의 근육이 적절한 운동으로 단련되는 것과 마찬가지로 적합한 교과나 학습 자료를 계속적으로 반복 연습함으로써(즉 형식도야에 의하여) 개발될 수 있다. 형식도야이론에 의하면 교과를 공부하는 것은 이 마음의 근육(心筋)을 개발하기 위한 운동이다(이홍우·유한구·장성모, 2003).

2) 기본 성격

형식도야이론에서 형식이라는 용어는 교육내용 또는 교과의 형식을 가리킨다. 교과를 공부하거나 교육내용으로서의 지식을 가르치고 배운다는 것은 각각의 교과에서 다루어지는 다양한 내용을 기억과 같은 정신 능력과 결합시키는 것을 의미한다. 또한 도야(陶冶)는 흙을 빚거나 쇠를 녹여서 물건을 만드는 것을 가리키며 일상적인 의미로는 연마와 같이 심신을 갈고 닦는 것을 뜻한다. 따라서 형식도야라는 것은 교과의 형식을 반복적으로 연습한 결과로 일정한 완성단계에 이르게 되는 것을 가리킨다. 형식도야는 방법의 측면으로서 반복적으로 연습한다는 말이 가리키는 것과 결과의 측면으로서 일정한 완성단계에 이르게 된다는 말이 가리키는 것 둘 다를 지칭한다. 따라서 형식도야이론은 교과 또는 교육내용으로서의 지식을 가르치는 일의 의미를 이러한 방식으로 설명하는 이론이다.

이 이론에서는 7자유학과(3학: 문법, 수사학, 논리학, 4과: 대수, 기하, 음악, 천문학)를 도야적 가치가 큰 교과로 인정하고 있다. 이런 교과를 중시하는 것은 그것에 담긴 내용이 개인생활이나 사회발전을 위한 수단이 된다는 점에 있다기보다는 그 교과가 정신도야의 기회를 제공해 준다는 점에 있다. 또한 형식도야이론은 두 가지 중요한 이론적 가정을 내세우고 있다. 하나는 능력심리학에서 주장하는 일반적 전이에 관한 가정이다. 이는 교과에서 획득된 능력은 그와 동일한 능력이 요구되는 다른 사태에 공통적으로 적용된다는 것을 가정한다. 학습을 통하여 도야된 정신 능력은 그것이 어떤 구체적 내용을 통하여 학습되었든지 간에 그 정신 능력이 필요한 상황에서는 내용에 상관없이 효율적으로 활용될 수 있다는 것이다. 또 하나는 형식도야이론에서 말하는 정신 능력의 성격에 관한 가정이다. 형식도야이론에서 정신 능력은 우리 마음속에 마치 몸의 근육과 같이 기성의 상태로 주어져 있다는 것을 가정한다. 우리의 마음은 그러한 부소능력(部所能力)으로 이루어져 있다. 형식도야라는 것은 그와 같이 우리 마음을 이루고 있는 기성의 능력을 교과나 학습 자료에 의하여 연마하고 단련하는 것을 가리킨다(이홍우·유한구·장성모, 2003).

형식도야이론에서 강조하는 교육원리는 다음과 같이 정리할 수 있다(이달우, 1995).

첫째, 교육의 목적은 심근(정신의 근육)을 단련하는 정신도야에 있다. 정신도야를 통해 심근이 완전하게 발달된 사람, 즉 자유인을 기르는 것이 교육의 목적이 된다.

둘째, 교육내용과 관련해서는 교과의 분류와 내용의 선정 및 배열은 그것이 어떠한 정신 능력을 도야시킬 수 있느냐가 그 기준이 된다. 즉 교과의 가치는 그것이 지니는 사회적 맥락에 있는 것이 아니라 그 교과가 지니는 형식에 있으며, 모든 교과는 그것이 지니는 정신도야에 중요한 가치가 있게 된다. 예컨대, 수학이나 문법은 지력을 도야하는 데 적합한 것으로 인정되고, 순수예술은 감정의 능력, 도덕이나 종교 등은 의지력을 도야하는 데 적합한 것으로 인정된다.

셋째, 교육방법과 관련해서는 주로 훈련과 반복의 주입식 방법이 사용되었다. 교과의 내용이 형식적 가치에 의해서 선정되기 때문에 아동의 흥미와는 관련이 적을 수 있으며, 학습자의 노력을 중요시하게 취급한다.

흥미가 없는 교과라 하더라도 학습자가 노력을 하면 노력은 학습자 의식의 긴장을 초래하며 의식의 긴장상태가 계속되면 심근이 강화된다고 보는 것이다.

3) 문제점과 비판

1890년대에 형식도야이론은 문제점이 있는 이론으로 지적되기 시작했다. 형식도야이론의 문제점은 당시 심리학자인 James와 Thorndike의 경험적 실험을 통해서도 드러났지만, 실패의 좀 더 직접적인 원인은 형식도야이론이 당시 새로운 산업사회의 요구에 적절한 교육과정을 제시하지 못한다는 점 때문이었다(Kliebard, 1986). 19세기 후반에 많은 사람들은 형식도야이론에 입각한 전통적인 인문교과가 새로운 산업사회의 요구에 적절한가에 의문을 제기하기 시작하였다.

형식도야이론의 비판은 앞에서 언급한 두 가지 가정에 대한 비판으로 구분된다. 일반적 전이에 대한 비판은 W. James(1842～1910)와 E. L. Thorndike(1874～1949)의 전이실험으로 나타났고, 부소 능력에 대한 비판은 철학적인 면에서의 비판으로서 J. Dewey의 교육철학으로 나타났다(이홍우, 1992). Thorndike의 전이실험에서는 특정 교과를 통해서 도야된 정신 능력이 일반적인 사태에 전이가 되지 않을 뿐만 아니라 특정 교과가 다른 교과에 비해 일반적인 정신 능력을 개발하는 데 적합한 것도 아니며, 단지 동일한 요소가 있을 때 전이가 일어난다는 동일요소설을 주장하였다. Dewey는 인간의 마음이 수많은 본능적인 경향으로 구성되어 있으며, 교육은 이러한 지력을 문제상황에서 적절하게 발휘하도록 하는 사고 능력을 개발하는 것으로 규정한다. 부소 능력의 훈련으로서 교육이라는 형식도야이론의 입장은 타당하지 못하다는 것이다. Dewey는 이 점에서 능력과 교과는 이원론적으로 분리될 수 없으며, 또 교과는 그 자체로서 가치가 있는 것이 아니라 사회적 맥락 안에서 결정된다고 함으로써 정신도야의 가치가 아니라 교육의 내용과 방법이 사회적 맥락과 관련 없이 맹목적으로 주입되는 것을 반대하였다(강현석·주동범, 2004).

2. 경험중심이론

1) 진보주의 교육운동

경험중심 교육과정이론은 형식도야이론을 비판하면서 생성된 이론으로서 Dewey의 교육철학에 기반을 두고 발전된 이론이다. 경험중심 이론은 학교에서 생활적응을 목적으로 학습자의 경험을 가르칠 것을 제안하였다.

1919년에 Dewey의 교육사상을 알리기 위해 '진보주의교육협회(Progressive Education Association)'가 창립되었다. 이 협회는 처음으로 아동중심 교육과정 입안을 주장하였다. 이들은 교육원리를 학습자의 자유, 흥미, 신체적 발달, 생활욕구 등에 두고, 그것에 대한 과학적 연구를 강조하였다. 아울러 교육운동의 지도자적 역할을 진보주의 학교가 수행해야 한다고 주장하였다(김경배·김재건·이홍숙, 2005).

진보주의교육협회가 창립 당시 내걸었던 7대 강령은 다음과 같다(김재춘 외, 2005).

① 학생들은 자연적으로 발달할 수 있는 자유를 지닌다.
② 흥미와 관심이 모든 활동의 동기가 되어야 한다.
③ 교사는 안내자이지 문제 해결자가 아니다.
④ 학생 발달에 관한 과학적인 연구가 수행되어야 한다.
⑤ 아동의 신체적 발달에 영향을 미치는 모든 것에 더 큰 주의가 주어져야 한다.
⑥ 아동의 생활의 필요를 만족시키기 위해서는 학교와 가정 간의 협력이 필요하다.
⑦ 진보주의 학교가 교육개혁운동의 지도자가 되어야 한다.

진보주의교육협회가 Dewey의 교육이론을 확산하고 적용하기 위해 결성되었음에도 불구하고, 그 자신은 진보주의교육협회에 가입하기를 거부하였으며 진보주의 교육을 비판하였다. 진보주의 교육자들은 교과를 완전히 무시하고 오로지 아동의 즉각적인 흥미나 관심만을 존중하게 되었다는 점을 비판하고 그 자신의 이론을 오해한 데서 비롯되었음을 지적하였다. 그 자신은 아동과 교과를 대립적인 것으로 보는 전통적 교과중심 교육과정을 비판하면서 아동과 교과 간의 연속성을 강조하였다. 학습자는 경험을 심리적으로 축적하며, 교과는 인간경험과 탐구결과를 논리적으로 축적해 나간다. 경험의 심리적 측면을 지닌 학습자와 경험의 논리적 측면인 교과를 만나도록 하기 위해서는 교과가 심리화되어야 한다. 학습자의 흥미, 관심, 발달단계, 일상경험에 맞춘 것이 곧 심리화된 교과이다. 논리적 교과의 심리화를 통해 심리적 아동의 논리화를 꾀하였다(박도순·홍후조, 2006).

2) Dewey의 교육과정이론

20세기 초에 교육과정 연구에 많은 영향을 끼친 인물은 John Dewey (1859~1952)이다. 그는 시카고 대학교에서 1895~1896년에 '교육과정의 평가' 과목을 가르쳤고, 대학부설 실험학교(1896년 1월~1903년 6월)를 세워 자신의 교육이론과 실천을 실험하며 다듬어 가는 교육활동을 펼쳤다. 1902년에 「아동과 교육과정」을, 1916년에 「민주주의와 교육」을, 그리고 1938년에 「교육과 경험」이라는 책을 저술하였다(박도순·홍후조, 2006).

Dewey의 철학적 입장은 3가지로 정리될 수 있다(박봉목, 2000). 첫째, 추상적 관념보다는 구체적 경험에 가치를 둔다. 경험은 의식상태보다는 행동, 기능, 적응을 의미한다. 그것은 유기체와 환경 간의 상호작용을 의미한다. 초기에는 생물학적·심리학적 상호작용을 강조했지만 점차로 사회적·문화적 측면에 관심을 가졌다. 둘째, 이원론을 배격하고 계속 일원화의 원리를 주장한다. 관념과 실제적 결과 사이의 계속성을 인정하고 목적과 수단 간에는 고정된 상하 관계보다는 동적 관계성이 유지되어야 함을 강조한다. 셋째, 변화의 개념이 가치관 형성이나 진리관에서 중요한 역할을 한다. 변화는 성장의 조건이다. 그래서 고정된 가치관이나 진리관을 배격하고 사회적 진전에 도전적이다.

또한 Dewey는 지식의 획득은 이성에 의한 사유나 감각적 경험에 기초해서 이루어지는 것이 아니라 주관의 능동적인 활동을 통해서 이루어진다고 보았다. 이러한 관점은 교육에서 학습자의 활동을 강조하도록 하였다. 학습자가 가장 능동적일 경우는 그가 문제상황에 봉착했을 때이다. 이런 상황에서는 문제를 해결해야 할 필요가 생겨나고, 문제에 대한 관심과 흥미가 일어난다. 이러한 상황은 교실상황보다는 실제 생활 속에서 발생한다. 따라서 실제의 생활 장면이 그대로 학습상황이 되어야 한다. 우리가 무엇인가를 확실히 알 수 있게 되는 것은 바로 직접 경험을 했을 때이다. 그래서 학습자의 활동을 중심으로 그의 경험을 가르쳐야 한다. 이러한 이유로 Dewey는 교육에서 학습자의 경험, 흥미, 필요, 활동, 그리고 그가 속한 민주주의 사회와, 그곳에서의 생활, 그 속에서의 당면한 문제, 그것에 대한 해결방법 등을 중요하게 생각한다.

Dewey의 교육철학은 20세기 이전의 교과중심과 교사중심의 교육과정을 아동중심의 교육과정으로 변화시킨 점에서 20세기 교육과정에 가장 큰 영향력을 행사했다고 할 수 있다. 그의 경험론은 아동의 활동을 강조하는 아동중심의 경험중심 교육과정을 탄생하게 하였다.

3. 지식의 구조론

1) 이론적 근거

지식의 구조론은 Bruner의 「교육의 과정(*The Process of Education*)」이라는 책에서 처음으로 지식의 구조를 설명하면서 교육내용을 새로운 시각에서 규정한 교육과정이론이다. 이 책에서 무엇을 가르칠 것인가에 대한 답을 제시하고 있다. 바로 학교에서는 학생들에게 지식의 구조(또는 학문의 구조, 교과의 구조)를 교육내용으로 가르쳐야 한다. 그러나 이 책에서는 지식의 구조가 무엇인가에 대한 명확한 정의를 내리고 있지 않다. 여기서 지식의 구조를 가르친다는 말은 해당 학문의 성격을 충실히 가르친다는 것을 의미하며, 지식의 구조는 곧 학문을 특징짓는 사물을 보는 안목 또는 각 학문의 기본적인 아이디어, 지식의 기본개념, 지식의 기본원리, 그리고 지식의 탐구과정 등과 동의어로 사용하고 있다.

2) 지식의 구조

Bruner의 교육의 과정에서 제시한 지식의 구조를 크게 세 가지로 나누어 설명할 수 있다(이홍우, 1992). 첫째 방식은, 지식의 구조를 기본개념과 원리 또는 일반적 아이디어로 설명한다. 둘째 방식은, 사물이나 현상의 관련 방식을 이해하는 사고방식으로 보고 있다. 셋째로, 지식의 구조가 지니고 있는 이점을 설명하는 방식을 제시하고 있다.

첫째 설명방식에서는 지식의 구조가 해당 학문의 기저를 이루고 있는 기본개념과 원리이며, 따라서 특정 교과의 지식 구조는 그 교과의 해당 학문의 성격을 충실히 반영하고 있는 것으로 해석할 수 있다. 그러므로 사실상 특정 교과의 지식 구조는 그 교과를 나타내는 학문의 가장 근본적인 개념과 원리인 셈이며, 교육내용의 선정은 그 교과의 학문 성격과 해당 학자들의 탐구활동 속에서 이루어져야 한다는 것을 시사하고 있다.

두 번째 설명방식에서는 지식의 구조를 사물이나 현상이 관련되어 있는 방식으로 보고 있다. 이것은 지식의 구조가 단지 가르쳐야 할 단편적인 지식이 아니라 현상을 보는 눈(perspectives)이며 사고방식이라는 의미이다. 특정 학문의 지식 구조를 파악한다는 것은 특정 학문 현상을 이해한다는 것이고, 그것은 일반적 전이가 일어나서 특정 학문을 이해할 수 있게 해주는 개념이나 원리를 파악하는 것이다. 그러므로 내용선정에 있어서는 일반적 전이가 높은 개념이나 원리가 선정되어야 하고, 내용조직에 있어서는 전이가 쉽게 일어날 수 있도록 핵심개념과 원리를 중심으로 조직되어야 한다. 이러한 전이가능성은 Bruner의 내용조직에서 중점적으로 강조하는 생산성을 의미한다. 특히 Bruner는 지식의 구조를 탐구하고 발견하는 데 있어 구조의 생성력을 강조하면서 구조의 발견이라는 지력과 인지적 성장을 핵심적인 교육목적으로 설정하고 있다. 또한 일반적 전이가 일어날 수 있는 개념과 원리로 지식의 구조를 설명하는 방식에서는 Bruner가 지식 구조의 특징으로 설명하는 표현양식과 경제성과도 유관하므로 구조의 조직에서는 이 세 가지 성질, 즉 생산성, 표현양식, 그리고 경제성에 비추어 이루어져야 한다.

세 번째 설명방식에서는 지식의 구조가 갖는 이점을 지적하고 있다. 학교교육과정이 지식의 구조를 중심으로 가르쳐야 하는 이유는 지식의 구조가 지니고 있는 네 가지 이점 때문이다. 지식의 구조는 그것을 학습한 사람으로 하여금 자기가 학습한 내용을 ① 쉽게 이해할 수 있게 하고, ② 오래 기억할 수 있게 하고, ③ 학습 이외의 사태에 적용할 수 있게 하며, ④ 고등지식과 초보지식 사이의 간극을 좁힐 수 있다(Bruner, 1960).

지식의 구조라는 개념에 사람들에게 혁명적인 아이디어로 받아들여진 것은 Bruner가 지적한 지식의 구조의 네 번째 이점 때문이다(이홍우, 1996). 이 네 번째 이점은 지식의 구조를 학습함으로써 학생들은 해당 학문 분야의 첨단에서 그 학문을 발전시키는 학자들이 하는 일이나 그 일의 성과를 알 수 있게 된다는 것이다. 이 점은 곧 Bruner의 대담한 가설과 관련된다. 즉 Bruner는 "어떤 교과든지 올바른 방식으로 표현하면 어떤 발달단계에 있는 어떤 아동에게도 효과적으로 가르칠 수 있다"(Bruner, 1960)고 주장하였다(김재춘 외, 2005).

각 학문의 기저를 이루는 구조는 어떤 발달단계에 있는 학생들에게도 가르쳐질 수 있다는 주장은 각 발단단계에 처한 학생들에게 적절하게 표현해 주어야 한다는 전제조건이 충족될 때 가능하다. 다시 말하면, 연령에 관계없이 지식의 구조, 즉 교과의 핵심적인 개념과 원리를 가르치되, 그것을 학생들의 지적 발달단계에 맞는 표현양식으로 그리고 계열적으로 제시할 필요가 있다.

3) 내러티브 탐구

Bruner(1992)는 교육의 문화에서 '마음은 인간문화 속에서 구성되고 실현된다'는 문화주의의 전제 하에 교육과정에 대한 새로운 입장을 제시하고 있다. 그는 패러다임적 사고에 대비되는 내러티브 사고방식을 주장하고 있다. 내러티브(narrative)란 서사체를 말하며 하나의 이야기, 즉 시간적 연쇄로 구성된 일련의 사건들을 의미한다. 질적 연구로서 내러티브 탐구는 살아 있고 구술된 이야기로서 경험을 이해하는 것이다. 이야기 탐구는 원자화된 사실과 수의 데이터로 양화될 수 없는 인간적 차원을 묘사하는 데 주안점을 둔다. 개인은 다양한 사람, 장소, 공간의 관계 속에서 경험을 구성하기 때문에 개인의 경험은 보다 넓은 맥락 내에서 이해되어야 한다는 것을 의미한다. 특히 개인이 경험하는 보다 넓은 맥락을 의미하는 것으로 풍경(landscape)이라는 은유를 사용하며 교사의 경험도 풍경 속에서 이해되어야 한다고 강조한다(강현석·주동범, 2004).

4. 지식의 형식론

1) 이론적 근거

지식의 형식론은 전통적인 교과의 가치를 정당화하려고 한 Peters와 Hirst의 주장을 지칭하는 것이다. 지식의 형식론은 처음부터 학교에서 가르칠 수 있는 교과를 선정하기 위한 하나의 원리로서 등장한 것이 아니라, 종래 가르쳐 온 교과, 즉 주지 교과의 가치를 설득력 있게 드러내기 위해서 주장된 이론이라고 할 수 있다(김재춘 외, 2005). 영국에서 Peters와 Hirst는 전통적 교과 대신에 실용적 가치를 가진 교과를 가르쳐야 한다는 당시의 일부 주장에 대해 전통적 교과가 가지고 있는 내재적 가치를 논리적으로 설명함으로써 교과가 실용적인 목적만이 아닌 그 자체의 가치에 의해서도 정당화될 수 있음을 보여주려고 했다.

2) 지식의 형식

Peters와 Hirst는 주지 교과의 가치를 정당화하는데 있어서 '지식의 형식(forms of knowledge)'이라는 용어를 사용한다. 지식의 형식이란 인간의 경험을 일반적으로 인정되는 방식으로 분류해 놓은 것으로서 ① 논리학과 수학, ② 자연과학, ③ 인간과학, ④ 역사, ⑤ 종교, ⑥ 문학과 예술, ⑦ 철학, ⑧ 도덕적 지식 등이 이에 해당한다(Peters와 Hirst, 1970).

Peters는 지식의 형식과 동일한 의미를 나타내는 것으로 생각되는 여러 가지 표현을 사용하고 있다. 즉 '공적 언어에 담겨 있는 공적 전통', '공적 유산', '분화된 개념구조' 등이 그것이다. 이들 표현은 지식형식의 의미에 관하여 몇 가지 중요한 시사를 준다(이홍우·유한구·장성모, 2003).

첫째로, 지식의 형식은 인간이 오랜 역사를 통하여 누적적으로 발전시켜 온 것이며, 오늘날 우리는 그것을 유산으로 물려받고 있다. 둘째로, 그것은 오늘날 우리가 사용하는 언어에 담겨 있다. 오늘날 우리가 사용하는 언어는 분화된 개념구조를 나타내고 있다. 이 분화된 개념구조는 인간경험의 상이한 측면을 드러내기 위하여 인간이 누적적으로 발전시켜 온 공적 전통 또는 공적 유산이다. 지식의 형식이 나타내는 이 모든 의미는 우리가 학문이라는 말로 이해하는 것과 다르지 않다. 교과로서 지식의 형식 또는 학문을 배울 때 우리는 인간의 공적 전통에 입문하여 거기에 참여한다.

Peters와 Hirst가 분류한 8가지 지식의 형식은 대략 전통적인 학문의 분류와 유사함을 알 수 있다. 이러한 지식의 형식은 개념이나 탐구방법 측면에서 성격이 비슷한 지식을 묶어서 열거해 놓은 것이라고 말할 수 있다. 여기에 포함된 지식은 전통적으로 학교 교과의 주축으로 이루어 온 이론적 지식이며 수많은 사람들에게 실용적 가치가 의심스러운 지식이라는 점이다. Peters와 Hirst가 전통적인 교과의 가치를 정당화하기 위해 사용한 설명방식은 내재적 가치와 선험적 정당화 논의이다(김재춘 외, 2005).

내재적 가치란 어떤 다른 목적을 위한 수단으로서가 아닌, 활동 그 자체에 들어 있는 가치를 말한다. 어떤 활동이 내재적 가치가 있다는 것은 그 활동의 가치가 그 활동과 개념상으로 무관한 다른 어떤 것에 의해서가 아니라, 그 활동 자체에 의해서 규정될 수 있는 경우를 말한다. 따라서 내재적 가치에 관심을 가질 경우에는 내재적 가치가 있는 활동이 어떤 것이며, 왜 그것이 가치가 있는가를 설명하는 데 관심을 갖게 된다.

Peters와 Hirst는 그들이 제시한 지식의 형식이 바로 이러한 내재적 가치를 가진다고 본다. 그리고 이들은 모든 학생들이 그들이 심리적으로 좋아하든 싫어하든 간에 이러한 내재적 가치가 있는 지식의 형식을 배워야 한다고 주장한다. 이러한 주장에 대한 이들이 제시한 지식의 형식이 과연 내재적 가치를 가지고 있는지, 왜 모든 학생들이 이러한 지식의 형식을 배워야만 하는지 등의 의문을 제기할 수 있다. 이 의문에 대해서 Peters와

Hirst는 선험적 정당화 논의를 사용하여 답을 제시한다.

Peters와 Hirst에 의하면, 선험적 정당화란 개인의 의식적인 사고에 의하여 받아들여지는가 아닌가와는 무관하게 성립하는 그런 정당화라는 뜻이다. 다시 말하면 선험적 정당화의 내용은 개인이 심리적으로 그것을 납득하든지 않든지 간에 논리적으로 받아들이지 않으면 안 된다. 여기서 논리적으로 받아들이지 않으면 안 된다고 하는 것은, 만약 그것을 받아들이지 않으면 스스로 모순이나 자가당착에 빠지게 된다는 것을 의미한다(이홍우·유한구·장성모, 2003).

3) 한계와 비판

Peters와 Hirst의 지식의 형식론은 전통적으로 학교에서 가르쳐 온 주지 교과의 가치를 정당화하는데 기여해 왔다. 특히 이들은 고대 그리스 시대 이후 서양의 중요한 교육전통으로 계승되어 온 자유교육의 정신을 현대의 상황에서도 살려 내려고 노력하였다. 이들의 주장은 아직도 전통적인 교과가 학교의 주요 교과로 남아있고, 자유교육의 이상을 그리워하는 사람들이 여전히 존재하고 있다는 점에서 교과의 가치를 설명하는 하나의 이론으로 계속 영향력을 행사할 가능성이 있다.

그러나 최근 급속도로 변화하고 있는 학교교육환경과의 관계 속에서 볼 때, Peters와 Hirst가 주장하는 지식의 형식론은 많은 한계를 가지고 있다(김재춘 외, 2005). 첫째, 지식의 형식론은 주지 교과에 특권적 지위를 부여한다는 비판이 있다. 지식의 형식론에서는 내재적으로 가치가 있는 지식의 형식으로 주로 주지 교과(즉 이론적 교과)를 포함시키고 있으나, 주지 교과만이 내재적 가치를 지니고 있다고 볼 수 없다는 것이다. 이 비판에 의하면, 모든 사회적 인간 활동은 그 나름대로의 고유한 목적과 가치를 지니고 있으며, 이 점에서 주지 교과만이 아닌 다른 다양한 기술이나 지식, 혹은 활동도 그 자체로 학교에서 동등하게 취급될 필요가 있다는 것이다.

둘째, 지식의 형식론에서 주장하는 선험적 정당화 논의는 실제 작용하고 있는 학교교육의 역동적인 양상에 대해서 충분한 설명을 제공하지 못한다는 비판이 있다. 지식의 형식론이 주장하는 선험적 정당화 논의는 지식의 형식론의 내재적 가치를 논리적 혹은 개념적으로 설명하려는 특징을 지닌다. 따라서 지식의 형식론에서는 지식의 형식을 우리의 삶이 가능하기 위한 논리적 가정으로 받아들여야 한다는 점을 논증하는 데 관심을 둘 뿐, 실제 우리 삶에 구체적으로 또는 사실적으로 작용하고 있는 역동적인 양상, 예컨대 사회변화, 교육여건, 학습자들의 흥미 등에 대해서는 관심을 기울이고 있지 않다. 그 결과 지식의 형식론은 학교라는 구체적 맥락에서 특정교과가 실제로 어떻게 채택되어 가르쳐지고 있는지에 대한 충분한 설명을 제공하지 못할 뿐만 아니라 학교에서 가르쳐야 할 교육내용을 특정한 형태의 교과로 고착화하는 경향이 있다(김재춘 외, 2005).

5. 교육과정 재개념주의

1) 기본개념

교육과정 재개념주의란 교육과정을 의도된 계획이나 지도에 의해서 정해지는 것이 아니라 학습의 과정 속에서 이루어지는 학습자 개인의 경험과 의미를 이해하는 과정으로 보고 있다. 기존의 전통적인 교육과정에서는 교육과정의 문제를 학교만의 문제로 간주하는 관점을 더 넓은 사회적 맥락 속에서 새로운 다양한 시각에서 접근하려는 입장을 취하고 있다. 또한 기존의 교육과정은 학교교육과정의 개선을 원하는 교육실천가들에게 구체적인 도움을 줄 수 있는 교육과정을 개발해야 함을 강조한다는 점에서 교육과정개발 패러다임으로 간주하는 반면에, 교육과정 재개념주의자들의 교육과정은 교육과정개발과 같은 방법의 문제가 아니라 다양한 관점에서의 인식과 관련된 이해의 문제를 강조한다는 점에서 교육과정 이해 패러다임으로 구분할 수 있다(Piner, et al., 1995; 김재춘 외, 2005).

한편, Pinar는 교육과정의 의미로서 라틴어 어원인 currere의 본질적 의미인 교육에 대한 개인적 경험이 갖는 본질적 의미를 제안하고 있다. 경주로가 아니라 경주에서 각각의 말들이 코스를 따라 달리는 개인적 경험을 지칭하는 것이기도 하다. 따라서 currere로서의 교육과정은 탐구목표를 정하며 코스를 설계하고, 결과를 평가하는 일과는 거리가 먼 활동이다(강현석·주동범, 2004).

2) 재개념화의 근거

1970년 이후 기존의 교육과정이론과 실천에 도전하는 새로운 교육과정 이론화를 주장하는 학자들이 나타나기 시작하였다. 이들은 비판적인 시각을 가지고 교육과정을 새롭고 다양한 방식으로 접근하여 재개념화할 것을 주장하였다. 교육과정에 대한 새로운 재개념화의 시도는 J. B. McDonald와 Huebner를 중심으로 시작되었다. 재개념주의 운동이 본격적으로 시작한 것은 1973년 이후부터라고 할 수 있다. 교육과정 재개념주의의 시작을 이 시기로 잡는 것은 재개념주의자들의 모임이 처음으로 1973년 Rochester 대학에서 개최되었기 때문이다(김경배·김재건·이홍숙, 2005). 이어서 Pinar가 1974년에 편찬한 「강화된 의식과 문화혁명, 그리고 교육과정이론」과 1975년에 편집한 「교육과정이론화: 재개념주의자」가 출판되면서 재개념주의자들의 견해가 공식적으로 발표되었다. 이 책은 교육과정 재개념주의자에 관한 대표적인 저서라고 할 수 있다(김억환·김민환, 1991).

교육과정 재개념주의자들은 각자 다른 학문적 배경으로 인하여 교육과정을 이해하는 관점과 접근방식은 다양하지만, 전통적인 교육과정을 비판하는 점에서는 공통적인 특징이 있다. 이들의 공통적인 특징은 세 가지로 정리될 수 있다(김재춘 외, 2005).

첫째, Tyler의 합리성에 대한 불만을 가지고 있다.

둘째, 교육과정을 탐색하는 데 다양한 담론을 활용하고 있다.

셋째, 교육과정에 대한 해석학적 및 정치적 관심을 확대하고 있다.

3) 교육과정의 다양한 접근

재개념주의자들은 교육과정을 연구하는 학자들을 전통주의자, 개념적-경험주의자, 그리고 재개념주의자로 구분하였다. 전통주의자는 Bobbitt와 Tyler의 전통을 그대로 이어받고 있는 대부분의 교육과정학자를 말한다. 개념적-경험주의자는 순수 교육 분야의 연구자들이 아닌 사회과학 분야의 교육과정 연구자 집단을 말한다. 이들은 가설 설정과 검증을 중시하는 사회과학방법을 교육과정에 적용하는 Posner와 Walker 등이 대표적인 개념적-경험주의자이다. 재개념주의자는 사회과학, 인문학의 다양한 지적 전통을 받아들여서 교육과정에 대한 새로운 담론을 형성하는 연구자들이다. 대표적인 재개념주의자를 표방하는 담론은 다음과 같다. Apple, Giroux, McLaren을 중심으로 전개되는 교육과정에 대한 정치적인 담론, Manen, Aoki, McDonald를 중심으로 전개되는 현상학적 담론, Eisner를 중심으로 전개되는 미학적 담론, McCarthy를 중심으로 전개되는 여성해방론적 담론, Cherryhomles, Lather, Doll을 중심으로 전개되는 탈근대성의 담론 등이 있다(김재춘 외, 2005).

김억환·김민환(1991)은 재개념주의적 접근을 ① 기술공학적 모형의 탄생에 대한 역사적 배경을 분석하는 역사적 비판, ② 교육목표에 대하여 비판을 가하는 미학적·철학적 접근, ③ 교육의 비인간화 현상에 관한 정신분석학적 비판, ④ 교육과정의 사회·정치적 성격에 관하여 비판하는 사회·정치적 접근 등으로 구분하고 있다. 강현석·주동범(2004)은 ① 교육과정의 정치·경제학적 접근, ② 지식사회학적 접근, ③ 현상학적 접근, ④ 해석학적 접근, ⑤ 교육과정의 미학적 접근 등으로 교육과정의 다양한 관점을 제시하고 있다.

제3장
교육과정의 유형

교육과정의 유형은 학자에 따라서 다양하게 분류되고 있다. 일반적으로 교육과정을 교과로 좁게 보는 관점에서 시작하였으나 생활중심 교육과정 내지 경험중심 교육과정, 학문중심 교육과정, 인간중심 교육과정으로 변천하게 되었다. 이러한 교육과정의 유형은 새로운 유형이 나타남으로써 사라지는 것이 아니라 현재의 교육과정 속에까지 부분적으로 지속되고 있으며, 교육과정 개념의 넓이가 점차 확대되고 있다.

이 장에서는 전통적으로 가장 보편적으로 분류하고 있는 교육과정 유형과 새로운 교육과정의 유형을 간단히 살펴보기로 한다. 전통적인 교육과정 유형에는 교과중심 교육과정을 비롯하여, 경험중심 교육과정, 학문중심 교육과정, 인간중심 교육과정 등이다. 최근에 많이 논의되고 있는 구성주의 교육과정에 대해서 구체적으로 살펴보고자 한다. 먼저 각 교육과정의 기본적 견해를 설명하며 교육과정의 특징을 정리하고, 각 교육과정의 장점과 단점이 무엇인가를 파악하고자 한다.

1절 교과중심 교육과정

1. 기본적 견해

교과중심 교육과정은 역사적으로 가장 오랜 전통을 가지고 동서양을 지배해 온 교육과정이론이다. 이는 학교에서 학생이 배우는 모든 교과와 교재를 강조한다. 교과란 인류의 문화유산을 논리적으로 조직한 것이며, 그 조직은 각 교과 전문가에 의해서 이루어진다. 따라서 교사는 교과를 가르치고 아동은 교과를 중심으로 학습하게 된다. 이런 관점에서 본다면, 교육과정이란 각 과목별로 아동들에게 가르칠만하다고 생각되는 주제를 열거한 것, 즉 교수요목을 의미한다.

이러한 교육과정의 이론적 기초는 형식도야이론(formal discipline theory)에서 찾을 수 있다. 제2장에서 살펴본 바와 같이 형식도야이론에 의하면, 인간의 정신은 서로 뚜렷이 구분되는 몇 가지 능력들, 지각, 기억, 상상, 추리, 감정 및 의지로 구성되어 있다. 이것은 신체의 근육을 단련하는 것과 마찬가지로 마음의 근육을 단련하는 것, 즉 정신도야가 가능하다고 보고 있다. 이 이론에서는 7자유학과(문법, 수사학, 논리학, 대수, 기하, 음악, 천문학)를 도야적 가치가 큰 교과로 인정하고 있다. 이런 교과를 중시하는 것은 그것에 담긴 내용이 개인생활이나 사회발전을 위한 수단이 된다는 점에 있다기보다는 그 교과가 정신도야의 기회를 제공해 준다는 점에 있다. 그리고 교육의 방법은 신체적 근육을 발달시키는 것과 마찬가지로 교과를 반복적으로 연습하는 것이다(이홍우, 1977).

그러나 20세기에 들어와서 형식도야이론의 근거인 능력심리학이 부정되고 Dewey의 교육이론에서 교과를 맹목적인 방법으로 주입시키려는 교육내용을 비판하면서부터 형식도야이론이 교육이론으로서 가치를 상실하게 되었다.

2. 주요 특징

교과중심 교육과정은 분과형, 상관형, 융합형, 그리고 광역형으로 세분된다. 분과 교육과정은 개개 교과나 과목의 종적 체계는 있어도 교과나 과목 간의 횡적 관련이 전혀 없이 조직된 교육과정을 말한다. 상관 교육과정이란 두 개 또는 그 이상의 과목들이 각각의 교과의 선을 유지하면서 서로 관련지워져 있는 교육과정을 의미한다. 융합 교육과정은 상관 교육과정에서 광역 교육과정으로 이행하는 과정에서 생긴 하나의 과도기적인 교과중심 교육과정 유형으로서 각 교과목의 특성을 유지하면서 다소의 내용면이나 성질면의 공통변인을 추출하여 교과를 재조직하는 교육과정을 말한다. 광역 교육과정은 전통적인 교과목의 엄격한 한계를 해소하고 학습이 보다 넓은 영역에서 사실이나 원리들을 조직하려는 교육과정을 의미한다(오성삼·구병두, 1996).

교과중심 교육과정의 특징을 다음 세 가지로 요약된다(오성삼·구병두, 1996).

첫째, 수업을 사전에 객관적으로 계획한 대로 진행할 수 있는 점이다. 학습자 입장에서도 조직적이고 계통적인 학습을 할 수 있도록 사전에 철저히 계획된다.

둘째, 교사가 주도권을 장악하고 있는 점이다. 교사가 교육의 주체이기 때문에 모든 수업이 교사로부터 통제된다. 그래서 학습자 개인의 의견이나 문제 또는 욕구 등이 수업을 변경시킬 수 없다.

셋째, 일률적 교재 중심으로 획일적으로 전개된다. 교과가 규정하는 영역 안에서 그 내용을 다루고 학습활동이 제안되어 전개된다. 이것은 획일적인 교육을 초래하므로 학습을 일정한 틀에서 벗어날 수 없게 한다.

3. 장·단점

전통적인 교육과정인 교과중심 교육과정의 장점과 단점을 정리하면 다음과 같다(Saylor & Alexander, 1954; 오성삼·구병두, 1996).

1) 장 점

① 새로운 지식과 사실을 학습하며 해석하고 조직하는 데 논리적이고 효과적인 방법이다.
② 학생들의 지적 능력을 발전시키는 데 가장 적당하다.
③ 교육의 기본적 개념에 대한 주장과 일치한다.
④ 인류가 축적한 문화유산을 가장 효율적으로 이용할 수 있다.
⑤ 장구한 전통을 지니고 있으며 널리 받아들여지고 있다.
⑥ 교육과정 구성이나 평가가 다른 교육과정 유형에 비해 대체로 간단하고 쉽다.

2) 단 점

① 논리적이고 체계적인 교과조직은 학생들의 흥미, 필요, 능력 등의 심리적인 조직으로서는 부적합하다.
② 교과중심 교육과정은 바람직한 학습 성과를 달성하는 데 있어서 학생의 활동을 제한한다.
③ 교과목 그 자체로서는 바람직한 인지능력 훈련이 될 수 없다.
④ 교과중심 교육과정은 학습을 분과적으로 조직함으로써 관련성, 통일성 등이 결여되어 있다.
⑤ 지식의 기능적 활용에 토대를 두지 않고 있다.

2절 경험중심 교육과정

1. 기본적 견해

Dewey를 중심으로 한 진보주의 교육사조가 나타남에 따라 전통적인 교과중심 교육과정으로는 아동들이 급변하는 사회에 적응할 수 없으며 현실생활의 문제를 해결하는 데 직접 도움이 되지 않는 교과를 맹목적으로 주입하는데 문제가 있다고 보고 학생의 흥미, 필요, 경험, 활동 등을 강조하는 경험중심 교육과정이 태동하였다. 실제로 경험중심 교육과정은 19세기 말엽부터 20세기 초에 걸쳐 Dewey에 의하여 꽃을 피우게 되었지만, Herbart, Rousseau, Froebel 등과 같은 자연주의 교육사상가들의 영향을 크게 받았다.

경험중심 교육과정은 아동의 욕구와 흥미를 중요시하는 교육원리와 결합하였다. 그리고 아동들이 실제생활에서의 적응능력을 보다 강조하였다. 그래서 경험중심 교육과정을 생활중심 교육과정 또는 아동중심 교육과정이라 부르기도 한다.

교과조직은 아동의 기본적 욕구나 흥미를 중심으로 하며, 그 내용은 아동의 생활에 의미가 있는, 즉 아동이 스스로 학습에 참여할 수 있는 것으로 구성된다. 이러한 경험중심 교육과정은 교과중심 교육과정을 완전히 배격했다기보다는 교과와 아동경험 사이의 간격을 없애야 한다는 주장이 더 타당하다고 하겠다.

2. 주요 특징

경험중심 교육과정은 교육과정을 학생 개개인에 따라서 다르게 나타나는 경험 자체로 규정하고 있다. 경험중심 교육과정은 크게 활동중심 교육과정과 생활영역 교육과정으로 구분된다. 활동중심 교육과정은 학생의 흥미나 요구가 무엇이냐에 따라서 다르게 학습시키는 학생활동으로 구성된 교육과정을 말한다. 생활영역 교육과정은 교육과정 구성의 기초를 생활에 두고, 사회의 기능이나 개인의 활동이 집중되어 가는 것을 포착하여 그것을 기본 영역으로 하고 개인으로 하여금 모든 중요 생활영역에서 효과적으로 참여할 수 있는 경험의 폭을 확정하여 교육과정을 마련하는 것을 의미한다(Caswell & Foshay, 1957; 오성삼·구병두, 1996). Hopkins(1934)는 경험중심 교육과정의 특징을 다음과 같이 8가지로 제시하고 있다.

① 교육과정의 중점을 교과에 두지 않고 학습자에 둔다.

② 교재를 가르치는 데 치중하지 않고, 학생의 바람직한 성장을 조성하는데 힘쓴다.

③ 교재는 사전에 조직되는 것이 아니라 학습현장에서 결정된다.

④ 교육과정은 교사가 일방적으로 부과하는 것이 아니라 모든 학습자의 협동적인 참여로 구성된다.

⑤ 분산된 사실을 가르치는 것보다는 통합된 의미를 체험시키는 것을 더 중요시한다.

⑥ 교재와 결부된 교수법을 맹목적으로 따르기보다는 청소년의 학습법을 존중하여 지도한다.

⑦ 어린이 개개인의 창조적인 특성을 육성한다.

⑧ 교육을 교수라고 생각하기보다는 끊임없는 성장의 과정이라고 생각한다.

경험중심 교육과정의 특징을 요약하면 다음과 같다(김종서, 1983).

① 교과활동 못지않게 과외활동을 중시한다.

② 생활인의 육성을 목표로 하고 있다.

③ 아동중심 교육을 강조한다.

④ 사회의 급격한 변화에 적응하는 인간을 육성하고자 한다.

⑤ 문제해결력의 함양을 강조한다.

⑥ 전인교육을 강조한다.

3. 장·단점

경험중심 교육과정의 장점과 단점에 대한 Alberty의 견해를 소개하면 다음과 같다(오성삼·구병두, 1996).

1) 장 점

① 학습자의 흥미와 필요가 교육과정 구성의 기초가 되어 반영되기 때문에 적극적인 참여를 유발하기가 쉽다.

② 현실적이고 실제적인 생활문제를 해결하는 데 도움이 된다.
③ 민주사회에서 민주시민으로서의 자질함양이 용이하다.
④ 학교와 지역사회와의 유대를 강화할 수 있다.
⑤ 학교생활의 여러 가지 장면의 통합을 증진케 한다.

2) 단 점

① 자칫하면 학생들의 기초학력의 저하를 가져올 수 있다.
② 교육과정 분류의 준거가 명확하지 못하다.
③ 교직적 소양과 지도방법이 미숙한 교사는 생활중심 교육과정 운영에서 실패하는 수가 있다.
④ 행정적인 통제가 어렵다.

3절 학문중심 교육과정

1. 기본적 견해

생활경험을 중시하는 교육과정이 1950년대까지 무비판적으로 시행되었다. 교과를 무시한 생활은 도야되지 않은 사소한 일상경험일 수밖에 없다. 이러한 경험중심 교육과정을 비판하면서 학문중심 교육과정이 대두하게 되었다. 1957년 10월 구 소련의 인공위성인 스푸트니크의 발사에 의한 충격이 미국의 국가안보에 위협을 주었으며, 이에 국제 간의 과학기술 경쟁에서 우위를 확보하기 위해 무엇보다도 과학기술을 진흥시켜야 한다는 필요성을 자극하여 학문중심 교육과정이 경험중심 교육과정의 대안으로서 발전하게 되었다.

학문중심 교육과정에서는 지식과 기술의 폭발적인 증가에 대처하기 위해서는 학문에 내재해 있는 지식의 구조, 학습의 전이가 높은 지식을 가르쳐야 함을 강조하였다. 여기서 지식의 구조를 가르친다는 말은 해당 학문의 성격을 충실히 가르친다는 것을 의미하며, 지식의 구조는 곧 학문을 특징짓는 사물을 보는 안목 또는 각 학문의 기본적인 아이디어, 지식의 기본개념, 지식의 기본원리, 그리고 지식의 탐구과정 등과 동의어로 사용하고 있다.

학문중심 교육과정은 1960년에 Bruner에 의하여 공식적으로 천명되었다. 그는 지식의 구조와 탐구학습을 중요시하였다. 지식의 구조를 학습하는데 있어서 대담한 가설을 제시하였다. 그 가설은 "어떤 교과든지 지적으로 올바른 형식으로 표현하면 어떤 발달단계에 있는 아동들에게도 효과적으로 가르칠 수 있다"는 것이었다. 이 가설은 아무리 어려운 지식의 구조라 할지라도 아동의 지적 수준에 적절하게 표현하면 누구나 이해하고 배울 수 있다는 뜻이다.

2. 주요 특징

학문중심 교육과정은 종래의 교과중심 내지 경험중심 교육과정에 비하여 교육내용과 방법의 현대화를 강조하고 있다. 교육내용의 현대화란 각 학문의 개념을 강조하기 위한 교육내용의 대담한 정선을 의미하는 것이며, 교육방법의 현대화란 발견이나 탐구에 의한 기본적인 개념의 파악을 의미하는 것이다(오성삼·구병두, 1996).

학문중심 교육과정의 특징을 요약하면 다음과 같다.

첫째, 교과내용은 지식의 구조를 핵심으로 조직한다. 각 교과는 독특한 주제, 법칙, 공식, 원리 및 기본개념이나 아이디어가 어떤 법칙 하에 상호 관련되어 특정 의미를 띠는 구조를 갖고 있다. 지식을 이해하는 과정에 있어서는 그 분야의 전문가들이 하는 일이나 어린 학생들이 하고 있는 일이나 근본적인 성격에 있어서는 같은 것이다. 그러므로 어떤 교과든지 그 기초적인 것을 잘 조직하여 표현하면 어떤 연령에 있는 어떤 아동에게도 가르칠 수 있게 된다. 또한 지식의 구조는 학습내용을 쉽게 이해하는 데 도움이 크며, 학습한 내용을 오래 기억할 수 있으며, 초등지식과 고등지식의 거리를 좁힐 수 있다.

둘째, 탐구과정과 방법을 중시한다. 학문은 저마다 탐구대상과 탐구방법이 다르다. 교과의 구조를 가장 적절하게 파악할 수 있는 최적의 탐구방법이 중요하다. 해당 분야의 학자가 탐구하는 것과 같은 눈과 방식으로 아동들이 탐구해 내도록 한다. 탐구과정에는 발견의 희열이 따른다. 학문적 탐구 자체에서 오는 지적인 기쁨이기 때문에 그 기쁨은 순수하다. 지식을 탐구하지 않고서는 지식을 즐길 수 없다. 이러한 학습방법은 단순한 기억방법보다 학습의 전이가 높다.

셋째, 나선형 교육과정을 강조한다. 학문중심 교육과정은 각 학문의 기본 아이디어를 교육과정 개발의 출발점으로 삼고 있다. 먼저 기본적인 개념을 찾아낸 후에 기본 아이디어를 중심으로 그 내용들을 조직해 나간다. 이와 같이 학교급에 따라서 교육과정 내용의 깊이와 폭을 확대해 가도록 지식을 구조화하는 방식을 나선형 교육과정이라 부른다. 다시 말하면 유치원부터 고등학교에 이르기까지 동일한 개념을 가르치더라도 다만 수준을 달리해야 한다는 입장이다. 나선형이라는 말은 달팽이 껍질의 선이 위로 올라갈수록 점점 더 크게 되는 것에 비유한 것이다.

한편, 박도순·홍후조(1999)는 교육과정을 구체적으로 실천하는 입장에서 볼 때 학문중심 교육과정의 특징을 다섯 가지로 요약하고 있다.

① 단일교과 내에는 단일 학문으로 제한하여 조직한다.
② 소수의 근본적인 개념 혹은 주제를 강조한다.
③ 실험실과 같은 일차적인 자원을 널리 사용하도록 요구한다.
④ 문제해결을 강조하는 시험지를 사용한다.
⑤ 교사는 정보를 제공하는 자원으로 활동하기보다는 학문적 탐구활동을 시범 보여 주는 사람이어야 한다.

3. 장·단점

학문중심 교육과정의 장점과 단점을 요약하면 다음과 같다(오성삼·구병두, 1996).

1) 장 점

① 교육내용을 선정하고 조직하는 데 있어서 경제성을 기할 수 있다.
② 교육내용이 기본적 개념을 중심으로 조직되므로 지식의 전체 구조를 쉽게 파악할 수 있어서 기본개념의 이해를 촉진시킬 수 있다.
③ 학생들 자신이 능동적으로 탐구과정에 참여함으로써 탐구력을 향상할 수 있다.
④ 학습내용이 양적으로는 적지만, 질적으로는 가장 기본적이고 핵심적인 것만을 다루기 때문에 학습에 관한 흥미를 지속적으로 유발할 수 있다.

2) 단 점

① 학업능력이 우수한 학생들에게만 적합하다.
② 자연과학분야의 교과목을 중심으로 한 일부 교과에 적합하다.
③ 지적 교육을 지나치게 강조하게 되어 통합적 교육과정 구성이 소홀하게 되고 있다.
④ 탐구과정에 학습자가 능동적으로 참여할 수 있는 교육적 환경의 조건 정비가 어렵다.
⑤ 평가방법에 관한 개발이 되어 있지 않다.
⑥ 청소년의 욕구와 그들의 광범한 생활문제를 등한시하고 있다.
⑦ 사회적 제 조건의 성질, 사회적 현실, 민주적 이념 등이 잘 반영되어 있지 않다.

4절 인간중심 교육과정

1. 기본적 견해

1970년대에 접어들면서 인간성 상실과 비인간화 현상이 심각한 사회문제로 제기되면서 학문중심 교육과정이 비판의 대상이 되기 시작하였다. 지식을 가르치는 것만으로 복잡한 사회문제에 대응할 수 없다는 인식을 하면서 인간의 잠재능력을 최대한으로 개발하여 개인적으로 자아를 실현하며 사회발전에 기여할 수 있는 삶을 살 수 있도록 하는 인간중심 교육을 강조하는 일련의 움직임이 대두되었다.

인간중심 교육과정은 교육 본질적 입장, 심리학적 입장, 그리고 사회학적 입장으로 구분되고 있다(McDonald, 1977). 여기서 교육 본질적 입장을 취하는 인간중심 교육과정론자들은 인간 잠재가능성을 최대한 실현한다는 관점에서 학교의 교과목 간 균형을 강조한다. 아동들의 전인적 발달을 위해서 인문과학과 자연과학 과목을 골고루 가르쳐야 한다는 것을 주장한다.

심리학적 배경을 가진 인간중심 교육과정론자들은 인본주의 심리학에 이론적 근거를 두고 있다. 인본주의 심리학의 주요 관심은 정의적 교육에 있으며, 건전한 자아개념, 진지한 감성, 올바른 태도와 가치의 발달을 통해서 최대 자아실현을 돕는데 주안을 두고 있다.

사회학적 입장을 취하는 학자들은 학교가 인간소외와 비인간화 등과 같은 역기능을 하게 되는 것은 사회구조 때문이라고 지적하고 있다. 따라서 기존의 학교교육은 강압적이고 권위주의적으로 흘러 수동적 인간을 만들어내고 있다고 주장한다. 인간중심 교육과정론자들은 기존의 학교교육을 바꾸어야 한다는 점에서는 일치된 견해를 보이고 있으나 방법론에 대한 완전한 합의는 이루어지지 않고 있다.

인간중심 교육과정의 기본적 입장을 요약하면 다음과 같다(윤팔중, 1981).

첫째, 개개인의 학습자로 하여금 그들 자신의 관점에서, 즉 지식, 정서적, 사회적으로 자신들을 발달시킬 수 있는 환경을 제공한다.

둘째, 사람들로 하여금 서로 감동시키고 너그러운 공동체 의식을 지니고 생활하도록 돕는 환경을 제공한다.

셋째, 교육과정의 구성에서는 개인지향적 설계, 구조의 신축성, 교사 능력의 신장, 창조성의 조장 등을 고려한다.

2. 주요 특징

인간중심 교육과정의 개념을 보다 명백하게 파악하기 위하여 그 특징을 요약하면 다음과 같다.

첫째, 잠재적 교육과정을 표면적 교육과정과 똑같이 경우에 따라서는 더 중시한다. 표면적 교육과정은 아동의 지식, 기능의 신장에 영향을 미치며 잠재적 교육과정은 아동들의 사회적 발달, 정의적 발달에 영향을 미친다. 오늘날의 학교교육에서 문제되는 것은 가치관과 도덕성 발달을 소홀히 다루고 있음을 볼 때, 잠재적 교육과정이 인간중심 교육과정에서 차지하는 비중이 크다는 것을 알 수 있다.

둘째, 학교환경의 인간화를 위하여 노력한다. 인간중심 교육과정에서는 학교환경을 인간중심적으로 조성해야만 아동들이 인간적인 경험을 할 수 있다. 예를 들면, 과밀학급, 체위에 맞지 않는 책상과 걸상 등은 인간소외 현상, 반항심, 정서적 불안과 같은 문제를 제기한다.

셋째, 자아실현을 목적으로 설정한다. 인간중심 교육과정은 교육의 목표를 자아실현에 두고 있다. 인간중심 교육과정은 그 목적이 인간중심적이어야 한다. 이러한 교육관에 입각한 사람들에 의하면 교육의 목적인 인간관과 분리해서 생각할 수 없으며, 인간은 태생적으로 성장하고자 하는 욕구를 지닌다고 본다. 그리고 이 욕구를 끊임없이 실현하고자 하는 동기도 동시에 지닌다고 보며, 이 동기의 실현을 자아실현이라고 한다(윤팔중, 1980).

넷째, 인간주의 교사를 가장 필요로 한다. 교육과정 결정자는 교사이다. 교육부, 각 시·도 교육청, 학교의 행정가 또는 전문가들은 교육과정에 대한 결정을 문서상으로 할 수 있다. 그러나 그것이 아동의 경험으로 번역되려면 교사가 최종적으로 결정적인 역할을 수행해야 한다. 인간중심 교육과정에서는 가르친다는 것은 하나의 체제나 방법들을 이용하는 것이 아니고 바로 하나의 인간적인 관계로 보기 때문에 교사의 인간적 영향이 얼마나 중요한지를 알 수 있다.

3. 장·단점

인간중심 교육과정은 그 범위가 넓고, 가치관의 차이에 따라서 그 해석도 다양하며, 또한 그 발달이 극히 최근에 이루어졌기 때문에 아직도 개념 탐색의 단계라고 볼 수 있다. 그렇기 때문에 학교상태에서 인간중심 교육과정을 어떻게 나타나야 할 것인지에 대한 구체성이 결여되어 있다. 그러나 이 교육과정의 특성을 미루어 보면 교육실제에 적용될 시사점을 도출할 수 있을 것이다. 인간중심 교육과정의 장점과 단점을 요약하면 다음과 같다(오성삼·구병두, 1996).

1) 장 점

① 전인교육을 통하여 인간이 타고난 지적·신체적·사회적·정서적인 성장 가능성을 조화롭게 발전시킬 수 있다.
② 학습자의 개별적인 자기성장을 조장할 수 있다.
③ 학습자의 자아개념을 긍정적으로 형성하는 데 도움이 된다.
④ 교수-학습과정에서 개방적·자율적 분위기를 조성함으로써 학습과정을 통한 터득된 의미가 내면화될 수 있다.

2) 단 점

① 교수-학습 과정에서 자유로운 환경조성과 역동적인 인간관계가 유

지되지 않으면 교육성과의 보장이 어렵다.

② 학교교육에서 인본주의 교육을 창달하기 위한 교사들의 투철한 교육관이 확립되지 않으면 그 실현을 기대하기 어렵다.

③ 주지교과의 난이도 하향 조정, 도덕적·심미적 교과의 강조, 교과의 통합, 교과별 시간단위의 융통성 있는 운영 등이 선행되지 않으면 그 실현이 어렵다.

④ 과대규모의 학교와 과밀학급의 규모를 줄이는 개선책과 학교교육에서 지나친 경쟁과 비교를 지양하는 학교행정적 조건정비가 선행되지 않으면 그 실현이 어렵다.

⑤ 가치관의 혼란에서 오는 비인간화를 극복하기 위한 사회교육과 학교교육과의 협동 체제를 통한 교육의 인간화가 보장되지 않으면 그 실현이 어렵다.

5절 구성주의 교육과정

1. 기본적 견해

구성주의는 지식의 관점 면에서 기존의 행동주의 그리고 인지주의와 대조를 이루고 있다. 구성주의는 지식을 주관적으로 인식하는 점에서 행동주의나 인지주의와 다른 입장을 견지하고 있다. 구성주의에서 지식은 개인의 경험과 이해의 수준에 따라 구성된다는 관점으로서 학습자는 의미를 추구하는 능동적 유기체로 본다. 모든 학습자가 학습내용에 따라 동일하게 지식을 형성하는 것이 아니고, 개별학습자의 내재적 이해과정에 따라 다르게 형성된다. 새로운 상황에 대한 학습경험은 지식의 구성과정에 교란을 일으켜 그 상황을 사회적 맥락과 관련하여 자신의 내면세계와의 협상을 통하여 의미를 구성함으로써 이루어진다. 구성주의에서 지식을 개인의 독특하고 개별적인 인지적 활동인 동시에 특정사회 구성원 간에 공유되어지는 사회적 요소도 포함되는 개인적·집단적·상황적 의미형성으로 파악한다. 다시 말하면 지식의 습득과 형성은 개인의 인지적 작용과 개인이 속한 사회에의 참여라는 두 요소의 상호작용에 의해 지속적으로 변화, 수정, 보완을 통해 구성되는 것이라고 본다. 여기서 인지적 작용이란 어떤 특정사건에 대한 자아성찰적 행위를 말하며, 사회에의 참여라는 것은 개인이 속한 사회구성원과의 직·간접적인 의사소통 및 상호작용을 의미하며, 또한 그런 상호작용을 통해 사회가 지니고 있는 사회, 역사, 문화적 배경이나 의식구조, 사고방식 등을 습득하여 자연스러운 문화적 동화에 이르는 것을 의미한다. 따라서 지식이란 개인의 인지적 작용과 사회적 상호작용이라는 두 축에 의해 습득, 형성되는 것이라고 본다(강인애, 1997).

이러한 기본적 입장에서 본다면, 구성주의는 인간의 마음과 학습의 본질에 관한 인식론에서 출발하였고, 실증적인 근거나 자료에 바탕을 두지 않기 때문에 철학적 인식의 문제이지 심리학적 관심사항은 아니라고 볼 수 있다(Driscoll, 2000). 실제로 학습심리학에서는 구성주의의 관점으로 학습의 원리와 이론은 연구되지 않고 있다. 그러나 학습자의 개별적 경험과 내재적 이해 과정으로 정보와 지식을 습득한다는 구성주의의 주장은 인간학습의 여러 현상을 설명할 수 있는 부분을 많이 포함하고 있기 때문에 이를 수업설계에 적용하려는 연구가 활발하게 논의되고 있다(양용칠, 2001).

구성주의는 크게 인지적 구성주의와 사회·문화적 구성주의로 분류될 수 있다. 이들 간의 차이는 사회적 요인이 개인의 인지적 발달에 영향을 끼치는 정도, 역할, 범위에 대한 관점의 차이에 있으며 더 나아가 주관적·내면적으로 형성된 지식구조와 사회를 매개로 하여 구성된 지식을 두 개의 분리될 수 있는 요소로 생각하느냐 혹은 이들 간의 관계를 상호보완적이고 분리될 수 없는 것으로 보느냐에 있다. 두 관점의 차이를 표로 제시하면 다음 <표 3-1>과 같다(박도순·홍후조, 1999).

▶ 〈표 3-1〉 인지적 구성주의와 사회·문화적 구성주의의 비교

관 점	인지적 구성주의	사회·문화적 구성주의
인지발달 기원	인간의 두뇌	사회관계에 참여하는 개인
학 습	적극적인 인지구조의 재편성	관련 공동체에의 문화적 동화
최종목표	개인경험의 사회·문화적 타당성 검증	개인들 간의 활발한 상호작용에 의한 사회·문화적 관습 습득
관 심	개인의 인지발달 과정	사회·문화적 동화과정
분석내용	사회적 상황에 의거한 인지적 재구성 과정	관련 공동체에 참여를 통한 사회·문화적 행동양식의 습득 및 동화과정
수업환경	교사와 학생 간에 형성되는 문화를 조사	공동체의 문화를 반영하는 학습교육의 실태 조사
집단환경	상이성 강조	동질성 강조

따라서 구성주의는 학습자 중심의 교육과정에 적합한 인식론이다. 특히 실재를 구성하여 인식하는 것이라는 구성주의 관점은 정보화 시대의 교육을 지향하는 우리나라 제7차 교육과정의 인식론적 바탕이 되었다(신경희, 2014).

2. 주요 특징

구성주의 교육과정은 전통적 교육과정과는 다소 다른 견해를 갖고 있음을 살펴보았다. 구성주의 교육과정의 특징을 요약하면 다음과 같다.

첫째, 학생들의 주체적 지식의 구성과 학습참여를 강조한다. 구성주의 교육에서는 학습자의 학습에 대한 주인의식과 학습에 참여 및 자기주도성을 강조한다. 그래서 자기주도 학습과정과 협동 학습과정을 통하여 문제중심 학습(problem-based learning)을 전개한다. 문제중심 학습은 학습자로 하여금 어떤 문제나 과제에 대한 해결안 혹은 자신의 견해나 입장을 전개하여 제시하고 설명하며 나아가 옹호할 수 있도록 함을 목표로 한다. 구성주의는 학습자의 주도와 참여를 통해 학습자 중심 교육환경에서 학

생들을 지속적인 학습자로서 체질화하는 데 궁극적인 목표를 두고 있다(강인애, 1997).

둘째, 실제생활에서 당면한 문제를 대상으로 삼고 있다. 학습은 구체적 상황에서 일어나는 실제적 성격의 과제를 대상으로 한다. 학습은 일상생활에 연계되어 늘 자아성찰적 실천과 다양한 견해를 지닌 동료들과의 상호작용과 협조 속에서 풍성해지고 견고해진다. 기존의 교육에서 다루어지는 과제는 주로 학교라는 상황에서나 유효한 과제이며, 인위적으로 조작된 내용으로 구성되어 있다. 구성주의에서는 생활 속에 일어나는 자연적이고 실제적인 문제를 학습의 본령으로 삼고 있다.

셋째, 교사는 학생들을 도와주는 동반적인 관계를 유지하도록 요구한다. 교사들은 수업에서 정답을 강조하기보다 학생들의 지식 추구과정과 의미 추구과정을 강조한다. 그래서 교사들은 지식과 정보를 전달하고 가르치는 입장보다는 학습의 도우미, 조언자, 공동학습자로서의 역할을 더 중요시한다.

넷째, 학습자 중심 평가와 학습과정 평가를 강조한다. 평가에 있어서 학습자 중심이라는 전제가 우선되어야 한다. 교사의 평가는 물론이고 학습자 자기평가, 동료에 의한 평가 등이 포함된다. 학습이 종료되는 시점에서 일회적으로 실시되는 총괄평가가 아니라 학습과정의 평가를 강조한다. 평가방법에서도 지식습득 여부를 확인하는 객관식 평가보다는 학습자 스스로의 자신의 학습에 대한 정리, 학습과정과 수업과정을 자아성찰적으로 기록하는 반성노트의 활용, 프로그램 전후의 지식습득 비교 등과 같은 다양한 방법을 이용한 종합평가를 실시한다.

3. 장·단점

구성주의 교육과정의 장점과 단점을 요약하면 다음과 같다.

1) 장 점

① 학생의 자기주도적 학습을 강조한다.

② 다른 동료들과 협동학습을 장려한다.
③ 학습자 중심의 교육환경을 조성하여 현실문제에 대한 해결방안을 학습한다.
④ 학습과정 중심의 평가와 실제 문제상황에 의한 수행평가를 강조한다.
⑤ 수업의 주체가 학생이므로 학습자 스스로 평가하는 자기평가와 동료평가를 강조한다.

2) 단 점

① 학생마다 다른 구성적 인식활동을 보장해야 하므로, 구성주의 교육론에 입각해서는 학교교육의 교육과정(educational process)을 체계화하기 어렵다(신경희, 2014).
② 구성주의 교육에 대한 교사들의 새로운 역할을 이해하지 않으면 그 실현을 기대하기 어렵다.
③ 지식 구성의 사회성에 대한 인식이 결여될 가능성이 높다.
④ 자기주도적 학습능력이 부족한 학생은 교육활동을 따라가기 어려우므로 학생들의 기초학력이 낮아질 가능성이 크다.

제4장 교육과정의 개발과 편성

학교에서 학생들에게 무엇을 가르칠 것인가에 대하여 구체적으로 계획하는 작업이 필요하다. 이러한 작업은 교육과정의 개발이라는 용어로 사용된다. 교육과정 개발은 학생을 위한 교육활동에 대한 계획과 설계가 이루어지는 과정을 의미한다. 교육과정은 국가수준, 지역수준, 학교수준, 그리고 교사수준에 이르기까지 다양하게 개발되고 있다.

이 장에서는 먼저 교육과정 개발의 의미와 유형을 살펴보고, Tyler 모형을 비롯한 Taba 모형과 Walker 모형에 대하여 간략히 소개하고자 한다. 그리고 교육과정 개발의 일반적인 절차로서 교육목표의 설정을 비롯하여 교육내용의 선정, 교육내용의 조직, 그리고 단원의 구성에 대해서 논의하고자 한다. 아울러 국가 및 지역수준의 교육과정 개발절차와 과정을 간략하게 제시한다. 마지막으로, 단위학교 현장에서 수행해야 하는 학교교육과정 편성의 절차에 관하여 살펴보고자 한다.

1절 교육과정 개발의 기초

1. 교육과정 개발의 의미

교육과정 개발(curriculum development)이라는 용어는 여러 가지 의미를 내포하고 있다. 다양한 교육과정의 계획과 설계, 그리고 그러한 계획과 설계가 이루어지는 과정을 나타내는 의미로 사용된다(소경희, 2000). 이성호(1984)는 교육과정 개발을 교육과정 계획, 교육과정 시행, 그리고 교육과정 평가 모두를 포괄하는 종합적인 개념으로 규정하고, 교육과정 계획을 교육과정 개발 참여자들이 교육과정의 구체적인 실천계획을 수립하는 활동이며, 교육과정 시행을 앞서 세워진 계획을 곧바로 실천에 옮기는 행동이며, 교육과정 평가를 교육과정 계획과 시행을 평가하여 그것을 다시금 교육과정 계획과 시행으로 환류시키는 이음새 역할을 하는 과업으로 간주하고 있다. 이러한 관점에서 대부분 학자들은 교육과정 개발을 교육과정을 설계하고 시행하며 평가하는 과정 모두를 광범위하게 지칭하는 것으로 사용하고 있다.

교육과정 개발은 엄격한 의미에서 본다면 교육목적과 교육내용의 체계, 그리고 이를 효과적으로 전달하기 위한 교육방법, 교육평가, 교육 운영 등에 대한 종합적인 계획이 담긴 문서를 만드는 활동을 가리킨다. 하지만 교육과정을 어떤 방식으로 생각하는가에 따라서 특정한 교과들의 목록이 담긴 문서, 학습경험의 계획에 관한 문서, 의도된 학습 성과들의 목록을 적은 문서를 만드는 활동들도 교육과정 개발활동으로 간주한다(김대현·김석우, 1996).

소경희(2000)는 교육과정 개발과 교육과정 설계를 구분하여 논의하고 있다. 교육과정 설계는 흔히 교육과정의 주요 구성요소를 배열하는 일과 관련된다. 일반적으로 교육과정에 포함된 구성요소는 교육목표, 교육내용 혹은 학습활동, 그리고 평가이다. 교육과정 설계란 이러한 교육과정 구성요소 각각의 성격 및 내용을 밝히고, 이들 요소들이 하나의 체계적인 교육과정으로 결합될 수 있도록 배열하는 방식을 말한다. 교육과정 설계의 초점은 교육과정이 개발되는 과정(process)이 아닌 교육과정 그 자체의 내용이나 실체(substance)에 있다. 즉 교육과정 설계는 교육과정에 무엇을 포함시켜야 하고 이것을 어떻게 제시해야 하는가 하는 문제를 다룬다. 이러한 교육과정 설계는 교육과정 개발의 방향과 지침을 제공하는 틀을 제공한다.

교육과정 개발은 교육과정을 구성함에 있어서 그 과정 및 절차가 어떻게 진행되어야 하는가를 결정하는 과정과 관련된다. 그것은 다음과 같은 문제에 관심이 있다. 누가 교육과정 구성에 참여하게 될 것인가? 교육과정 구성에 어떤 절차가 사용될 것인가? 이 점에서 교육과정 개발은 교육과정 설계와 달리 과정에 초점을 맞추고 있다고 할 수 있다.

교육과정 개발은 여러 수준에서 이루어지는데, 가장 광범한 수준에 적용되는 국가수준 교육과정 문서에서부터 특정한 학교에 적용되는 문서에 이르기까지 다양하다. 교육과정 개발은 개발수준이 결정되면, 여러 단계를 거쳐서 개발활동이 이루어진다. 먼저 참여기관과 인사가 선정되고, 그들에 의한 교육프로그램에 담기는 주요 항목들이 결정된다. 대개 그들은 교육목적의 설정, 교육내용의 선정과 조직, 학습경험의 선정과 조직, 교육평가의 내용과 방법 등에 관한 주요 항목들을 결정하게 된다. 이러한 결정들은 문서형태로 출판·보급된다. 현실적으로 볼 때 교육과정 개발의 중요한 내용으로는 교육과정 편성과 운영이라는 실제적인 운용측면이 포함된다.

2. 교육과정 개발의 유형

교육과정에 대한 의사결정 권한이 어디에 있는가에 따라 교육과정 개발은 중앙집중적 방식과 지방분권적 방식으로 대별된다. 우리나라와 일본의 경우는 전통적으로 국가에서 모든 초·중등학교를 통제하는 국가 교육과정을 개발하여 제시해 왔다는 점에서 중앙집중적 방식을 채택해왔다. 그러나 미국과 호주, 독일 등은 국가 교육과정 대신에 지방분권적 방식을 취해왔다.

최근의 세계적인 동향은 두 가지 유형을 절충하는 형태를 취하고 있다. 왜냐하면 두 가지 교육과정 개발방식은 각각 장점과 단점을 지니고 있기 때문이다. 우리나라의 경우도 제6차 교육과정 개정에서 국가수준의 통제를 약화시키고 학교수준의 교육과정 개발을 적극적으로 권장하고 있다. 여기에서는 중앙집중적인 교육과정 개발과 지방 분권화된 교육과정 개발의 한 형태라고 할 수 있는 학교 중심 교육과정 개발에 대해서 살펴보고자 한다(김재춘 외, 2005).

1) 중앙집중적 교육과정 개발

중앙집중적 교육과정 개발(centrally-based curriculum development)은 국가수준에서 무엇을 어떻게 가르치고 평가해야 하는가를 결정하는 교육과정 의사결정방식을 의미한다. 일반적으로 규모가 큰 교육과정 프로젝트는 이러한 중앙집중적 교육과정 개발방식을 채택한다(Marsh, 1992). 대체로 중앙에서 임명한 교육과정 전문기관이나 전문가 팀에 의해 충분한 기초조사를 거친 후, 여러 개의 전문가팀에 의해 교육과정 개발이 이루어지고, 개발된 산물은 여러 차례의 검토 과정을 거쳐 조정된다. 최종 산물은 중앙의 통제를 거쳐 학교에 적용된다.

중앙집중적 교육과정 개발의 주요 장점은 다음과 같다(Marsh, 1992; 김재춘 외, 2005에서 재인용).

① 중앙집중적인 교육과정 개발은 전국의 모든 학교에 공통적인 교육과정을 제공함으로써 전국적인 학교교육의 수준과 질을 조절할 수 있다.

② 중앙에서 교육과정을 개발해 주기 때문에 지역이나 학교 단위에서의 교육과정 개발을 위한 노력이나 재정, 시간 등을 줄일 수 있다.

③ 중앙에서 장기적인 노력에 의해 개발된 것이므로 어느 정도의 지속성이 보장되며, 학생이 학교를 옮긴다 할지라도 교육의 계속성이 보장된다.

④ 중앙에서 선별된 전문가들에 의해 개발되기 때문에 전문성이 높은 교육과정이 개발된다.

중앙집중적 교육과정 개발의 주요 단점은 다음과 같다(Marsh, 1992; 김재춘 외, 2005에서 재인용).

① 교육과정 개발 과정에 교사가 배제되기 때문에 교사는 주어진 교육과정을 시행에 옮기기만 하는 기술자에 불과하다.
② 중앙에서 의도한 교육과정을 개발하는 데에 주요 관심이 있기 때문에 학교수준에서의 시행전략이 부족하다.
③ 전국적으로 표준화된 하나의 교육과정을 제시하기 때문에 학교교육의 획일화를 가져오기 쉽다.
④ 중앙에서 개발만 하면 그것이 그대로 학교에서 시행되리라는 합리주의적 가정에 근거하고 있으나, 이러한 가정은 실제와 다르다.

2) 학교중심 교육과정 개발

학교중심 교육과정 개발(school-based curriculum development)은 학교가 주도적으로 학생의 학습프로그램에 대한 계획, 설계, 시행, 그리고 평가 등에 관한 모든 의사결정을 내리는 개발방식을 의미한다. 학교중심 교육과정 개발의 필요성은 중앙에서 개발된 교육과정이 학교 현장에서 실효성이 떨어진다는 비판에서 제기된다. 학교중심 교육과정 개발이 필요한 이유는 다음과 같다(Marsh, 1992; 김재춘 외, 2005에서 재인용).

① 교육과정 결정에 있어서 학교의 자율성을 증대시켜야 한다는 요구에 부응할 필요가 있다.
② 중앙집중적인 통제모델이 쇠퇴하는 추세이다.
③ 학교는 학교를 둘러싼 환경과 적극적으로 상호작용해야 하는 사회기관이다.
④ 특정기관의 주어진 학생들을 위한 교육과정을 계획하고 설계하는 일은 학교가 가장 잘할 수 있다.

⑤ 학교는 최소한 특정 교육과정 계획이나 프로그램을 예견치 못한 상황에 맞게 채택하여 수정하고 적응시킬 입장에 있어야 한다.
⑥ 전문가로서 교사의 역할은 계획, 설계, 평가를 포함하는 교육과정 개발과정에 직접적인 참여의 여지가 없다면 실현될 수 없다.
⑦ 학교가 지역, 주, 국가의 연구개발 기관보다 좀 더 안정적이고 지속적인 교육과정 개발기관으로 간주할 필요가 있다.

최근 학교중심 교육과정 개발의 필요성이 증대되고 있으나, 중앙집중적 교육과정 개발방식을 학교중심 교육과정 개발방식으로 모두 대체해야 한다는 의미는 아니다. 실제로 학교가 교육과정과 관련한 모든 의사결정을 한다는 것은 현실적으로 불가능하다. 따라서 중앙집중적 교육과정 개발방식과 학교중심 교육과정 개발방식은 서로 상호 보완적이어야 한다.

2절 교육과정 개발 모형

교육과정 개발모형은 교육과정을 보는 시각, 즉 교육과정 철학에 따라 달라질 수 있다. 전통적으로 교육과정 개발의 지배적인 모형으로 알려진 것은 Tyler의 모형이다. 이외에도 여러 학자들의 모형이 언급될 수 있으나, 대개는 Tyler 모형과 비슷한 입장에 터한 것으로 타일러 모형과 크게 차이가 없다. 따라서 여기서는 교육과정 개발의 대표적인 모형인 Tyler 모형과 Taba 모형, 그리고 Walker 모형을 살펴본다.

1. Tyler의 모형

Tyler 모형은 전통적으로 교육과정 개발의 대표적인 모형으로 인식되어 왔다. 이 모형은 국가수준, 지역수준, 그리고 학교수준에서 교육과정을 개발하고자 할 때 주로 의존해왔다고 해도 과언이 아니다. Tyler(1949)는

「교육과정과 수업의 기본원리」라는 저서에서 교육과정과 수업을 계획할 때 고려해야 할 네 가지의 질문을 다음과 같이 표현하였다.

① 학교가 달성해야 할 교육목표가 무엇인가?
② 목표를 달성하기 위하여 어떤 학습경험을 제공해야 하는가?
③ 학습경험을 효과적으로 조직하는 방법은 무엇인가?
④ 목표가 달성되었는지를 어떻게 알 수 있는가?

이상의 각 물음은 교육목표의 설정, 학습경험의 선정, 학습경험의 조직, 학습 성과의 평가로 요약할 수 있는데, 이는 Tyler가 말하는 교육과정의 네 가지 기본 구성요소를 가리킨다. 이 네 가지 요소는 순차적으로 이루어져야 한다. 즉 교육목표가 가장 먼저 설정되어야 하고, 이 목표에 따라 적절한 학습경험이 선정되고 조직되어야 하며, 마지막으로 평가가 이루어져야 한다.

Tyler의 교육과정 개발모형에서 가장 중요시되는 것은 교육목표의 설정이다. 왜냐하면, 교육목표는 교육과정 개발과정에서 가장 먼저 결정되어야 하며 후속 절차의 기준이 되기 때문이다. 교육목표는 학습자에 대한 연구, 사회의 요구에 대한 조사, 그리고 교과전문가의 제언으로부터 도출된다. 이것은 교육철학과 학습심리학이라는 거름망을 통해 거르는 과정을 거치게 된다. 즉 잠정적으로 설정된 교육목표가 학습자에게 적절한 것인지, 추구할 가치가 있는 것인지를 따져본 후에 최종적인 교육목표가 설정된다.

Tyler의 모형은 교육과정 개발자들이 교육과정을 개발할 때 어떤 순서로 어떻게 해결할 것인가에 대한 절차를 제시한다는 점에서 처방적 모형이다. 그리고 전체 교과에서 단원의 개발로 향하는 연역적 모형이며, 목표에서 평가로 진행하는 일정방향을 가진다는 점에서 직선적 모형으로 간주된다.

Tyler 모형에 대한 비판은 다음 세 가지로 요약된다(소경희, 2000).

첫째, Tyler 모형은 교육과정 개발과정이 네 가지 요소의 순차적인 혹은 단계적인 과정으로 이루어진다고 가정하고 있으나, 실제 교육과정 개발과정은 상당히 복잡하고 다양하며, 이 과정에서 네 가지 구성요소는 서로 영향을 주고받는 관계에 있다.

둘째, Tyler 모형은 교육과정 개발기준, 절차 혹은 방법에만 관심을 둠으로써 교육목표나 교육내용에 대해서는 직접적인 답을 제공하지 못하고 있다.

셋째, Tyler 모형은 교육목표의 효율적인 달성에만 초점을 둠으로써 개발과정에 개입될 수 있는 눈에 보이지 않는 정치적 측면이나 그 결과로 나타나게 될 잠재적 측면에 관심이 없다.

2. Taba의 모형

Taba(1962)는 교육과정이 교사에 의해 개발되어야 함을 강조하면서 개발이 교수-학습 단원을 만듦으로써 시작되어야 한다고 하였다. Taba는 학년 또는 교과의 특성을 나타내는 시험적인 단원 개발, 시험적인 단원의 실행, 시험적인 단원의 수정과 보완, 스코프와 시켄스에 따라 단원 배열, 그리고 새 단원의 보급 등 5단계로 이루어진 교육과정 모형을 제시하였다.

여기서 첫 단계에 해당하는 시험적인 단원을 개발하는 데는 ① 요구진단을 비롯하여, ② 목표설정, ③ 내용선정, ④ 내용조직, ⑤ 학습경험 선정, ⑥ 학습활동 조직, ⑦ 평가도구 및 준거결정, ⑧ 균형성 및 계열성 평가 등 8가지 하위단계가 순차적으로 요구된다고 제안하였다.

두 번째 단계는, 시험단원의 실행으로서 이 단계의 목적은 하나 또는 그 이상의 학년 수준들과 교과영역들로 확대될 수 있는 교과과정을 창출하는 데 있다. 앞의 첫 번째 단계에서는 시험적인 단원이 자신의 학급이나 교과영역을 대상으로 개발된 바, 이의 교수가능성과 타당성을 검증하기 위해 다른 수준의 학년이나 교과영역에 확대 적용해 보는 것이 필요하다.

세 번째 단계는, 개발된 단원들을 수정하고 통합하여 모든 유형의 학급에도 잘 맞는 보편화된 교육과정을 개발하는 것이다. 네 번째 단계는 여러 개의 단원을 구조화하여 전체 범위와 계열성을 검증하는 일이다. 마지막으로, 새 단원을 교실의 실제수업에 본격적으로 투입하여 정착시키고 교사들의 현직연수 등을 통하여 확산시켜 나가는 것이 필요하다.

Taba의 교육과정 개발모형은 개발자들이 따라야 할 절차를 제시한다는 점에서 처방적 모형이고, 단원개발에서 출발하여 교과형성으로 진행된다는 점에서 귀납적 모형이며, 계속적인 요구진단을 통하여 교육과정 요소들의 상호작용을 강조했다는 점에서 역동적 모형에 가깝다.

3. Walker의 모형

Walker(1972)는 교육과정을 개발할 때 따라야 할 합리적인 절차를 제시하는 것보다는 교육과정 개발과정을 관찰하여 그 과정을 묘사하는데 관심을 가졌다. 그는 교육과정 개발과정에 실제로 참여하면서 교육과정 개발이 Tyler의 처방대로 진행되지 않는다는 사실을 발견했다. 그는 실제 상황에서 교육과정이 어떻게 개발되는가를 기술해가면서 발견한 것을 토대로 교육과정 개발에서 무엇을 하는지를 구체적으로 드러내주는 특징을 지닌다.

Walker의 모형에 따르면, 교육과정 개발과정에서 참여자들은 다양한 견해를 표방하는 '강령(platform)' 단계와, 다양한 대안들에 대한 논쟁을 거쳐 합의의 과정에 이르는 '숙의(deliberation)' 단계를 거쳐, 숙의 단계에서 선택한 대안을 실천 가능한 것으로 구체화하는 '설계(design)'의 단계를 따르게 된다. 따라서 Walker의 자연주의적 교육과정 개발모형은 강령, 숙의, 설계로 이루어진다(소경희, 2000).

Walker의 모형은 교육과정 개발 참여진들의 의견이 타협되고 조정되는 과정을 강조한다. 이것은 흔히 '숙의'라고 불리는 것이다. 즉 Walker의 모형은 결과보다는 의사결정 과정이나 절차에 초점을 두고 있으며, 이 점에서 과정지향적인 성격을 지닌다.

Walker의 모형은 교육과정 개발자들이 실제로 따르고 있는 절차를 기술하고 있다는 점에서, 기술적(descriptive) 모형이라고 할 수 있으며, 이는 Tyler의 처방적(prescriptive) 모형과 비교될 수 있다. 특히 이 모형은 교육과정 계획 측면을 상세히 제시하여 교육과정 참여 인사들이 처음부터 서로 다른 토대와 입장에서 출발하고 있음을 보여준다. 또한 이 모형은 참여자들이 서로 다른 입장에 반응하고 숙의하기 위해 의견조정에 상당한 시간을 보내고 있음을 보여준다. 이렇게 하여 이 모형은 교육과정을 계획하는 동안 실제로 일어나는 것을 아주 정확하게 묘사해 준다(소경희, 2000).

그러나 Walker의 모형은 거의 전적으로 교육과정 계획에만 초점이 맞추어져 있다는 비판을 받는다. 즉 이 모형은 교육과정 설계가 완성된 뒤에 무슨 일이 어떻게 일어나야 하는지에 대해서는 언급하지 않은 채, 설계가 이루어지기 전까지의 과정에 대해서만 상세하게 제시하고 있다. 따라서 이 모형 역시 Tyler 모형과 마찬가지로 교육내용에 대한 직접적인 답을 제공하지 못한다. 다시 말해서 Walker의 자연주의적 모형은 교육과정에 관한 의사결정을 어떻게 효과적으로 전개할 수 있는가에만 역점을 둘 뿐, 숙의과정과 설계과정에서 왜 이 내용을 가르쳐야 하는지에 대해서는 의문을 제기하지 않는다(이귀윤, 1996).

3절 교육과정 개발 절차

교육과정 설계란 교육과정 개발의 주요한 구성요소를 배열하는 것과 관련된다. 따라서 여기서는 교육과정 개발의 주요 구성요소를 분석적으로 검토한다. 교육과정 개발의 주요 구성요소를 분석함에 있어서는 Tyler 모형이 제시한 구성요소를 중심으로 검토한다. Tyler 모형이 갖는 한계는 이미 지적된 바 있지만, 그럼에도 불구하고 교육과정 설계의 주요 구성요소가 교육목표의 설정, 교육내용의 선정 및 조직, 평가라는 데에는 일반적인 합의가 이루어지고 있기 때문이다. 물론 이 각각의 요소 및 이들 간의 관계에 대한 관점은 사람마다 다를 수 있다. 여기서는 주로 교육목표의 설정과 교육내용의 선정 및 조직, 그리고 단원의 구성에 대해서 살펴보기로 한다.

1. 교육목표의 설정

일반적으로 교육목표란 교육을 통해서 기대하는 성과를 의미한다. 물론 교육장면에서 처음에 의도한 교육목표와 그 성과가 반드시 일치하기란 어렵다. 따라서 일부에서는 교육목표를 미리 설정한다거나 모든 교육활동을 미리 설정된 교육목표 달성으로만 이끄는 것에 대해 반대하기도 한다. 그러나 학교교육이 유목적적인 활동이 되기 위해서는 교육목표가 무엇이 되어야 하며, 이는 어떻게 설정하는 것이 바람직한 것인지에 대한 신중한 검토가 요구된다고 할 수 있다.

엄밀히 말하면, 목표는 어느 수준에서 쓰이는가에 따라서 일반적인 수준에서부터 구체적인 수준으로까지 개념화될 수 있다. 국가나 체제 수준에서 거시적, 장기적으로 제시한 것은 교육목적(aims of education)에 해당하며, 이는 일반적이고 광범위한 진술형태를 띤다. 개별 학교의 교사수준에서 만들어지는 것은 수업목표(instructional objectives)에 해당하며, 이는 구체적이고 학습자 행동을 드러내는 진술형태를 띤다. 그리고 교육목적과 수업목표 사이에 놓여 있는 것이 교육목표(goals of education)에 해당하며, 이것은 교육목적보다는 구체적이고 분명하나 수업목표보다는 일반적인 진술형태를 띤다.

1) 교육목표 설정 자원

교육적으로 가치 있는 목적은 최종적으로 바르고 균형 잡힌 판단에 의하여 결정되어야 하지만, 이보다 먼저 주장해야 할 것은 교육목적의 후보자들을 어디서 발견해 낼 것인가 하는 문제이다. 일찍이 교육목적을 도출하는 원천으로 Tyler(1949)가 주장한 학습자, 사회, 교과의 세 가지 자원은 교육과정의 역사를 통해서 여전히 강조되고 있지만, 교육목적의 수준에 따라 교육목적 설정의 자원은 달라진다.

먼저 교육의 목적을 결정하는 교육자들에게는 교육에 대한 학생들의 요구와 사회의 요구조사 결과가 주요한 자원이 된다. 경험적으로 수집된 이들 자료는 교육의 목적을 설정하는 데 필요한 정보를 제시해 준다. 그리고 교육문헌 속에 제시된 기존의 각종 교육의 목적들은 교육자들이 교육목적을 설정할 때 흔히 이용하는 자원들이다.

다음으로 교육자들이 교육의 일반적 목표나 구체적 목표를 결정할 때도 학생과 사회의 교육적 요구는 주요한 자원이 된다. 그리고 교육의 일반적 목표와 구체적 목표는 교과라는 매개물을 통해 실현되기 때문에, 교과 전문가들이 학회, 기관지, 협의회 등을 통하여 제시하는 견해들도 중요한 자원이 된다. 또한 교과별 수업목표 체계를 잘 정리해 놓은 각종 보고서와 저서는 교육의 구체적 목표를 세우는 데 매우 유용한 참고자원으로 활용된다.

2) 교육목표 설정 단계

교육목표를 설정하는 단계를 요약하면 다음과 같다(김대현·김석우, 1996).

첫째, 잠정적인 교육목표를 설정한다. 교육과정을 계획하는 사람들은 교육과정 지침서, 교과서, 교육학자와 심리학자들이 제시한 기초연구 등을 토대로 하거나 학교행정가와 교육과정 전문가가 참여하는 협의회나 학생들이 참여하는 모임을 통하여 잠정적인 교육목표를 설정하고 기대수준을 측정한다. 예를 들어, 교육과정 계획자들은 글자를 '바르게 소리 내어 읽는다' (가)와 '2자리 수 덧셈을 할 수 있다' (나)는 초등학교 1학년 학생들의 잠정목표를 두 가지로 설정하고 기대수준을 측정한 결과 각각 20%, 80%를 얻었다.

둘째, 잠정적 교육목표들의 우선순위를 정한다. 교직원, 학부모, 학생, 지역사회 시민 등은 잠정적 목표 중에서 가장 관심이 있거나, 중요하거나, 강조해야 할 목표들을 중심으로 하여 이들 각각에 대한 우선순위를 매긴다. 상기한 두 목표를 중요도 측면에서 우선순위를 측정하니 5점 평정에서 각각 4.5와 4.6을 받았다.

셋째, 잠정적 목표영역에 대한 학생들의 현재 실태를 조사한다. 학생들의 실태는 관찰이나 주위 사람들의 보고 등을 통하여 학생들의 현재 상태를 추정하는 방법이나, 목표 관련 평가지를 통한 객관적인 방식으로 조사된다. 상기한 두 목표의 현재 성취정도를 잰 결과 각각 80%, 50%가 나왔다.

넷째, 둘째 단계에서 결정된 잠정적 목표들의 우선순위와 셋째 단계에서 밝혀진 현재 실태 간의 간격을 통하여 최종적인 교육목표들과 그들의 우선순위를 결정한다. 상기한 두 목표의 최종적인 우선순위가 계산된다.

3) 교육목표의 분류

교육목표는 교육을 통해 기대되는 성과를 의미하는 것으로서, 교육 활동의 기준과 방향을 제시한다. 따라서 교육목표는 구체적이면 구체적일수록 교육활동의 내용과 이를 통해 달성해야 할 것들을 분명히 밝혀 준다고 할 수 있다. 그리하여 많은 학자는 교육목표를 구체화 혹은 상세화할 수 있는 방안을 제시했다.

특히 Bloom(1956)은 행동영역을 크게 인지적(cognitive) 영역, 정의적(affective) 영역, 심동적(psychomotor) 영역으로 나눈 다음 영역마다 각각 교육목표에 진술되어 있는 행동을 분류하는 준거를 제시했다. 교육목표 분류학의 세 영역은 유용한 분류체계를 제시해 주고는 있지만 목표 진술에서 특히 강조되어야 할 바를 나타내는 것이지, 그 분류가 절대적이고 배타적인 영역구분은 아니라는 것을 염두에 두어야만 한다.

일반적으로 학교에서 행동영역을 지식, 이해, 적용, 태도, 기능 등으로 분류하는 것이 보편화되어 있다. 대학수학능력시험의 경우 언어영역에서는 어휘력, 사실적 이해, 추리·상상적 사고, 비판적 사고, 논리적 사고로 이해수준에 국한하여 분류하였고, 수리탐구 I 영역에서는 계산, 이해, 추론, 문제해결로 이해와 적용 수준에 걸쳐 비교적 다양하게 분류하였으며, 과학영역에서는 문제파악 및 인식, 탐구 설계 및 수행, 자료 분석 및 해석, 결론 도출 및 평가 등과 같이 탐구과정에 비추어 행동영역을 세분화하였다.

가) 인지적 영역

인지적 영역의 분류는 크게 지식과 지적 기능으로 분류되고, 지적 기능은 다시 이해, 적용, 분석, 종합, 평가의 5개 영역으로 세분화되고, 각각의 영역들은 일정한 위계관계를 가짐과 동시에 하위분류 유목을 준거로 세분된다.

이들 6가지 사고과정은 완전히 별개의 순수한 사고과정이 아니라 누가적, 복합적, 위계적 성질의 사고과정이다. 즉 어떤 사상에 관한 최소한의 지식을 기억하고 있지 않으면 그 사상과 관련되는 개념이나 법칙을 이해할 수 없고 어떤 사상에 관한 법칙들을 종합하려고 하면 그에 필요한 최소한의 지식과 함께 그 사상을 이해, 적용, 분석하는 능력을 갖추고 있어야 한다. 그러므로 지식, 이해력, 적용력과 함께 분석력은 포함되어 있으나 종합력과 평가력이 들어있지 않으면 그것은 분석력에 해당되고, 평가력은 나타나 있지 않고 지식, 이해, 적용, 분석력과 종합력이 내포되어 있을 때는 종합력에 해당한다. Bloom이 규정한 정의와 Gronlund(1988)가 소개한 학습결과를 측정하기 위한 대표적인 동사를 (　　)속에 제시하고자 한다.

1.00 지식 : 이미 배운 내용, 즉 사실, 개념, 원리, 방법, 유형, 구조 등에 대한 기억으로 한 교과영역 속에 담겨져 있는 특정요소의 상기나 재생 또는 재인(再認)을 의미한다(찾아내다, 명명하다, 정의하다, 설명하다, 열거하다, 연결하다, 선하다, 약술하다).

1.10 특수사상에 관한 지식
1.20 특수사항을 다루는 방법과 수단에 관한 지식
1.30 보편적 및 추상적 사상에 관한 지식

2.00 이해 : 이미 배운 내용에 관한 의미를 파악하는 능력을 뜻하며, 단순히 자료를 기억하는 수준을 넘어 자료의 내용이 다소 치환되어도 그 의미를 파악하고 해석하며 또는 추론하는 능력을 말한다(분류하다, 설명하다, 종합하다, 전환하다, 예측하다, 구별하다).
2.10 변환
2.20 해석
2.30 추론

3.00 적용 : 이미 배운 내용 즉 개념, 규칙, 원리, 이론, 기술, 방법 등을 구체적인 또는 새로운 장면에서 응용하는 능력을 말한다(변환하다, 계산하다, 풀다, 수정하다, 재배열하다, 조직하다, 관계짓다).

4.00 분석 : 조직, 구조 및 구성요소의 상호관계를 이해하기 위하여 주어진 자료의 구성 및 내용을 분석하는 능력을 의미한다(변별하다, 도식화하다, 추정하다, 구분하다, 추론하다, 구성하다, 세분하다).
4.10 요소의 분석력
4.20 관계의 분석력
4.30 조직원리의 분석력

5.00 종합 : 비교적 새롭고 독창적인 형태, 원리, 관계, 구조 등을 만들어 내기 위하여 주어진 자료의 내용 및 요소를 정리하고 조직하는 능력을 뜻한다(종합하다, 창안하다, 고안하다, 설계하다, 합성하다, 구조화하다, 재배열하다, 개정하다).
5.10 독특한 의사소통의 개발
5.20 계획 및 실행절차의 고안
5.30 추상적 관계의 도출

6.00 평가 : 어떤 특정한 목적과 의도를 근거로 하여 주어진 자료 또는 방법이 갖고 있는 가치를 판단하는 능력을 말한다(판단하다, 비판하다, 비교하다, 정당화하다, 결론짓다, 판별하다, 지지하다).
6.10 내적 준거에 의한 판단
6.20 외적 준거에 의한 판단

나) 정의적 영역

Krathwohl, Bloom & Masia(1964)는 어떤 사상에 대한 주의, 흥미, 동기, 태도, 가치, 신념 등의 형성과 변화에 관계되는 정의적 영역의 행동을 수용, 반응, 가치화, 조직화, 인격화라는 5가지의 유목으로 분류하였다. 이러한 행동의 목표들을 흥미, 태도, 감상, 가치, 정서적 반응경향 또는 편견 등으로 표현하고 있다. Krathwohl 등이 규정한 정의와 아울러 Gronlund (1988)가 소개한 정의적 학습 성과를 측정하기 위한 대표적인 동사를 (　)속에 제시하고자 한다.

1.0 수용 : 어떤 자극이나 활동을 기꺼이 수용하고 자발적으로 주의를 기울이게 되는 것과 같은 민감성을 의미한다(묻다, 가려잡다, 찾아내다, 이름짓다, 지적하다, 선택하다, 대답하다, 사용하다).
1.1 감지
1.2 자진감수
1.3 선택적 주의집중

2.0 반응 : 어떤 자극 또는 활동에 적극적으로 참여하고 자발적으로 반응하며, 그러한 참여와 반응에서 만족감을 얻게 되는 행동을 말한다(확인하다, 인사하다, 돕다, 실행하다, 제시하다, 암송하다, 보고하다, 선택하다, 말하다, 쓰다).
2.1 묵종반응
2.2 자진반응
2.3 반응에 대한 만족

3.0 가치화 : 특정한 대상, 활동 또는 행동에 대하여 의의와 가치를 직접 추구하고 행동으로 나타내는 정도를 가리킨다(완성하다, 기술하다, 구분하다, 초대하다, 참가하다, 입증하다, 제안하다, 분담하다, 공부하다, 일하다, 논쟁하다, 항변하다).
3.1 가치의 수용
3.2 가치의 선호
3.3 가치의 확신

4.0 조직화 : 일관성 있는 가치체계를 내면화시키는 전초단계로서 서로 다른 수준의 가치를 비교하고 연관시켜 통합하는 것을 뜻한다(주장하다, 정리하다, 결합하다, 비교하다, 완성하다, 변호하다, 일반화하다, 조직하다, 수정하다).
4.1 가치의 개념화
4.2 가치체계의 조직

5.0 인격화 : 개인의 행동 및 생활의 기준이 되며 가치관이 지속적이고 일관성 있으며 또 그것이 그의 행동을 예측할 수 있을 가능한 정도로 확고하게 그의 인격의 일부로 내면화된 정도를 의미한다(활동하다, 변별하다, 경청하다, 실천하다, 제안하다, 봉사하다, 해결하다, 개정하다, 사용하다, 증명하다, 실행하다).
5.1 일반화된 행동태세
5.2 인격화

다) 심동적 영역

심동적 영역은 근육이나 운동기능을 강조하는 것으로서 자료나 대상의 조작, 신경근육적 조정 등이 요구되는 행동들이 여기에 속한다. Simpson(1966)과 Harrow(1972) 등은 Bloom의 목표분류체계에 입각하여 심동적 영역의 목표분류를 체계화하였다. 여기서는 Harrow(1972)의 분류방식을 제시하고자 한다.

1.0 반사적 운동 : 반사적 운동은 파악 및 무릎반사와 같이 개인의 의지와는 관계없이 나타나는 단순한 반사운동을 말한다. 이러한 반사적 운동은 훈련이나 교육에 의해서 발달하는 것이 아니므로 교수 목표로 설정될 수 없는 행동이지만 보다 높은 운동기능의 발달에 기초가 된다.
1.1 소 분절적 반사
1.2 중 분절적 반사
1.3 초 분절적 반사

2.0 초보적 기초동작 : 초보적 기초동작은 잡기, 서기, 걷기와 같이 여러 가지 또는 몇 개의 반사적 운동이 함께 발달되고 통합됨으로써 이루어지는 동작을 뜻한다.
2.1 이동동작
2.2 입상동작
2.3 조작운동

3.0 운동지각능력 : 운동지각능력은 감각기관을 통하여 자극을 지각하고 해석하며 그것을 토대로 환경에 대처하고 적응하는 기능을 말한다.
3.1 근육감각을 통한 변별
3.2 시각을 통한 변별
3.3 청각을 통한 변별
3.4 촉각을 통한 변별
3.5 협응운동 능력

4.0 신체적 기능 : 신체적 기능은 숙달된 운동기능의 발달에 반드시 필요한 부분이며 민첩하고도 유연하게 일련의 숙달된 운동을 연속시켜 가는데 필요한 기초 기능을 가르친다.

4.1 지구력
4.2 체력
4.3 유연성
4.4 민첩성

5.0 숙련된 운동기능 : 타자 및 기계체조와 같이 비교적 복잡하고 숙련된 기능을 요구하는 운동을 할 때 동작의 능률성, 숙달도, 통합성을 요구하는 운동기능을 뜻한다.
5.1 단순적응 기능
5.2 혼성적 기능
5.3 복합적응 기능

6.0 동작적 의사소통 : 동작적 의사소통은 간단한 안면 표정을 비롯해서 무용과 같이 신체적 운동 및 동작을 통하여 감정, 흥미, 의사욕구 등을 표현하고 그 표현 자체를 창작하는 운동기능을 의미한다.
6.1 표현동작
6.2 해석동작

4) 새로운 목표분류학

Bloom의 교육목표분류학은 전 세계적으로 학교교육의 목표를 설정하는데, 교육과정을 개발하는데, 수업목표를 설정하는데, 그리고 평가목표를 진술하는 데 결정적인 영향을 미쳤다. 그럼에도 불구하고 특히 인지적 영역의 목표에 대한 비판이 제기되고 있다(황정규, 1998). 첫째, 인식론적 관점에서 외현적으로 관찰할 수 있는 행동만을 목표로 한정할 경우 내재적 행동은 목표 속에 포함되지 못한다. 둘째, 포괄성이 불완전하고 인지적 영역, 정의적 영역, 그리고 심동적 영역으로 분리함으로써 별개의 것으로 인식하게 만드는 오류를 범하게 된다. 셋째, 인지적 능력을 위계화시키는 것이 인간의 정신작용을 지나치게 단순화시키는 문제가 있다. 넷째, 행동분류의 심리적 의미의 조작적 정의가 명료화되지 않고 있다는 점이다. 마지막으로, 형식교과는 대체로 그 행동분류가 능력적 개념이기보다는 쓰기, 읽기, 말하기, 듣기 등으로 경험영역에 의거해서 분류하고 있는데, 이러한 교과에 Bloom의 목표분류를 적용하기에는 적절하지 못하다는 문제점이 제기된다.

목표분류학에 대한 문제점을 비판하면서 여러 학자들이 대안적인 목표분류학을 제안하고 있다(Hauenstein, 1998; Marzano, 2001; Anderson et al., 2001). 이들 목표분류학은 목표진술방식, 학습과제분석, 그리고 수업과 평가방식에 상당한 영향을 미칠 것으로 기대된다. 이들의 목표분류학을 간략히 소개하면 다음과 같다(강현석·주동범, 2004).

Hauenstein(1998)의 분류방식은 일차적으로 5가지 행동영역에 비추어 3가지 영역을 분류한 것이 특징이다. 각 영역마다 5가지 상위 유목과 그 아래에 하위 유목들이 제시되고 있으며, 동시에 활용 동사들이 제시되고 있다. 그것을 살펴보면 다음 <표 4-1>과 같다.

▶ 〈표 4-1〉 Hauenstein의 목표분류학

구분	행동영역	인지적 영역	정의적 영역	심동적 영역	
1.0	1.0 습득 1.1 수용 1.2 지각 1.3 개념화	1.0 개념화 1.1 확인 1.2 정의 1.3 일반화	1.0 감수 1.1 감지 1.2 자진감수 1.3 주의집중	1.0 지각 1.1 감각 1.2 인식 1.3 관찰 1.4 선행경향성	단기적 목표
2.0	2.0 동화 2.1 반응 2.2 이해 2.3 시뮬레이션	2.0 이해 2.1 번역 2.2 해석 2.3 추론(외삽)	2.0 반응 2.1 묵종반응 2.2 자진반응 2.3 평가	2.0 시뮬레이션 2.1 활성화 2.2 모방 2.3 조정	
3.0	3.0 적응 3.1 가치화 3.2 적용 3.3 적합화	3.0 적용 3.1 명료화 3.2 해결	3.0 가치화 3.1 가치수용 3.2 가치채택 3.3 확정	3.0 적합화 3.1 통합 3.2 표준화	
4.0	4.0 수행 4.1 신념화 4.2 평가 4.3 산출	4.0 평가 4.1 분석 4.2 적격판정	4.0 신념화 4.1 신뢰하기 4.2 헌신하기	4.0 산출 4.1 유지 4.2 조절	장기적 목표
5.0	5.0 포부 5.1 행동화 5.2 종합 5.3 숙달	5.0 종합 5.1 가설 5.2 결정	5.0 행동화 5.1 시연하기 5.2 행동수정하기	5.0 숙달 5.1 창안 5.2 완성	

다음으로 Marzano(2001)의 분류방식을 제시하면 [그림 4-1]과 같다.

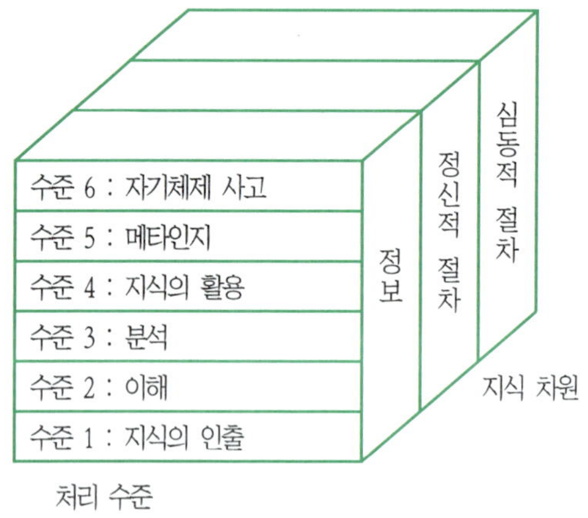

[그림 4-1] Marzano의 목표분류학

[그림 4-1]에서 나타난 바와 같이 신분류학은 그 성격상 3가지 사고체제(인지체제, 메타인지체제, 자기체제)인 처리수준이라는 차원과 지식의 차원으로 구성되어 있다. 처리수준 차원은 인지체제의 4가지 수준(지식의 인출, 이해, 분석, 지식의 활용), 메타인지, 그리고 자기체제사고 등 6가지 수준으로 세분된다.

다른 차원인 지식의 차원은 3가지 영역(정보, 정신적 절차, 심동적 절차)으로 구분된다. 지식의 차원에서 각 차원들은 하위영역으로 세분된다. 정보영역은 다시 세부항목(details)과 아이디어 조직(organizing idea)으로 세분되고, 정신적 절차영역은 기능과 과정이라는 하위영역으로 구분되며, 심동적 절차영역도 역시 기능과 과정이라는 하위영역으로 구분된다.

Anderson 외(2001)의 분류방식은 지식 차원과 인지과정 차원으로 분류된다. Bloom의 목표분류학과 다른 점은 인지적 영역에서 지식의 하위 영역을 명사적 측면과 동사적 측면을 구분하고 있는 것이다. 명사적 측면은 지식의 차원으로 따로 분리시키고 있다. 지식의 차원을 사실적 지식, 개념적 지식, 절차적 지식, 그리고 메타인지적 지식으로 세분하고 있다.

동사적 측면은 인지과정 차원으로 분류하고 있다. 인지과정 차원은 기억, 이해, 적용, 분석, 평가, 창안으로 세분하고 있다. 종래의 이해(comprehension)를 understand로 바꾸고, 종합을 창안(create)으로 수정하였다. 또한 종합과 평가의 위계를 서로 바꾸어서 창안을 최고 위계로 올렸다. 이상의 수정된 내용을 표로 제시하면 다음 <표 4-2>와 같다.

〈표 4-2〉 Anderson의 목표분류학

구 분	인지과정 차원					
지식 차원	1. 기억	2. 이해	3. 적용	4. 분석	5. 평가	6. 창안
A. 사실적 지식						
B. 개념적 지식						
C. 절차적 지식						
D. 매타인지적 지식						

이상에서 제시된 새로운 교육목표분류학들은 과거 Bloom 등의 분류방식보다는 진일보한 것이며, 향후 교육과정 목표개발이나 수업방식, 수업목표 진술, 평가목표 진술 등에 상당한 영향을 끼칠 것으로 전망된다. 따라서 학교현장에서도 이러한 변화에 능동적으로 대응할 필요가 있다(강현석·주동범, 2004).

2. 교육내용의 선정

교육내용은 교육목표의 영향을 받는다. 따라서 교육목표와 일관된 내용이 선정되어야 하며, 교육목표 설정 시 반영된 요인들이 내용 선정에서도 마찬가지로 고려되어야 한다. 전통적으로 교육내용 선정과 관련하여 가장 논란이 되어 온 것은 교육내용을 지식 중심으로 구성할 것인가 아니면 경험 중심으로 구성할 것인가 하는 점이었다. 그리하여 지식과 경험 가운데 무게 중심이 어느 쪽에 놓여 있는가에 따라 중요시하는 교육내용에는 변화가 있었다.

1) 교육내용의 의미

교육내용의 의미는 크게 세 가지로 분류된다(김대현·김석우, 1996). 교육내용에 대한 첫 번째 의미는 교육내용을 지식, 기능, 가치 등 그 속에 포함되는 요소로 규정하는 관점이다. 교육내용을 지식, 기능, 가치 등으로 정의하는 입장이다. Hyman(1973)이 제안한 것으로 생각되는 이러한 정의에 따르면, 교육내용은 지식영역(사실, 설명, 원리, 정의 등), 기능 및 과정영역(읽기, 쓰기, 셈하기, 비판적으로 생각하기, 의사결정하기, 의사소통하기 등), 가치영역(선악, 참과 거짓, 아름다움과 추함) 등으로 구성된다.

교육내용의 두 번째 의미는 교과와 교과 속에 담긴 단원이나 과의 이름들과 같이 요소를 담고 있는 그릇으로 보는 관점이다. 일반적으로 교육내용이라고 하면 교과를 연상하게 된다. 교과는 우리 인류가 오랜 역사를 통해 쌓아올린 경험 가운데 가치로운 것을 조직한 지식체계이다. 교과는 지식, 기능, 가치 등과 같은 요소를 담고 있는 그릇과 같은 의미로 생각한다.

교육내용의 세 번째 의미는 국가수준 문서에 제시된 교육내용과 교사가 선정하는 도구적 수업내용으로 구분하는 것이다.

2) 교육내용 선정 원리

교육내용을 선정함에 있어서 학교교육기간은 한정되어 있는데 배워야 할 내용이 너무 많다는 데 있다. 따라서 교육과정 개발에 참여하는 사람들의 고민은 가장 가치 있는 교육내용을 어떻게 선정하고, 교과라는 그릇에 담아야 한다. 교육내용을 선정하는 데 도움이 될 것으로 생각되는 원리를 제시하면 다음과 같다(김대현·김석우, 1996).

가) 타당성의 원리

교육내용은 교육의 일반 목표달성에 도움을 주는 것이어야 한다. 교육의 일반 목표는 어떤 교과를 가르쳐야 하는가를 시사해 주며 그 속에 어떤 지식, 기능, 가치들이 포함되어야 하는가를 대략적이나마 알려준다.

나) 확실성의 원리

지식으로 구성되는 교육내용은 가능한 참이어야 한다. 참인가의 여부는 논리적이거나 경험적인 경우에는 간단하지만 윤리적이거나 미학적인 지식인 경우에는 가리기가 쉽지 않다.

다) 중요성의 원리

학문을 구성하는 가장 중요한 것들을 교육내용으로 삼아야 한다. 교육내용은 학문을 구성하는 가장 본질적인 부분을 나타내는 구조를 담아야 한다.

라) 사회적 유용성의 원리

교육내용은 사회의 유지와 변혁에 도움을 주는 것이어야 한다. 학생들이 살아가야 할 사회에 필요한 지식, 기능, 가치를 제시해야 한다.

마) 인간다운 발달의 원리

교육내용은 학생의 성장과 자아실현에 도움을 주는 것이어야 한다. 교육내용은 인간다운 발달에 기여할 때 그 가치를 발휘한다.

바) 흥미의 원리

교육내용은 학생의 흥미를 고려하여 선정되어야 한다. 교육내용의 선택폭을 확대하는 것은 학생의 흥미가 중요한 원리임을 반영한다.

사) 학습가능성의 원리

학생들이 학습할 수 있는 교육내용을 선정해야 한다. 학생의 능력을 고려한 다양한 교육내용이 선정되어야 한다. 하나의 교육과정 속에 심화, 보통, 보충 교육내용을 제시함으로써 다양한 능력의 학생들에게 맞는 교육내용이 제시되어야 한다.

3. 교육내용의 조직

선정된 교육내용을 조직하는 데에 있어서 고려해야 할 핵심적인 요소는 범위(scope)와 계열(sequence)이다. 범위는 교육과정 요소들의 넓이와 배열을 언급하는 반면, 계열은 학기 혹은 경우에 따라서는 수년에 걸친 조직을 말한다. 전자는 주로 횡적(수평적) 조직과 관련되는 반면, 후자는 종적(수직적) 조직과 관련된다. 또한 범위와 더불어 수평적 조직에 해당하는 통합성(integration)을 알아보고, 계열과 같은 수직적 조직에 해당하는 연계성 또는 연속성(continuity)에 대하여 간략히 살펴보고자 한다.

1) 범 위

범위(스코프)는 교육내용을 횡적으로 조직하는 방식이다. 일반적으로 학교교육의 수준이 높아짐에 따라 교육과정의 범위, 즉 내용의 폭과 깊이는 확대되고 심화된다. 범위와 관련한 대표적인 접근방법은 분과적인 조직방식과 통합적인 조직방식이다. 전통적인 교육내용 조직방식은 분과적인 것이었다. 이것은 모든 교육내용을 엄격하게 구분된 학문 조직방식에 따라 분류하여 분리된 교과의 형태로 조직하는 것이다. 우리나라 교육과정을 구성하고 있는 교과목들, 예컨대 국어, 도덕, 사회, 수학, 과학, 기술·가정, 체육, 음악, 미술, 영어 등은 바로 이러한 전통적인 학문 분류방식에 따라 분과적으로 조직된 것이라고 할 수 있다.

이에 반하여 통합적인 조직방식은 경험 중심 교육과정의 영향으로 학습자의 흥미에 대한 고려나 일상생활의 문제에 대한 경험의 중요성이 강조되면서 관심을 갖기 시작한 방식이다. 통합의 형태는 비슷한 논리구조를 갖는 교과끼리의 통합에서부터 특정 문제 중심으로 전 교과가 유기적으로 관련을 맺는 형태에 이르기까지 다양하다. 최근에는 아동의 흥미를 유발할 수 있는 일상생활의 문제나 주제 중심으로 교육내용을 통합하려는 시도가 많이 이루어지고 있다. 우리나라 초등학교 1, 2학년에 적용되고 있는 통합교과(바른생활, 슬기로운 생활, 즐거운 생활)나 통일, 교통,

환경교육 등의 범교과 학습은 대표적인 예에 해당한다.

2) 계 열

계열(시퀀스)은 교육내용을 종적으로 조직하는 방식이다. 즉 교육내용을 학년 수준에 따라 종적으로 조직할 때는 계열의 문제가 심각하게 고려되어야 한다. 계열은 내용이 가르쳐지는 순서와 무엇이 다른 학습내용 뒤에 와야 하는지에 관심이 있다. 전통적으로 교육내용을 조직할 때 계열을 보장하기 위해 사용해 온 원칙은 다음과 같다.

- 단순한 것으로부터 복잡한 것으로 나아감
- 전체로부터 부분으로 발전함
- 사건의 연대기적 순서로 제시함
- 구체적 경험에서 개념의 순서로 나아감
- 특정 개념이나 아이디어를 계속적으로 제시하되, 나선형적으로 그 내용을 심화·확대해서 제시함

3) 통합성

통합성은 교육내용들의 관련성을 바탕으로 교육내용들을 하나의 교과나 단원으로 묶는 것을 의미한다. 통합성은 수업의 효과를 높이기 위하여 관련 있는 내용들을 동시에 혹은 비슷한 시간대에 배열하는 것을 말한다(김대현·김석우, 1996).

교육과정의 통합성은 교육과정 개발의 여러 단계에서 생각할 수 있다. 국가수준에서는 교육내용의 통합적 구성이 교육내용의 논리적 관련성, 사회적 적합성, 개인적 유의미성을 높인다는 점 때문에 일부 교과를 통합교육과정으로 편성하고 학교 단위의 통합적 교과운영을 강조한다.

초등학교 입학 초기 적응활동 프로그램, 바른생활, 슬기로운 생활, 즐거운 생활 등의 통합교과 편제와 중학교와 고등학교에서의 공통사회와 공통과학 등의 운영이 여기에 해당한다.

지역교육청과 단위학교에서도 교육과정의 통합성이 강조되고 있다. 특

히 학교 차원에서 학년별 또는 교과별 교사들이 참여하여 교육내용들을 단원별, 주제별로 상호 작용시키려는 노력이 중요하다.

4) 연계성

연계성 또는 연속성은 이전에 배운 내용과 앞으로 배울 내용의 관계에 초점을 둔 것으로, 특정한 학습의 종결점이 다음 학습의 출발점과 잘 맞물리도록 교육내용을 조직하는 것을 말한다(김대현·김석우, 1996). 수직적 연계성은 교육과정 개발의 여러 단계에서 강조되는 것을 비롯하여 학교급 간의 교육내용, 학년이나 단원의 교육내용을 연결하는데 중요한 역할을 수행한다.

먼저 국가수준 교육과정에서는 학교급, 학년, 학기, 단원 간에 수직적 연계성이 유지되도록 노력하고 있다. 특히 각 교과별 교육과정 해설서에는 수직적 연계성을 유지하도록 구체적으로 명시하고 있다. 예컨대 중학교 과학 교육과정의 특정한 단원에서는 초등학교와 고등학교의 단원의 내용과 수직적 연계성을 고려할 것을 강조하고 있다.

수직적 연계성은 학교급 간의 교육내용을 연결하는데 중요한 역할을 한다. 초등학교교육과정은 중학교교육과정과, 그리고 중학교교육과정은 고등학교 교육과정과 자연스럽게 연결되도록 조직되어야 한다. 만일 중학교 수학교과를 제대로 이수한 학생들이 고등학교 수학수업을 따라가지 못한다면 수학교과의 수직적 연계성에 문제가 있는 것으로 추정할 수 있다.

또한 수직적 연계성은 학년이나 단원의 교육내용을 연결하는데 중요한 구실을 한다. 만약 초등학교 4학년까지 잘하던 학생이 5학년에 들어와서 성적이 급격히 떨어진다면 과목들의 수직적 연계성을 점검할 필요가 있다. 그리고 단원들 간의 수직적 연계성이 이루어지지 않으면 학습자는 어려움을 겪게 된다.

지방교육청 또는 학교는 국가수준의 교육과정을 운영하는 과정에서 지역이나 학교의 특수성에 비추어 교육내용의 수직적 연계성을 유지하도록 노력한다. 그리고 대부분 교사는 국가, 지방교육청, 학교가 계속성을 어떻게 결정하였는가와 상관없이 학생들이 배울 내용을 이전 단원이나 같은 단원의 앞에서 제시된 내용과 연계하려 한다는 점에서 수직적 연계성을 결정한다(김대현·김석우, 1996).

4. 단원의 구성

단원은 교육과정의 구성작업 가운데서 마지막에 이루어지는 결정체이다. 학습자들이 배우게 될 학습내용과 학습경험이 가장 구체적으로 명시되어 있는 것이 바로 단원이다(이경섭·이홍우·김순택, 1982). 여기서는 단원의 개념, 단원 계획과 단원 전개를 중심으로 고찰하고자 한다.

1) 단원의 개념

단원이란 말은 원래 단일성, 전체성, 통일성을 뜻하므로 그 자체가 통일된 것이며, 또 전체의 관련에서 성립되는 몇 가지의 단위로 내용의 전체를 분절한 것을 의미한다. 따라서 단원은 통일성 있는 학습활동으로 전개시킬 학습 자료를 말한다(오성삼·구병두, 1996). 단원은 다양하게 사용되고 있으나 교재단원과 경험단원으로 크게 구분할 수 있다.

교재단원은 교과중심 교육과정에서 일정한 지식의 분량 또는 단편적인 지식의 토막을 말한다. 예를 들면, 교과서 제1장 제1절과 같은 교재의 일정량을 말하는 것이다. 경험단원은 일정한 목표 아래 전개되는 종합적으로 관련성 있는 일련의 활동을 의미한다. 경험단원은 학생이 활동하고 경험하며 실천하는 생활경험의 일련의 관계를 의미하게 된다.

한편, 학급에서 전개되는 학습단원과 사전준비로 이루어지는 자료단원으로 구분하기도 한다. 자료단원은 어떤 단일한 학습단원을 위한 것이라기보다는 여러 학습단원을 위한 자료의 저장고 역할을 하며, 비교적 여러 학년과 여러 교사를 위해 도움이 되는 것이다.

2) 단원의 계획

단원의 계획은 교사가 단원계획의 기초를 확정하면서 시작된다. 단원계획의 기초가 밝혀지면 단원을 선정해야 한다. 교사의 사전계획은 문제의 선정만으로 그치지 않고 단원전개의 기본적인 방향을 설정해야 한다. 단원전개를 계획할 때 공통적으로 갖추어야 할 내용으로는 다음을 생각할 수 있다(오성삼·구병두, 1996).

① 단원의 목표를 설정한다.
② 단원의 요지를 제시한다.
③ 단원접근법을 계획한다.
④ 작업 단계를 계획하고 전개한다.
⑤ 평가기술을 제시한다.
⑥ 기타 참고문헌이나 지역사회의 자료를 조사한다.

3) 단원의 전개

교사의 사전계획으로 마련된 단원은 단원의 구성 그 자체가 목적이 아니다. 계획된 단원을 실제로 전개함으로써 바람직한 교육성과를 올리는 것이 궁극적인 목적이다. 일반적으로 단원전개에 공통적으로 적용되는 절차는 도입단계, 전개단계, 정리단계, 그리고 평가단계 등 4가지 단계인 것으로 합의되고 있다(김학수·이희도, 1976; 오성삼·구병두, 1996).

가) 도입단계

도입단계는 계획된 단원에 대하여 학생이 흥미를 갖게 하고 학습의욕을 고무시킴으로써 학생이 주체적으로 학습에 참여하도록 하는 단계이다. 이 단계에서 학습의욕을 유발시키는 동기유발기법이 필요하다. 학습동기유발은 학습의 첫 출발점임과 동시에 학습활동의 기초가 된다. 따라서 교사는 학습동기 유발에 대한 전문적인 지식과 방법을 습득하고 있어야 한다.

나) 전개단계

전개단계는 계획된 단원을 여러 가지 활동방법으로 전개하는 단계이다. 이 단계에서 교사는 사전계획에 따라 미리 활동의 성격에 따라 분류하는 것이 효과적이다. 대표적인 활동으로는 시각활동, 구술활동, 청각활동, 작문활동, 회화활동, 동작활동, 정신적 활동, 그리고 정의적 활동 등 8가지 분야로 분류하고 있다. 실제로 전개할 경우에는 어느 한 가지만 나타나는 것이 아니라 서로 중복되고 연합되어 전개된다.

다) 정리단계

정리단계는 학습 성과를 정리하고 개관하는 단계이다. 모든 학습결과를 종합하고 결론이나 원리를 끄집어내고 검토하는 일종의 종합 및 완결의 단계인 것이다.

라) 평가단계

평가단계는 학습결과에 대한 평가를 하는 단계로서 가끔 정리단계에 포함시키기도 한다. 처음에 설정한 목표에 얼마나 접근하였는가를 확인한다. 학생들의 학습 성과에 대해서만 평가할 것이 아니라 교사 자신이나 선정한 단원에 대해서도 여러 가지로 평가해야 한다.

4절 국가·지역수준 교육과정 개발

1. 국가수준 교육과정의 개념과 성격

국가수준 교육과정은 한 국가의 초·중등교육의 기본 설계도를 의미한다. 또한 그 나라의 국민성을 형성시키기 위한 교육의 기본 지침서이다. 국가수준 교육과정에는 기초·공통교육을 통하여 추구하고자 하는 인간상이 제시되어 있고, 이러한 인간상을 형성시키기 위하여 학교교육을 통해서 공통적으로 다루어야 할 교육목표, 내용, 방법, 평가 등에 관한 기준이 설정되어 있기 때문이다. 그러므로 국가수준 교육과정은 보통교육의 방향을 제시하고 실제 교육 운영을 관리하는 중요한 기능을 수행하는 기준이며 지침이라고 할 수 있다.

함수곤(2000)은 국가수준 교육과정의 성격을 크게 세 가지로 요약하고 있다.

첫째, 국가수준 교육과정은 교육내용의 공통적, 일반적, 요강적 기준을 제시한다. 국가는 어디까지나 지역차, 학교차(설립자, 규모, 시설, 환경 등), 교원차, 학생차 등을 초월하여 전국적으로 공통적, 일반적, 표준적으로 다루어야 할 최소한도의 교육내용 기준으로서의 성격을 지닌 '국가수준 교육과정 기준'을 제정하여 제시할 수 있을 뿐이다.

둘째, 국가수준 교육과정은 법적 구속성을 지닌 고시문서 기준을 제시한다. 우리나라의 교육과정 문서는 1979년 2월 28일까지는 문교부령으로서 법령 문서였으나, 1979년 3월 1일부터 '고시문서'로 변경되었다. 고시문서란 법령이 정하는 바에 따라 일정한 사항을 알리는 문서로서, 개정, 폐지되지 않는 한 그 효력이 계속되는 문서를 말하는 것으로서, 아무런 법령 근거 없이 시행되는 일반 '공고문서'와는 구별되는 법적 효력을 지닌 문서를 말한다. 초·중등교육법 제23조 제1항은 "학교는 교육과정을 운영하여야 한다."라고 규정하고 있는데, 여기서 '교육과정'이란 초·중등교육법 제23조 제2항에 의거하여 고시된 국가수준의 교육과정에 근거를 두고 편성된 각 학교의 '구체적 실행 교육과정'을 말하는 것으로서, 교육과정 이수의 법적 구속성을 지니고 있다고 할 수 있다.

셋째, 국가수준 교육과정은 폭과 탄력성이 인정되는 표준적 기준을 제시한다. 교육과정 기준은 교육목표의 달성과 교육방법의 효율화를 위해서 교육대상, 교육여건 등에 따라 융통성 있고 탄력성 있게 적용될 것이 요구되는 '폭과 탄력성이 인정되는 표준적 기준'의 성격을 지니고 있는 것이다. 다만, 교육과정 기본에 명시된 교과, 시간배당 기준, 편성, 운영의 기본지침 등은 법적 구속성이 강한 강행규정(强行規程)에 해당된다는 것이고, 각 교과의 교육내용 등에 관한 사항은 예시적, 표준적 규정(例示的,

標準的 規程)의 성격을 지니고 있어 재구성의 여지와 폭을 가지고 있다는 두 가지 점에 유의하여야 한다.

2. 국가수준 교육과정의 개발

1) 국가수준 교육과정 개발 절차

국가 교육과정을 취하고 있는 우리나라 교육과정은 정치·사회적 영향을 직접적으로 받아 교육과정 개정이 발의되고, 교육부가 주관하여 교육과정 연구개발 전문기관 혹은 위원회의 협조를 얻어 연구, 개발하여 심의, 수정, 고시하고 있다. 연구와 개발은 전문가들이 시험과 검토는 현장 교사들이, 심의와 고시는 교육부가 주관하는 3원화 체제를 취하고 있다.

국가수준의 교육과정은 한 나라의 초·중등학교의 교육에 영향을 미치기 때문에 충분한 기간의 연구·개발기간이 필요하며, 이해 당사자들의 합의 과정이 요구된다. 국가 교육과정 기준의 개발 절차는 크게 계획수립에서 시작하여 기초연구, 교육과정 연구·개발, 심의, 최종안 선정, 확정고시의 절차를 거친다. 제7차 교육과정을 비롯하여 교육부의 국가 교육과정 기준 개발의 일정을 제시하면 다음 <표 4-3>과 같다(박도순·홍후조, 2006).

〈표 4-3〉 국가 교육과정 기준의 개정 절차

단계	업무 추진 내용	주체	소요 기간
(1) 교육과정 개정 기본 계획 수립	• 개정 기본방향 설정 • 관계 전문가와의 협의 및 종합 검토 • 실무 작업반 구성·운영 • 기본계획 수립, 결재	교육부	1개월
(2) 기초연구 및 체제 구조 개선 연구의 위탁	• 연구개발 위탁 협의 및 기관 선정 • 연구개발 세부계획서 및 국고보조금 신청서 제출 • 연구개발 책임자 협의회 • 연구진, 협의진 등 실무 추진팀 구성 • 연구개발비 국고보조	교육부	2개월

(3) 교육과정 개정 기초 연구	• 위탁 과제별 기초 연구 • 현행 교육과정의 분석, 평가 • 교육과정 국제 비교 연구 • 학생·교원·학부모의 요구 및 의견 조사 • 국가·사회적인 요구 및 학교교육의 전망 조사 연구 • 교육과정 운영실태 조사 • 추진상황 검토 협의회 • 위탁 과제별 협의회 • 위탁 과제별 기초 연구결과 답신보고서 제출 • 국고보조금 집행 정산서 제출	교육부, 한국교육개발원, 교육과정개정위원회	6개월
(4) 교육과정 총론 개정 시안의 개발	• 교육과정 체제·구조개선 연구 • 추진상황 검토 협의회 • 종합세미나, 공청회 • 시안작성 및 검토 협의회 • 수정 보완 1차 집중 작업 • 수정안 작성 및 검토 협의회 • 수정 보완 2차 집중작업 • 심의자료 제출 • 제1차 심의 • 총론 개정시안 작성 • 총론 개정시안 개발 답신 보고서 제출 • 국고보조금 집행정산서 제출	교육부, 한국교육개발원, 교육과정개정위원회	6개월
(5) 교육과정심의회 구성·운영	• 교육과정 심의회 구성 • 교육과정 심의위원 위촉 • 총론 개정시안에 대한 1차 심의자료 작성 • 총론 개정시안 1차 심의(운영위원회, 학교급별 소위원회) • 심의결과 수정 보완 • 총론 수정안 2차 심의	교육부, 교육과정심의회	3개월
(6) 총론 개정시안현장 검토, 공청회	• 총론 수정안에 대한 의견 수렴 –초·중·고등학교 현장 검토 –시·도 교육청, 관련학회, 각론 연구기관, 타 부처 • 총론 수정안에 대한 공청회 • 총론 수정·보완 집중작업 • 총론 개정안 작성	교육부, 교육과정개정위원회	3개월
(7) 교육과정총론 확정	• 교육과정 개정 기본방향, 개정 중점, 주요 개정사항 보고 • 편제와 시간배당 기준 확정 • 교육과정 총론 개정자료 및 홍보자료 발간	교육부	1개월
(8) 교육과정 개정안 확정, 고시	• 교육과정 개정안 보고, 확정 • 새 교육과정 고시 • 교육과정 고시 책자발간, 보급	교육부	2개월

(9) 교육과정 개정후속 지원 업무	• 교과용 도서개발 • 교육과정 시행대비 교원 연수 • 교육과정 해설서 발간, 보급 • 연수자료, 홍보자료 발간, 보급 • 교과별 이행 조치 • 시·도별 교육과정 편성·운영 지침 작성 • 학교교육과정의 편성·운영 • 교과용 도서 실험 연구학교 운영 • 교육과정 연구학교 운영	교육부	2~3년 2~3년 1년 1년 1년 1년 1년 2~3년 2~3년
(10) 새 교육 과정의 시행	• 학교 급별 전국 적용 –연차별, 단계적으로 시행	교육부	새 교육 과정 고시 후 3~5년 소요

2) 교과용 도서의 연구 개발

교육과정이 고시되면 이에 따라 교사연수의 준비, 교과용 도서의 개발 계획이 뒤따른다. 현재는 고시된 교육과정을 구현할 교육과정 자료(학생용 교과서, 교사용 지도서, 보완 교재, 교과관련 영상자료, 멀티미디어 자료, 녹음 자료 등을 포함)의 종류, 형태(체제), 개발 주체에 대한 공개적인 결정 절차가 마련되어 있지 않다. 대체로 교과용 도서의 편찬과정은 계획 위탁 단계, 연구 집필 단계, 심의수정 단계, 생산 공급 단계를 거치게 되어 있다.

학생용 교과서와 교사용 지도서를 중심으로 하는 교과용 도서는 대체로 연구 개발진에 의해 수개월에서 1년간 연구, 집필, 검토, 심의를 거쳐, 실험본이 완성되면 이를 학교현장에서 예비적으로 실험 검토하게 한다. 이때 초등학교는 특정교과를 중점적으로 실험 적용해 보는 연구실험 학교를 정해 학교에서 1년간 직접 가르치며 연구하고 수정 보완하며, 중등학교의 경우 교과별로 연구실험 교사를 정해 부분적으로 수업에 적용하거나 교사들이 경험에 비추어 이를 면밀히 검토하게 된다. 교과용 도서의 질에 대한 시비가 잦은 점을 고려한다면 교육과정 고시에서 교과용 도서 개발 과정, 특히 실험본이 나올 때까지 집필과정과 실험본이 학교에서 검토 수정되는 과정에 대한 면밀한 재검토와 개선이 요구된다. 실험 검토된 교과용 도서는 다시 여러 차례의 수정, 보완, 윤문을 거쳐 최종본을 만들고 심의한 최종본은 정본이 되어 이를 인쇄, 각급 학교에 배포한다. 즉 교과용 도서를 연구·개발하여 학교에서 사용까지는 약 3년의 기한을 필요로 한다.

3) 교육부의 역할

교육행정의 교육목표를 설정하고 이의 달성을 위하여 필요한 조건을 정비하는 조성활동으로 규정할 경우에, 조건정비란 내적 사항과 외적 사항으로 구분할 수 있다. 내적 사항은 교육 목적, 목표 그 자체에 관한 것이고, 외적 사항은 교육 목적을 달성하는 데 필요한 외적 여건을 말한다. 교육행정에 있어서 조건 정비활동 중 내적 사항을 담당하는 것이 바로 교육내용 행정으로 규정하고 있다(함수곤, 2000).

교육부의 편수국에서 교육과정에 대한 행정 책임을 맡아왔으나, 1996년 7월 5일 교육부와 그 소속기관 직제가 개정되어 편수국이 해체되고 편수 전문 인력이 감축되었다. 1998년 한국교육과정 평가원이 설립되면서 교육과정 연구 업무를 담당하게 되었고, 1999년 5월 24일 교육부와 그 소속기관 직제가 개정된 이후 교육과정정책과 수준에서 소규모 인원으로 교육과정 행정 업무를 담당하고 있다.

교육과정의 편성과 운영에 대한 교육행정기관의 역할은 분담되어 있다. 교육부에서는 국가수준 교육과정 기준을 고시하는 역할을 담당하고 있다. 이에 대한 법적 근거로 초·중등교육법 제23조 2항에서 교육과정의 기준과 내용에 관한 기본적 사항을 결정하도록 규정하고 있다. 시·도 교육청은 지역수준 교육과정 편성·운영 지침을 작성하여 제시하는 임무를 지니고 있다. 이에 대한 법적 근거로 초·중등교육법 제23조 2항에서 지역의 실정에 적합한 기준과 내용을 작성하도록 규정하고 있다. 시·군·구 교육지원청에서는 학교교육과정 편성·운영 장학자료를 작성하여 제시하는 임무를 갖고 있고, 단위학교에서는 학교교육과정을 편성하여 운영할 책무를 가지고 있다. 학교교육과정에 대한 법적 근거는 초·중등교육법 제23조 1항의 학교교육과정의 운영에 관한 조항에서 찾을 수 있다.

4) 국가수준 교육과정의 개정 방식

우리나라 국가수준 교육과정의 역사적 변천과정을 살펴보면 제7차 교육과정 개정에 이르기까지 개정 방식은 중앙집중적, 주기적, 전면적, 일시적 개정이라는 특징을 지니고 있다(김재춘 외, 2005).

중앙집중적 개정은 중앙정부에서 국가 교육과정의 개정에 관한 의사결정 권한을 가지고 있다는 것을 의미한다. 제6차 교육과정 개정에서부터 교육과정 결정의 권한을 지역과 학교에 위임하기 시작하였고, 제7차 교육과정 개정에서는 학생에까지 교육과정 결정 권한을 부여하고 있지만 여전히 국가 주도라는 점에서 중앙집중적 개정방식을 채택하고 있다고 본다.

주기적 개정이란 우리 국가 교육과정이 일정한 주기를 두고 개정하고 있다는 것을 의미한다. 초기에는 대략 8~10년 주기로 개정하다가 제5차 교육과정 개정 이후에는 5~6년마다 교육과정을 개정해왔다.

전면적 개정은 모든 학교, 학년, 교과의 교육과정을 전면적으로 개정한다는 것을 말한다. 예컨대 일반 교과와 전문 교과, 필수과목과 선택 과목의 성격과 지위가 다르므로 개정할 필요성이 달라야 함에도 불구하고 거의 비슷한 예산과 규모로 전면적으로 개정하고 있다. 전면개정은 일시에 진행될 경우 부실한 개정이 될 가능성이 높아진다.

일시적 개정은 일정한 시간 안에 한꺼번에 국가 교육과정을 개정한다는 것을 의미한다. 교육과정의 개정 대상이 되는 모든 것을 거의 동시에 단기간에 개정하고 있다. 예컨대 제6차 교육과정의 경우 2년 8개월 소요되었고 제7차 교육과정의 경우 2년 6개월 소요되었다.

최근의 국가 교육과정 개발 및 개정방향으로 제기되고 있는 주장은 두 가지로 요약된다. 하나는 학교차원의 교육과정 결정권한을 확대하는 방안이고, 다른 하나는 수시적·부분적·점진적 개정방식을 도입하는 방안이다. 먼저 학교차원의 교육과정 결정권한 확대방안은 국가 교육과정을 최대한 대강화·요강화하여, 학교차원에서 교육과정을 구체화할 수 있도록 교육과정의 편성과 운영의 권한을 단위 학교로 대폭 이양하자는 것이다.

다음으로 수시적·부분적·점진적 개정방식의 도입방안은 교육과정 개정이 필요하다고 판단될 경우에 언제든지 개정할 수 있어야 하며, 개정이 필요한 부분에 대해서만 부분적으로, 그리고 연차적, 점진적으로 수정하고 보완해야 한다는 것이다(김재춘 외, 2005).

3. 지역수준 교육과정의 개발

1) 지역수준 교육과정의 개념과 성격

지역수준의 교육과정은 국가수준의 교육과정을 시·도 단위 혹은 시·군·구 단위에서 지역의 특성과 실정, 필요, 요구 등을 반영하여 지침의 형태로 구체화한 것을 말한다. 각 시·도나 시·군·구에서 학교에 제시하는 각급학교교육과정 편성·운영지침이나 실천 중심의 장학자료가 이에 해당한다. 일반적으로 시·도 교육청 수준에서는 각급학교교육과정 편성·운영지침을 작성하여, 이를 관내의 교육지원청과 각급학교에 제시하게 되며, 시·군·구의 교육지원청은 학교교육과정 편성·운영에 관한 실천 중심의 장학자료를 작성하여 학교에 제시하게 된다. 이러한 지침이나 자료는 학교수준에서 교육과정을 개발할 때 유용한 지침이 된다.

학교에서 배우는 내용 혹은 활동으로서 교육과정은 기본적으로 중앙집중적 성격보다는 지방분권적인 속성을 지니고 있다. 그것은 교육과정을 이루는 각 교과지식의 성격과 교육과정을 현장에서 실현하는 주체의 성격이 기본적으로 지방분권적 속성을 보이기 때문이다. 즉 교육과정 내용의 지역화와 교육과정 의사결정의 분권화는 학교에서 가르칠 교과의 성격과 교과를 학생들에게 가르치는 교사들의 성격에서 이루어진다.

2) 시·도 교육청의 역할

교육과정을 비롯한 보통 교육에 관한 사항은 기본적으로 시·도 교육청의 관장사항이나, 오랜 동안 중앙집권형 교육과정을 유지해 오면서, 교과의 편제, 시간배당, 교육목표, 내용, 방법, 평가의 기준을 비롯한 교육과정의 체제·구조 및 운영지침 등을 모두 교육부에서 작성하고 결정하여 왔다. 제6차 교육과정을 계기로 시·도 교육청의 교육과정에 관한 결정권이 보다 확장되었다.

시·도 교육청의 교육과정에 관한 역할은 초·중등교육법 제23조에 연결되는 지방교육자치에 관한 법률 제27조에 나타난 교육감의 교육·학예에 관한 관장 사무 중 제6호 '교육과정의 운영에 관한 사항'에 근거한다. 제6호는 매우 포괄적인 규정이어서 교육과정의 구체적인 틀을 짜는 개정 시마다 교육과정 문서에서 이를 구체화해야 한다.

'학교교육과정 편성·운영지침 작성'은 시·도 교육지원청의 주된 과업 중 하나이다. 교육청이 작성한 지침은 일반적, 요강적, 거시적, 추상적 수준의 국가 교육과정 기준과 보다 구체적, 미시적 실천 수준의 학교교육과정을 연결시키는 실무적, 매개적 지침으로, 교육지원청과 학교에 제시된다. 이 지침은 교육부의 교육과정 기준을 근거로 하여 당해 시·도 지역의 특수성과 시·군 지역의 특수성 및 학생과 주민의 요구가 학교 수준의 교육과정으로 구체화 될 수 있는 지침이 되어야 한다.

교육청은 지침 마련을 위해 국가수준의 교육과정을 세밀하게 분석 검토하고, 시·도 교육의 단기, 중기, 장기 종합 발전계획, 교육지원청과 학교 규모와 실태, 교육에 대한 주민과 지역사회의 인식과 요구(만족도, 요구 사항), 학생의 실태(요구, 진로, 흥미, 학력 등) 등 기초적인 조사를 충실히 해서 이를 분석하고 교육계획에 반영해야 할 사항을 추출한다.

이러한 기초 조사와 국가 수준의 교육과정 분석결과를 토대로 해당 지역의 교육에 대한 중점 방향을 설정할 수 있다. 교육청은 모범적인 학교교육과정 편성·운영 방법이나 절차를 제시할 수도 있다. 이 밖에도 시·도 교육청이 꾸려가야 할 구체적 교육과정 업무로는, 교육지원청 교육과정 업무 지원, 교육지원청의 교육과정 업무 평가, 학교교육과정 업무의 지원, 선택과목의 신설과 폐지, 신설된 교과목의 교원 양성, 수급, 폐지된 교과목 교원의 재교육과 배치, 교육과정 관련 교원연수, 교원 전보이동 관련 업무, 교육과정의 지역화, 교육과정 자료의 심의와 검인정, 교육과정 연구

지원, 교육과정 평가 등이 있다.

3) 시·군 교육지원청의 역할

교육과정 지역화와 분권화에 따라 학교의 프로그램 개설 가능성이 높아졌다는 것과 학생의 과목 선택의 증가는 결국 학교의 가장 가까이에서 학교 실정을 알아 대변해 주는 시·군 교육지원청의 역할이 확대되어야 한다는 것이다.

중앙집중적 교육과정 개발과 확산과정에서 소홀히 되어 온 주체는 시·군 교육지원청, 학교, 교사, 학생, 학부모라고 할 수 있다. 그러나 제6차 교육과정까지는 교육과정 의사결정의 주체별로 볼 때 국가나 시·도 및 학교에 비해 시·군 교육지원청의 역할이 주어지지 않았다. 제7차 교육과정에서는 시·군 교육지원청과 학교 및 학급(교사) 단위의 교육과정 역할을 강화하기 위해서 별도의 교육과정 편성·운영 지침을 제시하기 시작하였다.

5절 학교교육과정의 편성

1. 학교교육과정의 개념과 성격

학교교육과정은 국가수준이나 지역수준 교육과정에 의거하여 지역의 특성과 학교의 실정, 학생의 실태에 알맞게 편성한 단위학교의 구체적인 교육과정을 말한다. 단위학교가 의사결정하고 통제하는 학교교육과정은 국가수준과 시·도 교육청의 편성·운영지침에 기초하고 당해 학교의 학생 실태, 학부모의 요구, 교사의 구성, 학교의 시설, 지역사회의 여건 등을 고려하여 성취목표를 구체적으로 설정하고, 내용의 범위와 수준을 제시하며, 교수학습 방법과 평가방법을 실용성 있게 구성한 것이다(교육부, 1992).

따라서 학교교육과정은 학교의 상세한 교육 설계도로서 그 학교가 수용하고 있는 학생에게 책임지고 실현하여야 할 교육목표, 내용, 방법, 평가 등에 대한 구체적인 실행교육 프로그램을 의미하고, 특색 있는 교육 전략 또는 상세한 교육 운영 세부 시행계획으로 규정된다(함수곤, 2000).

이 학교교육과정에서는 해당 학교의 교육목표와 경영철학, 전통, 특성 등이 치밀하게 반영되어 있다. 그 학교의 창의적이고 독특한 교육내용, 방법과 특색 있는 운영 방안이 나타나 있다. 그래서 전국의 각 학교는 제각기 다양한 교육의 모습을 보일 수 있게 된다. 학교교육과정은 교육의 효율성과 적합성을 높이기 위하여 필요할 뿐만 아니라 교원의 자율성과 전문성을 높이기 위하여 필요하다(함수곤, 2000).

2. 학교교육과정 편성 절차

학교교육과정을 편성하는 것은 현실적으로 학교에서 학생들에게 1년간 제공할 교과와 프로그램을 운영할 계획을 수립하는 것으로 나타난다. 학교수준의 교육과정 계획은 궁극적으로 그 학교 학생들의 공부할 기회를 어떤 식으로 마련해 주는 청사진이다. 학교교육과정 편성절차는 크게 학교교육과정위원회 조직, 국가 및 지역수준 교육과정 분석, 실태조사 실시 및 분석, 학교교육과정 시안작성, 그리고 학교교육과정 시안의 심의와 확정 등 5단계로 구분된다.

1) 학교교육과정위원회 조직

학교교육과정을 편성, 개발하기 위해서는 우선 '학교교육과정위원회'를 구성하여야 한다. 위원회는 학교의 사정에 따라 다양한 형식으로 구성될 수 있다. 예시적으로 기획조정분과, 교과교육분과, 특별활동분과, 학교 재량시간분과 등을 위원회의 하부조직으로 구성할 수 있다.

2) 국가 및 지역교육과정의 분석

전술한 바와 같이 학교교육과정은 국가교육과정과 시·도 교육과정 편성 운영지침의 틀 안에서 구성된다. 따라서 학교에서 우선적으로 이들 상위기관의 교육과정 지침 내용들을 명확하게 이해하여야 하며, 그렇게 하기 위한 검토 작업을 철저하게 실시해야 한다.

3) 실태조사 실시 및 분석

국가교육과정과 시·도교육청 수준의 교육과정 지침 내용을 파악한 후에는 학교교육과정을 작성하는 데 요구되는 각종 기초 정보 자료를 수집해야 한다. 질 높은 학교교육과정을 편성하기 위해서는 여러 종류의 기초 자료들이 요구되기 때문이다. 특히 지역의 일반적 특성 및 지역의 사회문제를 비롯하여 학교 및 학급의 규모, 과목별 교사 수 및 특기보유 현황, 학생 실태, 과목의 중요도 및 선호도, 교수-학습 자료 및 시설 설비현황, 학교 주변의 교육문화시설의 종류, 학교운영위원회 등에 대한 자료가 수집되어야 한다.

4) 학교교육과정 시안 작성

수집된 기초자료의 내용과 학교에서 특별히 강조하고 있는 교육이념이나 철학이 있다면 그러한 내용을 바탕으로 학교교육과정의 다음과 같은 세부안을 작성하도록 한다.

먼저, 교과편제 및 시간표를 작성한다. 그리고 교과별 교육과정 구성 및 교수-학습 자료를 재구성한다. 여기에는 교과별 목표의 조정과 재구성(기준목표의 상향, 하향, 추가, 축소, 통합, 보완, 상세화), 교과별 교육 내용의 조정과 재구성(추가, 보완, 축소, 통합, 내용 수준의 상향, 하향, 특정 내용의 강조, 상세화), 교육 내용의 지도순서(계절, 행상에 다른 지도순서 고려, 교과별 학습 진도 고려), 교과별 지도시간(시간량의 증배, 감축), 그리고 교과별 지도방법의 상세화(교과별, 교의 내용 영역별, 목표별 지도방법의 상세화 및 지도 중심의 명시) 작업이 포함된다.

5) 학교교육과정 시안의 심의와 확정

편성된 학교교육과정 시안은 평가과정을 통하여 수정되고 보완되어야 한다. 이러한 평가 작업은 개발하여 확정된 학교교육과정이 실제 현장에서 실천되는 과정에서 그 실행가능성을 검토하는 가운데 이루어질 수 있으며, 다른 학교의 학교교육과정과의 상호 비교를 통해서도 이루어질 수도 있다. 학교교육과정에 대한 평가기준으로는 학교교육과정 편제의 적합성을 비롯하여 학교교육과정 각론의 적합성, 교수-학습 자료의 타당성, 평가의 타당성, 선택교과(재량활동) 운영의 충실성, 특별활동시간 운영의 충실성 등을 들 수 있다.

3. 단위 학교의 역할

교육과정 편성에 대한 학교의 역할은 교육부(1997)에서 고시한 제7차 교육과정에 명시되어 있다. 학교 급별 지침과는 별도의 공통 지침은 다음과 같다.

① 학교는 교육부의 국가교육과정과 시·도 교육과정 편성·운영지침, 지역교육청의 학교교육과정 편성·운영에 관한 장학자료를 바탕으로, 학교실정에 알맞은 학교교육과정을 편성, 운영한다.

② 교육과정의 합리적 편성과 효율적 운영을 위하여 교원, 교육과정(교과교육) 전문가, 학부모 등이 참여하는 학교교육과정위원회를 구성하여 운영하며, 이 위원회는 학교장의 교육과정 운영 및 의사결정에 관한 자문역할을 담당한다.

③ 학교는 학교교육과정 편성·운영계획을 바탕으로 학년, 학급, 교과목별 교육과정을 편성할 수 있다.

④ 학교교육과정을 편성, 운영함에 있어서는 교원의 조직, 학생의 실태, 학부모의 요구, 지역사회의 실정 및 교육시설·설비 등 교육여건과 환경이 충분히 반영되도록 노력한다.

⑤ 수준별 교육과정을 적용하는 교과는 심화·보충 학습을 위한 추가 시간이 필요할 경우, 재량활동에 배당된 시간 등 별도의 시간을 활용할 수 있다.

⑥ 이 교육과정에 예시된 과목 이외의 과목을 설치, 운영하고자 할 때에는, 시·도의 교육과정 편성·운영 지침에 의거하여 사전에 필요한 절차를 거쳐야 한다.

위에서 제시한 제7차 교육과정과 달리, 2009 개정 교육과정(교육과학기술부, 2009)과 2011 개정 교육과정(교육과학기술부, 2011)에서는 학교 교육과정의 편성과 운영에 관한 27개 실천 사항을 보다 구체적으로 열거하고 있다.

제5장
교육과정의 운영과 평가

제4장에서 살펴본 바와 같이, 교육과정의 개발은 복잡한 과정을 거쳐서 하나의 문서형태로 표현된다. 단위학교의 학교교육과정은 국가수준 교육과정과 시·도 교육청이라는 지역수준의 교육과정 편성·운영 지침에 근거하여 편성되어서 학교와 교실현장에서 운영되고 있다. 따라서 교육과정의 성공적 운영은 교사가 교육과정을 어떻게 재구성하여 적용하는가에 달려 있다.

교사가 편성된 학교교육과정을 성공적으로 운영하는 것으로 모든 교육활동이 종료되는 것이 아니다. 교육과정 개발의 구성요소가 각각 타당하고 합리적이며 효율적으로 관리되었는가에 대한 반성과 질 관리가 이루어져야 한다.

이 장에서는 교육과정 운영의 개념과 원리를 살펴보고, 교육과정 운영에 있어서 교사와 학교행정가의 역할을 논의하고자 한다. 교육과정의 질 관리를 위한 평가의 개념, 목적, 그리고 대표적 평가모형을 소개한다. 마지막으로 학교교육과정 평가의 실제는 법적 근거, 실시 방안, 그리고 평가도구의 예시로 나누어 살펴보고자 한다.

1절 교육과정 운영

1. 교육과정 운영의 개념

교육과정 운영은 개발된 교육과정을 학교와 교실에서 실천하는 과정을 의미한다(김대현·김석우, 2005). 교육과정을 실천한다는 것은 계획된 교육과정의 목적을 달성하기 위해서 학교에서 교사가 실제로 수업을 전개하는 활동을 말한다. 따라서 교육과정 운영은 단위학교에서 실천되는 활동이므로 무엇보다도 교사와 학교장의 역할이 중요하다. 교사는 개발자의 의도를 정확하게 파악하고 학습자를 위해 재해석하며 실천하는 활동을 수행해야 한다. 또한 학교장은 학교교육과정의 운영을 효율적으로 지원하고 정비하는 업무를 수행해야 한다.

그러나 실제로 교육과정을 운영함에 있어서 개발자와 실천자가 반드시 일치하지 않을 수 있다. 교육과정 운영은 시행(implementation)과 실행(enactment)으로 구분하여 설명한다. 시행 또는 이행은 교육법으로 고시되는 것을 행동으로 옮기는 수준을 의미하는 반면에, 실행은 자발적 행위를 통하여 무엇을 만들어 가는 과정을 의미한다. 교육과정의 시행과 실행의 구분은 바로 교사의 역할을 어떻게 보는가의 관점과 연계되어 있다. 교육과정의 시행에서는 교사가 수동적이고 소극적인 운영의 역할을 담당하는 반면에, 교육과정의 실행에서는 교사가 주체적이고 능동적 역할을 맡게 된다(김대현·김석우, 2005).

2. 교육과정 운영의 원리

교육과정 운영의 기본원리는 학교에서 교육과정을 편성·운영할 계획을 세울 때 마땅히 존중되어야 할 행위규범이 된다. 다른 한편으로는 편성이나 운영과정 또는 편성이나 운영을 통한 산출을 평가하는 준거의 역할을 담당하게 된다. 이러한 원리를 제시하면 다음과 같다(김대현·김석우, 2005).

1) 타당성의 원리

학교교육과정의 편성과 운영 작업은 궁극적으로 학교의 교육목표를 달성하기 위해서 하는 일이다. 따라서 교육과정을 편성하고 운영할 때 가장 먼저 할 일은 학교가 설정한 교육목표가 타당한가, 만약 타당하다면 학교에서 편성·운영하는 교육과정이 이를 달성하는 효과적인 수단인지를 주의 깊게 살필 필요가 있다.

2) 적법성의 원리

학교의 교육과정 편성과 운영은 국가가 정한 법령의 테두리 안에서 진행된다. 학교는 교육과정과 관련하여 지닌 법적인 책무와 권한을 분명히 하고, 이러한 범위 내에서 의사결정 권한을 행사할 수 있다. 그러나 교육 관련법들이 지나치게 학교의 교육과정 편성과 운영권을 제한하고 있기 때문에 관련법의 개정과 함께 현행법의 일관성 있는 해석과 적용이 요구되기도 한다.

3) 전체성의 원리

학교교육과정의 편성과 운영은 일부 교과의 각론을 개발하거나 교과들과 교과서의 내용을 재구성하는 것이 아니라, 말 그대로 학교의 전체 교육과정을 대상으로 한다. 따라서 학교에서 교육과정을 편성·운영할 때는 교육과정의 핵심 요소(교육목표, 교육내용, 교과체제, 교육방법, 교육평가, 특별활동 등)를 확인하고, 이 요소 간의 연관성을 높이는 방향으로 진행되어야 한다. 그리고 이러한 작업이 성공적으로 이루어질 수 있도록 교사, 학생, 학부모, 학교조직, 학교의 물리적 환경 등 제반요소를 종합적으로 고려해야 한다.

4) 민주성의 원리

학교교육과정의 편성은 학교교육에 관여하는 여러 집단의 폭넓은 참여를 보장하고, 그들이 제시하는 의사가 공정하게 처리되도록 한다. 또, 운영에 있어서는 권한의 이양을 통하여 독선과 전횡을 막는 장치를 필요로 한다. 학교에서는 이를 위하여 교장과 교사가 상호존중하며, 각기 다른 역할을 분담해야 한다. 특히, 교장은 교직원들의 광범위한 참여를 유도하고 민주적인 의사소통체제를 구축하며, 교직원들의 책무와 권한을 명시하는 역할을 수행해야 한다.

5) 전문성의 원리

학교에서 교육과정을 합리적으로 편성하고 효과적으로 운영하기 위해서는 이를 전담하는 연구조직과 실행조직이 구성되어야 한다. 그리고 이러한 작업에 참여하는 모든 교직원은 전문적인 지식과 기술을 가져야 한다. 학교는 이를 위하여 학교조직을 교육과정 운영중심의 조직으로 재편성하고, 학교직원들을 훈련하는 연수 프로그램을 개발하여 지속적으로 시행해야 한다. 특히, 직원개발을 위한 프로그램의 내용은 매우 구체적이며, 실습 과정을 많이 내포하고 있어야 한다.

6) 현실성의 원리

학교의 교육과정 편성과 운영은 주어진 현실의 바탕 위에서 이루어진다. 따라서 학교교육과정을 편성·운영할 때는 아동에 대한 이해와 현 시점에서 지역사회의 요구를 잘 알고 있어야 하며, 이를 위하여 각종 조사를 실시하고, 그 결과를 바르게 해석할 수 있어야 한다. 또한 교육과정의 편성과 운영이 이루어지는 학교라는 무대의 성격을 잘 이해하고 있어야 한다. 즉 교사조직의 특성, 학교의 물리적 환경, 외부 기관의 지원과 통제 등의 수준을 잘 알고 있어야 한다.

3. 교육과정 운영과 교사의 역할

1) 교육과정에 대한 교사의 역할

교육과정의 성공적 운영은 전적으로 교사에게 달려 있다. 교육과정 운영에 가장 큰 영향력을 행사하는 세력은 바로 교사집단이다. 가령 교과서의 내용을 일상적으로 소개하는 전달자라고 생각하는 교사와 교육과정에 대한 주인의식을 가지고 최종 실천자라고 인식하는 교사는 교육과정 운영에서 커다란 차이를 보인다. 그래서 교사가 수업지도와 생활지도를 통하여 제공하는 모든 교육활동이 바로 학생들이 경험하는 교육과정이 된다.

교사의 발달단계나 정도에 따라 교육과정 운영방법과 효과는 다르다. 예비교사, 초임교사, 중견교사, 원로교사 등으로 교직경력이 많아지면서 교사들은 변한다. 교사의 변화방향은 전문성과 자율성이 향상될 수도 있고 역으로 저하될 수도 있다. 또한 교사의 가르치는 분야에 대한 지식과 이해정도, 전달방식의 숙련정도, 교실 장악능력, 개인의 건강과 가족 및 동료교사와 학생과의 관계 등에 따라 교육과정 운영은 달라진다(강현석, 2012; 강현석·주동범, 2004).

일반적으로 교사들은 새로운 교육과정을 수용하는 데 주저하거나 적극적으로 저항하는 경향이 있다. 교사들이 교육과정에 저항하는 이유는 다음과 같다(김대현·김석우, 2005).

① 새 교육과정에 대한 교사들의 불신이다.
② 새 교육과정과 현행 입시제도의 괴리문제이다.
③ 교사들의 보수성향도 무시할 수 없다.
④ 새 교육과정을 운영하는 데에는 교사들이 해야 할 일이 너무 많다.
⑤ 초등학교의 학급담임제와 중등학교의 교과별 수업시간표는 교육과정의 효과적 운영을 위하여 필요한 교사들 간의 협동을 어렵게 만든다.

2) 교사의 교육과정 운영 방법

교사들에게 구체적 정보를 제공하는 것만으로 새로운 교육과정이 제대로 운영될 것으로 보기는 어렵다. 교사들은 교육과정의 변화에 대해 다양한 요구와 입장을 가지고 있으므로 새 교육과정을 제대로 운영하기 위해서는 다양한 방법이 필요하다(김대현·김석우, 2005).

① **훈련방법** : 새 교육과정에 대한 현직 연수, 워크숍, 일대일 상담 등을 통하여 설명하는 방법

② **모방방법** : 존경받는 교사가 새 교육과정 운영의 시범을 보이고 이를 모방하는 방법

③ **논리적 방법** : 교육과정을 새롭게 개정하게 된 합리적 근거를 제시하는 방법

④ **관료적 방법** : 교육당국이 교장의 도움을 받아서 새 교육과정을 운영하도록 영향력을 행사하는 방법

⑤ **연구회·학회 활용방법** : 연구모임이나 학회모임의 새 교육과정에 대한 지지를 활용하는 방법

4. 교육과정 운영과 학교장의 역할

교육과정 운영에 있어서 학교장은 새로운 교육과정의 취지와 성격을 교사에게 알려서 교육과정 개발자가 의도한 그대로 실천하도록 도와주는 역할을 수행해야 한다. 그런 의미에서 교사의 역할뿐만 아니라 학교장의 역할도 성공적인 교육과정 운영에 크게 작용한다. 학교장은 교사로 하여금 새로운 교육과정을 운영하는 데 필요한 능력을 갖도록 도와주어야 한다. 또한 학교장은 교사들이 새로운 교육과정을 운영하는 데 필요한 자료와 비품을 마련해 주어야 하며, 교육과정을 운영하는 데 도움이 될 수 있도록 조직을 바꾸어야 한다.

학교장이 교육과정에 대한 관심이 부족하거나 식견이 부족할 경우에 개발된 교육과정은 제대로 실천될 수 없다. 학교장이 교육과정의 취지와

목적을 교사들과 같이 인식하고 적극적으로 돕는다면 교육과정의 성공 가능성은 더 높아질 것이다. 교육과정의 궁극적인 실천가는 교사이지만, 학교장의 지도성은 교육과정 운영의 성공에 상당한 영향력을 행사할 것이다.

함수곤(2000)은 교장의 임무를 학생 관리, 교직원 관리, 교육환경 관리, 교육재정 관리, 그리고 교육과정 관리로 구분하면서 교육과정 관리를 내적 사항으로, 그리고 앞의 4가지 관리를 외적 사항으로 규정하고 있다. 특히 교육과정 관리가 교육의 본질적이고 내용적 분야를 다루는 소프트웨어로 간주한다. 단위학교교육과정의 운영을 체계적으로 수행하기 위하여 학교장의 역할은 다음과 같다(함수곤, 2000).

① 행정중심 관리·사무체제에서 교육과정 중심 학교운영체제를 확립해야 한다.
② 교육과정 연구실을 확보해야 한다.
③ 학교교육과정을 통합적으로 운영해야 한다.
④ 학교교육과정 운영에 직결되는 예산을 지원해야 한다.
⑤ 교육과정 운영결과는 매 학년도 말에 전 교직원 참여하에 평가되어야 한다.
⑥ 학교장의 교내 교육과정 장학과 수업장학에 중점을 두어야 한다.

2절 교육과정 평가

1. 교육과정 평가의 개념

교육과정 평가(curriculum evaluation)는 교육과정과 평가의 합성어이다. 평가의 한 연구영역이라는 점에서 볼 때, 평가의 어떤 정의를 채택하더라도 교육과정 평가의 대상은 바로 교육과정이 된다. 따라서 교육과정을 어떻게 정의하느냐에 따라 학교뿐만 아니라 기업체, 군대, 사회교육기관에서 사용되는 교육과정에까지 확산될 수 있다. 이처럼 교육과정의 연구 분야를 확장시키면 교육과정과 프로그램의 경계가 모호해진다. 일반적으로 교육과정을 학교교육 분야에 한정하여 논의하는 경향이 있다.

교육과정 평가의 개념은 평가 대상인 교육과정을 어떻게 규정하느냐에 따라 다양하게 정의되고 있다(교육평가연구회, 1995; 김진규, 1996; 허형 외, 1996; 유한구 외, 1997; 배호순 외, 1997; 김재춘 외, 1998; 허경철, 2000; 김두정, 2000; 한국교육평가학회, 2004). 이들 개념정의에서 공통점을 추출해 보면, 교육과정 평가의 대상을 학생의 학업성취 수준에서부터 교육과정 문서, 교육과정 개발, 교육과정 운영, 교육과정 성과에 이르는 전 영역과 이들 간의 상호작용 등에 이르기까지 아주 폭넓게 다루고 있다. 따라서 교육과정 평가는 특정 교육과정의 장점, 가치, 중요성에 관하여 체계적으로 기술하고 판단하는 활동으로 정의된다(한국교육평가학회, 2004).

또한 교육과정 평가는 국가 수준, 지방교육청 수준, 단위학교 수준에서 교육목표, 내용, 방법을 규정하고 있는 교육과정을 지속적으로 평가하는 일종의 교육평가활동으로 간주되고 있다. 학교교육과정 평가는 단위학교 수준에서 학교교육과정의 장점, 가치, 중요성에 관하여 체계적으로 기술하고 판단하는 활동이다. 교육과정이 프로그램의 한 종류라면 학교에서 이루어지는 모든 교육활동은 교육프로그램으로 간주될 수 있다. 교육과정에 대한 인식이나 정의방식에 따라 평가 대상 및 준거나 평가방법이 달라질 수 있다는 점에도 유의할 필요가 있다. 이 경우에 주로 거론되는 교육과정 차원으로는, 교과과정으로서 문서화된 교육과정 차원, 교육현장에서 실제로 실천 운영되는 교육과정 차원, 학생이 경험하고 성취한 교육과정 차원 등에 대한 종합적인 안목이 요구되며, 교육과정을 정의하는 방식을 막론하고 교육활동의 목표, 그를 달성하기 위한 방법 및 내용과 그를 달성한 경우에 나타나는 효과(영향) 등에 관한 포괄적인 관점에서 교육과정 평가를 설계하고 실천할 필요가 있다.

2. 교육과정 평가의 목적

학교교육의 질은 학교에서 실시되는 교육과정의 질을 평가함으로써 구체화된다. 궁극적으로 교육과정의 질은 학생들의 과목별 성취수준에 따라 결정된다. 학생들의 성취수준은 교육과정의 질을 결과만으로 보려는 관점에서 비롯된다. 그렇다고 해서 교육과정의 질은 반드시 교육의 결과만으로 결정되지 않는다. 오로지 교육의 결과에 대한 질적 수준에 영향을 받는 것이 아니라, 교육의 내용이나 방법과 같은 교육의 과정의 질에 따라 교육과정의 질이 달라질 수 있다. 따라서 교육과정 평가의 궁극적인 목적은 학교교육의 과정과 결과에 대한 질을 체계적으로 관리하는 데 있다(김진규, 2002).

학교교육과정을 체계적으로 평가하는 것이 필요한 이유는 다음과 같다(학교교육과정 평가연구회, 1997).

① 미래사회에서의 국가경쟁력 증진을 위하여 체계적으로 교육력을 강화할 필요가 있으며, 이를 위하여 학교교육의 질적 개선과 교육효과 증진을 기하기 위한 목적으로 평가적 방법을 활용해야 한다.

② 선진국형으로 교육력을 강화하는 체제를 구축하기 위하여 교육효과 증대와 교육활동의 질적 개선을 효과적으로 달성할 수 있도록 교육활동 전반에 대한 종합적인 평가체제를 구축할 필요가 있고, 그 일환으로서 교육과정에 대한 평가가 그 핵심을 차지할 필요가 있다.

③ 단위학교 중심의 종합적인 평가체제에는 교육자들의 책무성 제고와 전문성 향상을 위한 노력이 포함되어야 하는 동시에 교육과정 및 교육활동 전반에 대한 자율적인 평가체제를 포함해야 한다.

④ 학교교육의 질적 개선과 효과 증대를 실질적으로 달성하기 위해서는 교육과정에 관한 질적 관리활동과 그 개선 노력이 요청된다.

교육과정 평가는 교육과정 자체가 의도한 바를 제대로 달성하고 있는가, 투입하여 적용하고 있는 교육과정이 제대로 시행되고 있는가를 파악하기 위한 목적을 포함하여, 사회변화에 부응할 수 있는 양질의 교육과정이 되기 위하여 요구되는 교육과정에 대한 부단한 질 관리의 목적, 교원을 포함한 교육과정 운영 담당자들이 교육과정을 계획한 대로 운영하고 있는가를 확인 점검하기 위한 목적 등을 추구하기 위하여 지속적으로 실시되어야 한다. 교육과정 평가는 어떤 입장(주체)에서 평가를 어떤 목적으로 활용하고자 하는가에 따라 각기 다른 관점과 대상(내용) 및 초점을 가지고 다양하게 접근할 수 있다는 특징을 지니고 있다. 따라서 다양한 평가모형이나 평가전략과 방법을 적용할 수 있으므로 매우 복잡하고 역동적인 활동으로 인식되고 있다. 특히, 교육과정을 개발한 입장, 교육과정을 운영하는 입장, 교육과정에 참여하는 학습자 입장, 교육과정 시행을 확인·점검하는 행정가 입장 등에서 평가결과를 어떤 목적으로 어떻게 활용하려고 하는가에 따라 평가의 초점이나 내용(준거)과 방법이 달라질 수 있다는 역동성을 지니고 있다(한국교육평가학회, 2004).

교육과정 평가의 목적은 교육과정 자체(개발, 개선, 정당화 등), 교육과정 운영(합리화 및 정당화, 개선, 책무성, 자율성 등), 그리고 교육과정 성과 및 영향(교육목표 달성도, 의사결정 등) 등 세 가지 대상을 중심으로 설정할 수 있다(학교교육과정 평가연구회, 1997). 결국 교육과정 평가는 현행 교육과정에 대한 비판적 이해를 통해 기존 교육과정을 유지, 폐지, 약화, 강화하거나 새로운 교육과정을 개발하기 위한 각종 정보를 얻기 위한 가치측정 활동을 의미한다(홍후조, 2006). 따라서 교육과정 평가의 목적은 현행 교육과정을 개선하기 위한 정보를 수집하는 형성적 목적과 현행 교육과정의 성과를 판단하는 데 필요한 정보를 수집하는 총괄적 목적으로 구분할 수 있다.

3. 교육과정 평가의 모형

전형적인 교육평가모형은 R. W. Tyler의 목표달성 모형이며, 이 평가모형에 따라 교육목표 달성도를 확인하는 실용적인 평가가 교육현장에 정착하게 되었다. 그 후 목표모형에 대한 비판적 안목에 입각하여 다양한 대안적 평가모형들이 제안되었다. 대표적인 교육평가모형으로는, 의사결정중심모형(CIPP모형), 판단중심 모형, 자연주의적 모형, 평가인증모형, 비평 및 전문가중심모형, 권한부여모형, 모니터링모형, 요구분석모형, 체제분석모형 등이 활용되어 왔다. 그리고 참여협동 중심의 평가적 방법들과 컨설팅 모형 등이 상황에 따라 적절하게 적용되어 왔다.

한편, 우리나라에서 수행된 교육과정 평가에 관한 연구는 역사적으로 일천하고 수적으로도 빈약한 초보적인 수준에 머물고 있다고 평가된다. 1970년대 이전에는 교육과정 평가에 관한 연구는 거의 찾아볼 수 없었고, 1980년대부터 초등학교(박경숙 외, 1983), 중학교(권낙원 외, 1985), 고등학교(허경철 외, 1986) 등 학교 급별 교육과정에 대한 연구가 시도되었고, 1990년대로 들어오면서 교육과정 평가모형에 대한 연구(최호성, 1993; 김진규, 1996; 허형 외, 1996; 유한구 외, 1997; 김재춘 외, 1998; 허경철, 2000), 지역 및 학교 급별 교육과정 평가연구(김진규 외, 1996; 1997), 교육과정 평가방안 연구(김재복 외, 1996a; 1996b), 그리고 교육과정 평가 실행을 위한 편람 개발 연구(배호순 외, 1997) 등 다양한 연구가 시도되어 왔다. 국내의 대표적인 교육과정 평가모형의 구성요소를 제시하면 다음 <표 5-1>과 같다.

〈표 5-1〉 대표적 교육과정 평가모형의 구성요소

연구자 (발표년도)	평가모형 명	차원별 구성요소
최호성 (1993)	교육과정 평가모형	• 평가의 목적(판단, 의사결정, 이해) • 평가의 대상(상황·맥락, 편성, 운영, 성과) - 평가의 주체·방법(내부평가, 외부평가)
허형 외 (1996)	한국의 교육과정 평가모형	• 교육과정 개발평가, 교육과정 운영평가, 교육과정 성과평가
김진규 (1996)	국가교육과정 평가체제모형	• 내용(교육목적, 상황특성, 수업실제, 학습 성과) • 수준(국가, 지역, 학교, 교사, 학생)
배호순 외 (1997)	초·중·고등학교 교육과정 평가분류모형	• 교육과정(교육계획 평가, 교수-학습 과정 평가, 교육효과/성취도 평가) • 내용영역(학교교육과정 연구 및 개발, 학교교육과정 기본계획, 교과 교육과정 및 학습지도, 특별활동 및 방과 후 교육활동, 학교교육과정 지원체제)

유한구 외 (1997)	초등학교교육과정 평가분류 모형	• 교육과정영역(교육과정의 계획 및 편성, 교육과정운영, 교육활동의 평가영역) • 평가관점(교육청, 학교장, 교사, 학부모·학생의 관점)
김재춘 외 (1998)	교육과정 평가모형	• 영역(개발체제, 문서, 운영, 성과) • 수준(국가, 지역, 학교) • 방법(동의, 확인, 검정)
허경철 (2000)	교육과정 평가영역모형	• 내용(교육목표, 교육내용, 교육방법, 평가) - 수준(국가, 지역, 학교) • 단계(계획, 전개, 구현)

학교현장에서는 특정 평가모형에 구애받지 않고 평가목적에 적절한 질문을 제시하고 그에 대한 답변을 강구하는 접근방법도 활용되고 있다. 학교현장에서 주로 제기되는 질문은 ① 교과내용의 난이도 수준은 적절한가? ② 학습내용 분량은 적절한가? ③ 교육목표 및 내용은 미래사회에 적절한가? ④ 교육목표를 어느 정도 달성하고 있는가? ⑤ 의도한 바대로 행동변화, 태도변화가 일어나는가? ⑥ 정상적인 교육과정 운영을 방해하는 요인은 무엇인가? 등이다. 이들 질문에 따라 분석적인 절차를 적용하여 준거와 기준을 설정하고 그에 적절한 근거자료와 지표를 수집하여 종합·판단하는 과정을 거치는 것이 일반적이지만, 결국에는 제기된 질문에 대하여 종합적인 관점에서 타당하고 신뢰로운 답변을 강구하는 데 중점을 두어야 한다(한국교육평가학회, 2004).

3절 학교교육과정 평가의 실제

1. 학교교육과정 평가의 법적 근거

학교교육과정 평가에 대한 법적 근거는 초·중등학교교육과정에서 찾을 수 있다. 교육과학기술부(2009)가 제시한 학교교육과정 편성·운영 지원 사항 가운데 국가수준과 교육청 수준의 교육과정의 질 관리 근거와 단위학교의 역할을 구분하여 제시하면 다음과 같다.

1) 국가수준의 교육과정 질 관리 근거

국가수준에서는 학교교육과정의 편성과 운영을 위하여 다음과 같이 평가하고 지원한다(교육부, 1997b; 교육과학기술부, 2009).

가. 이 교육과정의 질 관리를 위하여 국가수준에서는 주기적으로 학생 학력평가, 학교와 교육기관평가, 교육과정 편성·운영에 관한 평가를 실시한다.
  (1) 학업성취도를 평가하기 위하여 교과별, 학년별 학생평가를 실시하고, 평가결과는 교육과정의 적절성 확보와 그 개선에 활용한다.
  (2) 학교의 교육과정 편성·운영과 교육청의 교육과정 지원상황을 파악하기 위하여 학교와 관련 교육청에 대한 평가를 주기적으로 실시한다.
  (3) 교육과정 편성·운영과 지원체제의 적절성과 실효성을 평가하기 위한 연구를 수행한다. 이 교육과정이 적용되는 첫 해부터 다양한 절차를 거쳐 해당 학교, 학년, 학생에게 적절한지를 조사하여 평가하되, 교육과정 평가 연구는 교육과정의 편제, 시간(단위)배당, 편성·운영 지침의 적절성과 그 적용효과에 중점을 둔다.

2) 교육청 수준의 교육과정 질 관리 근거

학교교육과정의 원활한 편성과 운영을 위한 교육청 수준의 지원 사항 가운데 교육과정 질 관리 근거 조항은 다음과 같다(교육과학기술부, 2009).

(20) 학교에 대한 교육과정 운영 지원 실태와 각급 학교의 교육과정 편성·운영 실태를 정기적으로 파악하고, 효과적인 교육과정의 운영과 개선 및 질 관리에 필요한 적절한 지원을 한다.
(21) 학교의 교육과정 편성·운영에 대한 질 관리 및 교육과정 편성·운영 체제의 적절성과 실효성을 높이기 위하여 학업 성취도 평가, 교육과정 편성·운영 평가 등을 실시할 수 있다.

3) 학교 수준의 교육과정 평가 근거

단위학교에서 수행해야 할 학교교육과정 평가의 근거 조항은 다음과 같다(교육과학기술부, 2009).

(1) 학교는 학교교육과정 편성과 운영의 적합성, 타당성, 효과성을 자체 평가하여 문제점과 개선점을 추출하고, 다음 학년도의 교육과정 편성·운영에 그 결과를 반영한다.

2. 학교교육과정 평가 실시 방안

교육부에서 고시한 교육과정에는 단위학교에서 학교교육과정을 편성하고 운영함과 동시에 학교교육과정에 대한 자체평가를 의무적으로 실시하도록 규정하고 있다. 다시 말하면 단위학교에서는 학교교육과정 편성과 운영의 적합성, 타당성, 효과성을 자체 평가하여 문제점을 추출하고, 다음 학년도의 교육과정 편성·운영에 그 결과를 반영하도록 명시되어 있다. 여기서는 교육부(1997a)가 제시한 자체평가의 절차를 중심으로 요약 정리하고자 한다. 자체평가의 절차는 대체로 평가의 목적, 평가의 방법, 그리고 평가의 절차 등으로 나누어진다(김진규, 2002).

1) 평가의 목적

교육과정에 대한 자체평가를 실시하는 중요한 목적은 외부의 통제나 압력을 가하지 않고 단위학교 내에서 교육과정의 질을 관리하는 데 있다. 자체평가의 목적을 세분하여 제시하면 다음과 같다.

① 자체적으로 현재 상태에서 갖고 있는 장·단점을 파악하여 반성의 기회를 갖는다.
② 그 개선 방안을 강구하여 장·단기 발전계획에 포함시킨다.
③ 그것을 토대로 자체평가 보고서를 작성하여 외부평가에 대비한다.
④ 자체연수 및 홍보활동의 자료로 활용한다.

2) 평가의 방법

교육의 질을 개선하기 위해 일선학교 교사가 주체가 되어 스스로 시행하는 자체평가를 위해서는 다양한 평가 방법을 동원해야 한다.

① **서류점검** : 공식적인 서류나 문서가 존재하고 그것이 객관적인 평가 자료로 활용 가능할 때 사용하는 방법

② **설문조사** : 문서나 서류를 이용하여 평가하기 곤란하거나 평가항목 가운데 개인의 의식이나 의견을 통해 평가할 필요가 있을 때 교사, 학생, 학부모 등을 대상으로 실시하는 방법

③ **면담** : 문서나 서류를 이용하여 평가하기 곤란하거나 평가항목을 심층적으로 확인할 필요가 있을 때 교사, 학생, 학부모 등을 대상으로 실시하는 방법

④ **관찰** : 서류점검, 설문조사, 면담 등으로 평가하기 곤란한 평가항목에 대한 사항을 실제로 방문·관찰함으로써 보다 객관적인 평가가 가능할 경우에 실시하는 방법

⑤ **교사별 자체보고서의 활용** : 여러 가지 평가 방법을 동원하여 교육과정의 계획이나 운영, 그리고 그 결과 등 전반적인 교육활동에 대해 개별교사 스스로 자신을 어떻게 평가하는지를 요약 정리하도록 하여(교사단위의 자체평가 보고서 작성) 그것을 검토하는 방법

3) 평가의 절차

가) 평가 준비 단계

자체평가를 위한 평가계획을 수립하여 구체적인 평가일정 및 평가영역을 확정하고, 이를 모든 교사들에게 공지하여 충분히 준비할 수 있도록 해야 하며, 확정된 평가일정 및 그 평가영역을 고려하여 학교 내에서 가장 적절한 교사들을 선정하여 '평가위원회'를 구성한다.

나) 평가 실시 단계

평가위원회가 주관하되 다른 교사들의 도움을 받아 실제로 자체평가를 실시한다. 각 평가영역별로 자료를 수집하고, 수집된 자료를 분석·종합한다. 각 분야의 장·단점과 문제점들을 구체적으로 파악하여 그 개선방안을 강구한다. 마지막으로 그동안의 모든 과정 및 결과를 정리하여 자체평가 보고서를 작성한다.

다) 결과 활용 단계

평가의 결과물인 자체평가 보고서를 교사들에게는 물론 학생이나 학부모 등에게 공개하여 새로운 발전을 위한 자기반성의 기회를 제공하고, 평가결과를 장·단기 발전계획에 반영하며, 자체평가를 시행하는 과정에서 드러난 우수교사에 대해서 격려와 포상을 할 수 있다. 이러한 자체평가가 교사의 연수기회가 될 수 있도록 해야 한다. 상급기관에서 시행하는 외부평가에 적절히 대비하기 위한 훈련과정의 일부로 활용될 수 있다.

3. 학교교육과정 평가의 도구

일선 학교에서 학교교육과정의 질을 평가하기 위하여 우선적으로 요구되는 것은 타당하고 신뢰로운 평가기준이나 도구일 것이다. 1997년에 우리나라에서도 학교교육과정 평가기준이 개발되었다(배호순 외, 1997; 교육부, 1997a). 그러나 개발된 평가기준이 교육현장에 널리 소개되지 않은 경우가 있으며, 개발된 평가기준이 너무 복잡하여 실용성이 부족한 것으로 드러났다(김성훈, 2000). 여기서는 국내에서 개발된 학교교육과정 평가준거 또는 기준 가운데 유치원 교육과정 평가기준(윤길근·김진규·유승구, 1999)과 초·중·고등학교 학교교육과정 평가준거(교육부, 1997a)의 일부 문항과 평가지표를 발췌하여 제시하고, 학교교육과정 평가준거와 지표(이용애, 2006)를 소개하고자 한다.

1) 유치원 교육과정 평가기준

가) 저자 : 윤길근·김진규·유승구

나) 출처(출판년도) : 교육학연구 제37권 제2호(1999)

다) 주요 내용

① **교육과정 편성** : 교육계획, 내적 내용선정, 외적 내용선정, 교육시간

② **교육과정 운영** : 운영지침, 교육활동, 교재활용, 상호작용, 평가계획, 평가활동

③ **교육과정 효과** : 문제해결, 사회성, 행동표현, 교사태도, 부모관심도

라) 도구적 특징

① **신뢰도** : 평가척도 전체의 Cronbach α계수(.88), 하위요인별 신뢰도 계수(.54 ~ .91)

② **타당도** : 교사특성 변인별 교육과정 편성, 운영, 효과의 3개 영역 및 전체 득점 간의 차이검증 실시한 결과 제시

마) 평가기준의 예시

유치원 교육과정 평가기준 가운데 교육과정 편성영역에 대한 문항만을 예시하고자 한다. 나머지 문항은 원전을 참고하기 바란다.

〈표 5-2〉 유치원 교육과정 평가기준(교육과정 편성 영역)

영 역	하위 영역	문 항
교육 과정 편성	교육 계획	1) 본 유치원의 교육과정은 교육법령과 지침에 따라서 편성하였다. 2) 유치원 내에서 교육과정 편성 연구모임을 잘 운용하는 편이다. 3) 원아의 발달 정도에 맞추어 I, II 수준의 교육내용을 알맞게 편성하였다. 4) 원아의 연령, 발달 및 건강을 고려하여 교육시간을 적절하게 편성하였다. 5) 교육활동을 고려하여 교육시간을 적절하게 편성하였다.
	내적 내용 선정	6) 지역사회의 실정을 고려하여 교육과정을 알맞게 편성하였다. 7) 학부모의 요구를 고려하여 교육과정을 알맞게 편성하였다. 8) 5개 영역별 목표를 통합적으로 달성하도록 교육계획서를 편성하였다. 9) 각 학급의 교육계획을 연간, 월간, 주간, 일일계획으로 구분하여 작성하였다. 10) 원아의 발달수준에 적합하게 교육내용을 선정하였다.
	외적 내용 선정	11) 지역사회의 실정을 고려하여 교육과정을 알맞게 편성하였다. 12) 학부모의 요구를 고려하여 교육과정을 알맞게 편성하였다. 13) 교육계획에는 부모교육 프로그램을 적절하게 포함시켜 놓았다.
	교육 시간	14) 일일계획서에는 원아가 활동하는 시간을 충분히 배려하였다. 15) 원아의 연령, 발달, 및 건강을 고려하여 교육시간을 편성하였다. 16) 교육활동을 고려하여 교육시간을 적절하게 편성하였다.

2) 초·중·고등학교 교육과정 평가 준거

가) 저자 : 교육부

나) 출처(출판년도) : 초·중·고등학교 학교교육과정 평가편람(1997a)

다) 주요내용

① **학교교육과정 연구 및 개발 :** 학교교육과정위원회의 구성과 활동, 학교교육과정 편성과 개선을 위한 연구 활동의 적절성, 전문성 신장을 위한 연수와 자율장학의 적절성

② **학교교육과정 기본계획 :** 학교교육목표의 적절성, 교육과정 편제의 타당성, 학생의 과목 선택권

③ **교과교육과정 및 학습지도 :** 교과별 교육과정 계획의 충실성, 교과수업의 충실성, 교과평가활동의 충실성, 교과학습 성취도

④ **특별활동 및 방과 후 교육활동** : 특별활동 운영계획, 특별활동 운영실태, 특별활동 성취도, 방과 후 교육활동의 효율성

⑤ **학교교육과정 지원체제** : 교육과정 운영에 대한 학교지원의 적절성, 학교지원의 적절성 평가 및 개선의 적절성

라) 도구적 특징

① **신뢰도** : 경험적 자료 없음

② **타당도** : 경험적 자료 없음

마) 평가준거의 예시

초·중·고등학교 교육과정 평가준거 가운데 '학교교육과정 연구 및 개발영역'의 평가항목과 평가지표를 제시하고자 한다.

〈표 5-3〉 초중고등학교 교육과정 평가준거 예시(학교교육과정 연구와 개발 영역)

세부 영역	평가준거	평가지표
학교교육 과정위원회 구성·활동	구성원의 균형성	• 교육과정위원회 운영 내규에 위원구성 및 선출과정 관련조항 포함 여부 • 구성된 선출과정의 민주성·공개성(교사의견 조사)
	운영의 적절성	• 운영의 활발성 • 운영의 민주성·공개성
	관련자 의견수렴을 위한 노력의 적절성	• 교사, 학생, 학부모 등의 의견수렴 활동(의견조사 빈도, 의견조사 내용 및 방법, 조사결과 반영방식 등) • 학교운영위원회의 교육과정 관련 토의사항 반영사례
학교교육 과정 편성과 개선을 위한 연구 활동의 적절성	학교교육과정 편성과 개선을 위한 현장연구의 충실성	• 기초조사 및 현장연구 내용, 목적, 방법, 연구대상, 연구결과의 활용방식 • 교육과정 관련 문서에 대한 분석연구의 내용과 연구결과 활용방식 • 연구결과에 대한 교사들의 인지도 및 활용정도 • 현장연구에 대한 학교의 지원정도
	질 관리를 위한 활동의 적절성	• 학교교육과정에 대한 자체 종합평가 계획수립 여부 • 종합평가의 충실성 • 학교교육과정 개선 노력의 실적

연수와 자율장학의 적절성	연수계획과 실천의 적절성	• 파견 및 자체연수 실적 • 자체연수 운영계획의 적절성 • 자체연수 운영의 충실성
	자율장학 활동의 충실성	• 자율장학 계획수립 여부 • 자율장학의 실적 • 연구수업 실적 및 활용방법 • 연구수업의 교사별·교과별 균형성

3) 학교교육과정 평가준거와 지표

가) 저자 : 용인 성복초등학교

나) 출처(출판년도) : 이용애(2006). 학교교육과정 평가도구 개발

다) 주요내용

① **편성평가 :** 학교교육과정 연구 및 개발의 합리성, 실태 및 요구조사의 적절성, 학교교육목표 및 내용의 적절성 등

② **운영평가 :** 학습지도, 수업내용, 수업방법, 수업평가, 특별활동과 방과 후 활동, 학교교육과정 운영지원체제

③ **결과평가 :** 교과활동평가, 특별활동·재량활동의 만족도, 평가활동의 충실성, 평가결과에 대한 만족도, 방과 후 활동의 만족도 등

라) 도구적 특징

① 신뢰도 : 학생용(.92), 교사용(.96), 학부모용(.94)
② 타당도 : 요인분석 결과 제시

마) 평가기준의 예시

학교교육과정 평가 도구의 평가준거와 지표는 다음 <표 5-4>와 같다.

〈표 5-4〉 학교교육과정 평가도구의 평가준거와 지표

영 역	평가 준거	평가 지표
편성	1. 학교교육과정 연구 및 개발의 합리성	• 학교교육과정위원회 구성 및 활동의 적절성 • 연수 및 교내 자율장학의 충실성
	2. 실태 및 요구 조사의 적절성	• 실태 및 요구도 조사의 적절성 • 관련 문서 분석의 적절성
	3. 학교교육목표 및 내용의 적절성	• 학교교육목표의 일관성 • 학교교육목표의 독창성 • 학교교육목표에 대한 구성원의 인지 및 공감 정도
	4. 교육과정 편제의 타당성	• 법정 수업일수 및 시수 확보 • 인성교육 계획의 적절성 • 학교 특색 프로그램 설정 • 학생의 요구반영의 적절성
	5. 교과별 교육과정 편성의 충실성	• 교과별 교육과정 계획의 충실성 • 수준별 교육과정의 적절성 • 통합교육과정 편성의 충실성
	6. 특별 및 재량활동 편성의 충실성	• 운영계획의 충실성 • 수준별 계획의 적절성 • 교육목표의 적절성
	7. 편성의 독창성	• 편성의 독창성
	8. 교육과정 편성 활동의 적절성	• 참여의 적절성 • 자율적 활동의 충실성
운영	1. 학습지도	• 수업지도안의 충실성 • 교과수업의 충실성
	2. 수업내용	• 수업내용의 적절성 • 교수-학습 자료의 적절성, 다양성
	3. 수업방법	• 수업방법의 적절성, 다양성 • 개인차 고려의 적절성 • 수업운영의 충실성
	4. 수업평가	• 수업에 대한 평가의 충실성 • 수업 개선을 위한 노력의 적절성
	5. 특별활동과 방과 후 활동	• 특별활동 및 방과 후 활동 지도개선의 적절성 • 행사 계획과 실천의 일치성 • 운영의 충실성 • 운영의 다양성
	6. 학교교육과정 운영 지원체제	• 행정지원의 적절성 • 재정지원의 적절성 • 시설과 설비지원의 적절성

결과	1. 교과활동 평가	• 수업에 대한 평가와 수업개선의 적절성 • 교과별 평가방법의 적절성, 다양성
	2. 특별활동 및 재량활동의 만족도	• 평가의 충실성, 다양성 • 특별활동 및 재량활동에 대한 학생들의 성취 수준 • 학생, 교사, 학부모의 만족도와 성취감
	3. 평가활동의 충실성	• 평가방법의 개선을 위한 노력의 적절성 • 평가관리의 공정성 • 평가결과 활용의 적절성
	4. 평가결과에 대한 만족도	• 교과학습 성취도와 발전의 정도 • 교과에 대한 학생의 열의와 만족도 • 학생의 성취에 대한 학부모의 만족도 • 교사의 성취도
	5. 방과 후 활동의 만족도	• 방과 후 활동에 대한 만족도
	6. 지원활동의 만족도	• 학교지원의 적절성 평가 • 지원체제 개선을 위한 노력의 적절성
	7. 학교교육과정 평가활동의 적절성	• 편성·운영·평가의 일원화 적절성 • 평가의 충실성

제6장 우리나라 교육과정의 변천

우리나라 초·중등교육법 제23조 제2항에는 초·중등학교의 교육과정을 교육부(문교부, 교육인적자원부, 교육과학기술부) 장관이 정하도록 규정하고 있다. 국가수준의 교육과정이 문서로 존재하며, 이 문서의 통제 속에 각급 학교의 교육과정이 운영되고 있다.

이 장에서는 광복 직후 교육과정, 제1차 교육과정 제정과 제6차 교육과정, 제7차 교육과정, 그리고 교육과정 수시 개정 체제로 구분하여 제시하고, 유치원 교육과정은 별도로 논의하고자 한다. 교육과정의 시기 구분은 관점에 따라서 다소 다를 수 있으나, 교육부 고시에 의거한 교육과정의 공포시점에서 개정 교육과정의 공포시점 전까지를 한 시기로 간주한다. 초등학교, 중학교, 고등학교의 공포시점과 운영시점에 차이가 있으므로 연도 표시는 중학교의 공포시점을 기준으로 한다(김대현·김석우, 1996).

1절 광복 전후 교육과정

1. 광복 이전 교육과정

우리나라에 형식적 혹은 의도적 교육기관이 생긴 것은 삼국시대부터이다. 당시 고구려, 신라, 백제 등 삼국의 교육기관에서 가르쳐졌던 것은 중국의 교육내용을 모방한 것이었다. 예컨대 고구려의 교육기관이었던 태학에서는 중국의 주요 경전이었던 오경(시경, 서경, 역경, 예기, 춘추)과 삼사(사기, 한서, 후한서)를 중요한 교육과정으로 삼았다. 즉 당시 교육기관에서는 중국의 주요 교육내용이었던 유교 경전이 교육과정의 중심이었다. 이러한 유교 경전 중심의 교육과정은 고려시대와 조선시대를 거쳐 19세기 후반 근대 학교체제가 성립될 때까지 우리나라 학교교육의 일관된 흐름이었다.

우리나라 교육과정에 변화가 생긴 것은 갑오개혁(1894년)을 전후로 하여 설립되기 시작한 근대 학교로부터이다. 1886년에 정부에 의해 설립된 육영공원(Royal English School)은 관립 학교로서는 최초로 서양의 교육과정을 다룬 것으로 기록되고 있다. 이 학교의 규칙에 명시된 교과목 명을 보면 전통적인 교과목 외에도 '읽기', '쓰기', '셈하기', '문법'에서부터 '수학', '외국어', '농업기술'을 포함한 실용학문과 '자연과학', '지리학', '세계정치사' 등의 교과목을 포함하고 있었다(유봉호, 1992).

갑오개혁 이후 각급 학교교육과정 상에 나타난 교과목들을 보면, 전통적인 교과목들이 서구식 교과목들로 대체되면서 근대적 교과영역의 전부를 포괄하고 있음을 볼 수 있다. 근대적 형태의 교육과정은 부분적인 변화가 있긴 하였지만, 우리나라가 일본의 식민지가 된 이후에도 지속된다. 다만 일본의 식민지 통치가 강화되면서 점차 일본어를 '국어'로 호칭하면서 수업시수를 늘려나가고, 우리의 '지리'와 '역사' 대신에 일본의 '지리', '역사'를 가르치게 되었다(소경희, 2000).

2. 교육에 대한 긴급조치기(1945~1946)

1945년 일본의 패망과 함께, 서울로 진주한 미군은 한국교육위원회를 조직하고, 이 위원회의 건의를 받아들여, 미군정청 학무국에서 '신조선의 조선인을 위한 교육'을 일반 명령으로 시달하였다. 그 중 교과목에 관련해서는 상당히 포괄적으로 진술하였는데, 이는 '교수 용어를 한국어로 할 것과 조선의 이익에 반하는 것을 교수함을 일절 금하는' 정도였다. 또한, 평화와 질서를 당면 교육목표를 하고, 교육제도와 법규에서 일본적 색채를 없애도록 하였다.

1945년 9월에 발표한 시간 배당과 편제는 임시방편의 것이기는 하였으나, 제국주의적 색채가 강한 수신과를 없애고 공민과를 신설한 점, 우리말로 수업이 이루어진 점, 국사를 교과목에 포함시킨 점 등이 특기할 만하다. 1945년 10월 1일을 기해 중등학교 이상의 교과편제와 시간배당은 수정·시달되었다(홍웅선, 1979).

당시의 중학교는 고등학교, 사범학교 심상과, 그리고 실업학교를 포함하고 있으므로, 시간 배당과 교과목 편제에서도 과도기적 현상을 찾아볼 수 있다. 수업 시수는 1주일에 32~34시간 정도였고, 국어, 수학, 영어 등 도구 교과에 치중하였다.

3. 교수요목기(1946~1954)

1946년 '교수요목 제정위원회'는 교수요목을 제정하고 교과서를 편찬하는 일에 착수하였다. 교수요목은 교과의 지도내용을 상세히 기술한 문서를 말한다. 1948년 8월 15일에 교육법을 제정하여 교육이념과 제도에 대한 기본 틀을 마련하였다. 1949년 12월 31일에 교육법을 공포하여 홍익인간을 교육의 이념으로 확정하였다. 그리고 국민학교, 중학교, 고등학교, 고등교육에 걸치는 6-3-3-4학제를 확정하였으며, 1949년에 공포된 교육법에 의해서 각급 학교, 각 교과의 교수요지·요목, 수업시간 수는 문교부령으로 정하게 되었으나, 1950년 6·25전쟁으로 교육과정 제정사업은 일단 중단되었다가, 종전 단계에 접어든 1953년부터 정부는 본격적으로 교육과정 정비에 착수하였다.

교수요목기 교육과정의 전반적인 특색은 첫째, 교과의 지도내용을 상세하게 표시하였고, 기초능력을 기르는 데 주력하였으며, 둘째, 교과는 분과주의를 선택하여 체계적인 지도와 지력을 기르는 데 중점을 두었고, 셋째, 우리나라의 교육이념인 홍익인간의 정신에 입각한 애국애족 교육을 강조하였으며, 일제의 잔재를 없애고자 각별한 노력을 기울였다는 점으로 요약된다.

그러나 당시의 교수요목은 충분한 시간을 가지고 제정하지 못하였으므로 각 교과별로 가르칠 내용을 열거하는 정도에 불과하였고, 교수의 목표나 지도시의 유의사항 등에 관한 언급이 없었다. 특히, 그 내용이 학생들의 지적 능력에 비해 너무 높다는 평이 있었다.

2절 교육과정의 제정과 개정

1. 제1차 교육과정기(1954~1963)

제1차 교육과정은 1954년 문교부령 제35호로 제정·공포된 초등학교, 중학교, 고등학교, 사범학교교육시간 배당 기준령과 그 이듬해 1955년 문교부령 제44호, 제45호, 제46호로 각각 공포된 초등학교, 중학교, 고등학교 교과과정을 말한다.

이 시기의 교육과정은 '각 학교의 교과목 및 기타 교육활동의 편제'로 정의되었으며, 법령 상의 명칭이 '교과과정'이었기 때문에 이 시기의 교육과정을 '교과과정 시기' 또는 '교과중심 교육과정 시기'라고 부른다. 이러한 제1차 교육과정은 우리 손을 만든 최초의 체계적인 교육과정이라는 점에서 의의가 크다.

이러한 제1차 교육과정은 교육과정 자체는 '교과중심'이었으나, 교육과정을 기준으로 편찬한 교과서는 '생활중심'을 지향하고 있었다. 이는 다음과 같은 교과서의 내용에서 확인할 수 있다. ① 계통적 학습을 중심으로 하던 종래의 교과학습의 배열을 버리고, 생활중심의 단원학습으로 배열한 점, ② 예전의 소단원제를 버리고 대단원제를 택하여 학습의 생활화와 학습 효과가 있게 한 점, ③ 지식과 암기를 강요하는 주입식 학습을 피하고 학생의 생활과 경험을 토대로 이해와 기능 및 태도를 기르는 방향으로 변환하고자 노력한 점, ④ 아동의 흥미를 중심으로 하는 작업단원을 되도록 많이 설정하고, 작업을 통하여 학습자가 능동적으로 자신의 생활경험을 심화·확충하는 방향으로 개선한 점 등이다.

제1차 교육과정에는 구성방침이나 목표를 구체적으로 제시하지 않고 있다. 하지만, 각급 학교의 교육과정에 공통적으로 들어있는 '본 과정의 기본태도'에 나타난 것을 중심으로 살펴보면 아래와 같다. 우선, 현실생활을 개선하고 향상시킬 사회개선 의지를 강조하고 있고, 정부 수립 후 제정·공포한 교육법에 제시된 교육 목적을 달성하는 방도로서의 교육과정임을 분명히 하고 있다. 또한 교육과정에는 최소한의 필수적인 교육내용만 표시하여 국가기준으로서의 교육과정임을 명확히 하고, 반공교육, 도의교육, 실업교육을 강조하며, 특별활동시간을 배당하여 전인교육을 지향하고 있다.

2. 제2차 교육과정기(1963~1973)

제2차 교육과정은 1963년 문교부령 제199호, 제120호, 제121호, 제122호로 제정·공포한 초등학교, 중학교, 고등학교 및 실업학교교육과정을 말한다. 이 시기에는 교육과정을 '학교의 지도하에 학생들이 가지는 경험의 총체'로 봄으로써, 이를 교육과정의 개념상 '생활중심 교육과정' 또는 '경험중심 교육과정'이라고 부른다.

이러한 생활중심 교육과정의 특징은 제2차 교육과정 곳곳에 잘 드러나 있는데, 특히 총론에서는 "교육과정은 곧 학생들이 학교의 지도 하에 경험하는 모든 학습의 총화를 의미하는 것이다. 따라서 학생들의 경험 여하에 따라 그들이 어떤 인간으로 성장하게 되느냐 결정되는 것이다."라고 교육과정을 정의하고 있다.

또한, '교육과정 개정의 취지'에서는 교육과정의 내용, 교육과정의 조직, 교육과정의 운영 면에서 각각 아래와 같은 강조점을 두어 생활중심 교육과정의 성격을 더욱 분명히 하고 있다.

첫째, 교육과정의 내용에서는 자주성, 생산성, 유용성을 강조하였다. 자주성이란 각 학교가 국가적 기준에 의하여 각 지역사회의 실정에 맞게 교육과정을 구성하도록 하는 것과 학습자의 주체적 활동을 강조한 학습의 자주성을 의미하고, 생산성이란 생활 향상과 밀접한 실업 및 직업, 과학기술 교육을 강화하는 것을 의미하며, 유용성이란 교육을 실생활과 직결시키고 학교를 사회와 연계시키려는 것을 의미한다.

둘째, 교육과정 조직에서는 학생의 성장 발달에 초점을 두는 학교급 간의 연계성, 교과 간의 통합성, 교육과정의 계열화를 통한 계통학습을 강조하였다.

셋째, 운영 면에서는 지역성을 강조하여 각 지역사회의 모든 자원을 학습경험에 효과적으로 이용하게 하고, 학습경험의 결과는 지역사회의 개선과 발전에 기여할 수 있도록 하였다.

3. 제3차 교육과정기(1973~1981)

제3차 교육과정은 1973년과 1974년의 문교부령 제325호, 제326호, 제350호로 제정·공포한 초등학교, 중학교, 고등학교 교육과정을 말한다. 제3차 교육과정은 우리나라 교육과정 제정상 처음으로 교육과정 심의회에서 시안을 확정하고, 2년간의 실험평가를 거쳐 확정한 것이다. 이는 1968년 선포된 국민교육헌장의 이념과 1960년대 미국 교육계를 주도한 학문중심 교육과정이론에 바탕을 두고 이루어졌다. 즉 사회의 급격한 변화 속에서 팽창하는 학문적 지식을 보다 효과적으로 습득하기 위해서는 지식의 근간을 이루는 지식의 구조를 학생들에게 가르치되, 그 구조를 학생 스스로가 발견하고 탐구할 수 있도록 해야 한다는 이론에 바탕을 둔 것이다.

이 교육과정은 국민적 자질의 함양 및 인간교육의 강화, 지식·기술의 쇄신 등을 기본방침으로 가치함양(사회면)을 교육목표로 하였다. 교사들은 이 교육과정을 생소하게 받아들였고, 학생들도 과도한 학습내용을 부담스럽게 생각하였다. 또한 수학과 과학 교과에서 지나치게 어려운 학습내용, 아동의 흥미를 무시한 분과 교육, 일반교육의 소홀, 전인교육의 도외시 등이 문제점으로 지적되었다.

4. 제4차 교육과정기(1981~1987)

제4차 교육과정은 1981년 문교부고시 제442호로 공포된 교육과정을 말한다. 제4차 교육과정은 문교부에서 교육과정을 개발하지 않고, 한국교육개발원에 위탁하여 기초연구와 총론, 각론, 시안을 개발하도록 한 연구개발형의 성격을 가지고 있다.

제4차 교육과정은 민주사회, 고도산업사회, 건전한 사회, 문화사회, 통일조국 건설에 필요한 건강한 사람, 심미적인 사람, 능력 있는 사람, 도덕적인 사람, 자주적인 사람을 길러내는 데 목적을 두었다.

제4차 교육과정은 개정의 방침을 ① 이전의 교육과정이 지닌 문제점들(학습내용의 과다, 학습하기 어려운 교육내용, 교과목 위주의 분과 교육, 일반교육의 소홀, 전인교육과 인간교육의 미흡)을 보완, ② 교육 정상화를 위한 교육개혁의 추진(교육내용의 양과 수준의 적정화, 과열 과외 잠재요인 제거), ③ 국민정신교육의 강화(초등학교교육목표 내용을 체계화 등 각급 학교교육과정에의 체계적 반영) 등에 두었다.

제4차 교육과정 이념의 특징은, 어느 한 사조나 이념만을 고수하는 교육과정이 아니라, 종합적이고 복합적인 성격을 지니고 있다. 따라서 교과중심, 경험중심, 학문중심 등과 같은 접근 위에서 변화와 미래에 대한 인식을 강조하는 미래지향적 교육과정의 인식이 반영되었다. 특히, 지금까지 소홀히 해 온 인간중심 교육과정의 성격도 반영되어 개인적, 사회적, 학문적 적합성을 고루 갖춘 교육과정이 되게 하였다.

5. 제5차 교육과정기(1987~1992)

제5차 교육과정은 1987년과 1988년의 문교부고시 제87-9호, 87-7호, 88-7호로 공포된 초등학교, 중학교, 고등학교의 교육과정을 말한다. 제5차 교육과정은 교육과정 및 교과용 도서 중에서 개선이 필요한 부분만을 개정한다는 것을 기본원칙으로 삼고, 건강한 사람, 자주적인 사람, 창조적인 사람, 도덕적인 사람을 기르는 데 목적을 두었다.

제5차 교육과정은 개정의 방침을 교육과정의 적정화, 내실화, 지역화에 두고, 개정의 전략으로 지속성(제4차 교육과정의 기본골격 유지), 점진성(혁명적이고 총체적인 개혁보다 현실여건을 감안한 점진적인 개선), 효율성(교육과정이 의도한 대로 기대하는 교육적 성취를 가져오도록 하는 제반조치의 실행)을 제시하였다.

특히 중앙집권적 교육과정체제를 지방화하기 위하여 교육과정의 지역화를 강조하고, 교육과정이 실제 교육현장에서 제대로 실현될 수 있도록 교육과정의 효율화를 중시하였다.

제5차 교육과정은 교육 내용과 운영 면에서의 개정의 중점을 기초교육의 강화, 정보화 사회에 대응하는 교육의 강화, 교육과정의 효율성 제고 등으로 두었다. 특히, 교육과정의 효율성을 높이는 것은 교육과정에서 의도한 바가 실제 교육현장에서 그대로 실현되는 쓸모 있는 교육과정이 되도록 한다는 것이다.

6. 제6차 교육과정기(1992~1997)

제6차 교육과정은 시대적, 학문적, 개인적 요구의 변화에 따라 교육부고시 제1992-15, 1992-16, 1992-11, 1992-19호로 1992년에 제정·공포된 유치원, 초등학교, 중학교, 고등학교 교육과정을 말한다. 제6차 교육과정의 시행 시점과 완전 실시 시점은 유치원, 초등학교, 중학교는 1995~1997년, 고등학교는 1996~1998년이다.

제6차 교육과정은 ① 건강한 사람(몸과 마음이 모두 건강한 사람), ②

자주적인 사람(개성 있고 자율적인 사람), ③ 창의적인 사람(창의성을 가지고 실천하는 사람), ④ 도덕적인 사람(옳고 그름을 판단하고 선한 일을 실천하는 사람)을 기르는 데 목적을 두고 있다.

제6차 교육과정에서는 이러한 인간상과 함께 제5차 교육과정에 대한 평가를 기반으로 개정 중점을 아래와 같이 설정하였다.

① **교육과정 결정의 분권화** : 중앙집권형 교육과정을 지방분권형 교육과정으로 전환시켜 시·도 교육청과 학교의 자율재량권을 확대한다.

② **교육과정 구조의 다양화** : 다양한 이수과정과 교과목을 개설하고 필수과목을 축소하는 한편, 선택과목을 확대하여 교육내용의 획일성을 줄인다.

③ **교육과정 내용의 적정화** : 학습량과 수준을 조정하고 교과목 체계의 개선으로 교육내용의 적합성을 높이고 학습 부담을 줄인다.

④ **교육과정 운영의 효율화** : 학생의 적성, 능력, 진로를 고려하고, 학습과 생활의 기초능력을 신장하며, 평가방법을 개선하여 교육과정을 효율적으로 운영할 수 있도록 한다.

제6차 교육과정에서 특기할 사항은 편성·운영체계의 개선이다. 제6차 교육과정에서는 국가수준, 지역수준, 학교수준 교육과정을 명백히 구별하고, 교육부↔시·도 교육청↔학교로 이어지는 교육과정 편성·운영체제를 강조하였다. 이는 교육과정 결정의 분권화를 강조하여 교육내용의 획일성, 경직성, 폐쇄성을 해소하고, 지역과 학교의 재량권을 확대하려는 노력을 하였다.

3절 제7차 교육과정

1. 개정 방향(1997~2007)

제7차 교육과정은 1997년 12월 30일 교육부 고시 제1997-15호로 발표된 교육과정을 말한다. 이 교육과정은 21세기 정보화·세계화 사회를 염두에 두고 개발된 것이다. 이 교육과정은 이러한 정보화·세계화 시대에 세계를 주도할 경쟁력 있는 인간을 효과적으로 양성해 내는 것을 목적으로 한 것이다.

제7차 교육과정은 2000년 3월 1일부터 초등학교 1, 2학년에 적용되기 시작하여 초등학교 3, 4학년과 중학교 1학년은 2001년 3월 1일부터 적용되었으며, 초등학교 5, 6학년, 중학교 2학년, 고등학교 1학년은 2002년 3월 1일부터, 중학교 3학년과 고등학교 2학년은 2003년 3월 1일부터, 그리고 고등학교 3학년은 2004년 3월 1일부터 적용되었다.

제7차 교육과정은 지식사회로 표방되는 21세기를 주도할 자율적이고 창의적인 한국인을 육성하기 위해 자율과 창의에 바탕을 둔 수요자 중심 교육과정을 지향하고 있다. 이 교육과정은 ① 전인적 성장의 기반 위에 개성을 추구하는 사람, ② 기초능력을 토대로 창의적인 능력을 발휘하는 사람, ③ 폭넓은 교양을 바탕으로 진로를 개척하는 사람, ④ 우리 문화에 대한 이해의 토대 위에 새로운 가치를 창조하는 사람, 그리고 ⑤ 민주시민의식을 기초로 공동체의 발전에 공헌하는 사람을 기르는 데 목적을 두고 있다.

또한 7차 교육과정의 기본방향을 목표, 내용, 운영, 제도라는 네 가지 측면에서 요약하면 다음과 같다.

① 목표는 건전한 인성과 창의성을 함양하는 기초·기본교육의 충실에 두고 있다.

② 내용면에서 세계화·정보화 시대에 적응할 수 있는 교육에 중점을 둔다.

③ 운영면에서 학생의 능력, 적성, 진로에 적합한 학습자 중심 교육을 표방한다.

④ 제도면에서 교육과정 편성·운영에 대한 지역 및 학교의 자율성 증대를 강화한다.

2. 개정 내용

제7차 교육과정의 개정 중점은 ① 국민 공통 기본교육과정의 편성과 학생 선택중심 교육과정 도입, ② 수준별 교육과정 도입, ③ 재량활동을 신설하고 확대, ④ 학습량 최적화와 수준 조정, ⑤ 교육과정 평가체제 확립, 그리고 ⑥ 창의성, 정보능력 배양 강조 등과 같이 6가지로 요약할 수 있다.

1) 국민 공통 기본 교육과정

초등학교 1학년부터 고등학교 1학년까지의 10년은 국민 공통 기본교육 기간으로 간주하고 있다. 우리나라 모든 국민에게 동일한 기간 동안 동일한 교육내용을 가르치기 위해서 국민 공통 기본 교육과정을 도입하고 있다. 이 교육과정은 학교 급별 차이에 따른 연속성이나 연계성 부족 문제를 극복하고 10년 동안 체계적인 교육을 실시할 목적으로 설정된 것이다. 그리고 이 기간 동안 국어, 도덕, 사회, 수학, 과학, 실과(기술·가정), 체육, 음악, 미술, 외국어(영어) 등 10개 교과를 이수하도록 규정하고 있다.

2) 수준별 교육과정

수준별 교육과정은 학생 개개인의 능력 개인차에 부응하는 교육과정을 의미한다. 다시 말하면, 학생들의 능력 수준에 따라 교육의 내용이나 방법을 달리한다는 것이다. 수준별 교육과정은 첫째, 학생의 흥미, 관심, 적성, 학습능력과 학습의 요구에 상응하는 교육의 내용과 방법, 기회를 제공할 수 있고, 둘째, 자기주도적 개별화 학습기회를 제공할 수 있으며, 셋째, 교육의 수월성을 추구할 수 있고, 넷째, 학습부진과 결손을 줄일 수 있다는 점에서 도입되었다.

수준별 교육과정은 국민 공통 기본교육기간(10년)과 고등학교 2~3학년의 선택중심 교육기간(2년)에 걸쳐 편성·운영하도록 되어 있다. 이 교육과정은 교과의 성격이나 학교 급의 특징에 따라 단계형, 심화·보충형 그리고 과목 선택형으로 구분하여 편성·운영된다.

단계형은 학생들이 한 단계의 내용을 일정 수준 이상 이해한 다음에 다음 단계로 진급할 수 있다는 것을 의미한다. 비교적 학습내용의 위계가 분명한 수학과 중등 영어 교과에 적용된다. 심화보충형은 학생들에게 기본 내용을 공통으로 가르친 다음, 학생들의 이해 정도에 따라 심화 또는 보충 내용을 가르치는 것을 의미한다. 학습내용의 위계가 비교적 분명하지 않는 국어, 사회, 과학, 초등영어 교과에 적용된다. 과목선택형은 학생들에게 동일 교과에서 위계가 다른 여러 과목을 제시한 다음, 자신의 수준에 맞는 교과목을 선택하여 이수하게 하는 것을 의미한다. 과목선택형은 고등학교 2~3학년 단계에 해당되는 선택형 교과를 의미한다.

3) 재량활동

학생의 자기주도적 학습능력을 신장하고, 학교교육과정 편성·운영의 자율성 및 학생의 선택권을 부여하기 위하여 재량활동을 하나의 교육과정 영역으로 학교 급에 따라 신설 혹은 확대하였다. 초등학교의 경우는 제6차 교육과정에서 이미 3~6학년에 주당 1시간 정도로 신설되었던 학교재량시간을 전 학년으로 확대하면서 주당 2시간으로 증가시켰다. 중학교와 고등학교의 경우는 재량활동영역을 처음 신설하여 중학교는 학년별로 주당 4시간을 배당하고, 고등학교는 1학년에만 12단위를 배당하였다.

재량활동은 교과 재량활동과 창의적 재량활동으로 구분된다. 교과 재량활동은 중등학교의 선택과목 학습과 국민 공통기본교과의 심화·보충학습을 위한 것이며, 창의적 재량활동은 학교의 교육적 필요, 학생의 요구 등에 따른 범교과 학습과 자기주도적 학습을 위한 것이다.

4) 선택중심 교육과정

선택중심 교육과정은 고등학교 2~3학년에서 도입된다. 선택중심 교육과정은 일반선택과목과 심화선택과목으로 구분되어 있으며, 다양한 선택과목이 개설되어 있다. 여기서 일반선택과목은 교양증진, 실생활과 연관된 과목이며, 심화선택과목은 학생의 진로, 적성과 소질을 계발하는 데 도움이 되는 과목이다.

선택중심 교육과정이 도입됨에 따라 일반계 고등학교에서 2학년부터 종래 운영되던 인문·사회과정, 자연과정, 직업과정 등은 폐지되었다. 그러나 제7차 교육과정에서는 특정 과정에 구애되지 않고 학생 자신의 능력, 적성, 진로 등에 따라 자유로이 교과목을 선택하여 이수할 수 있도록 하고 있다. 그리고 '과정' 폐지에 따른 학생들의 진로를 안내하기 위해서 교과들을 인문·사회 과목군(국어, 도덕, 사회), 과학·기술 과목군(수학, 과학, 기술·가정), 예·체능 과목군(체육, 음악, 미술), 외국어 과목군(외국어), 교양 과목군(한문, 교련, 교양)의 5개 과목군으로 범주화하여 제시하고 있다.

5) 특별활동

우리나라의 경우 특별활동이라는 용어가 공식문서 상에서 사용되기 시작한 것은 제1차 교육과정이 공포된 1954년이다. 그 이후 교육과정은 교과활동과 특별활동이라는 기본 틀을 유지하게 되었다.

제7차 교육과정에서는 특별활동의 영역별 활동내용이 어디까지나 예시적인 성격임을 밝히고, 지역 특성과 학교 실정을 고려하여 목표달성에 적합한 활동 내용을 학교에서 선정하여 선택적으로 운영하도록 권고하고 있다. 따라서 학교는 예시된 내용을 참조하여 학교 나름의 활동들을 새로이 창출하여 운영하거나 예시된 내용 중에서 적절한 것을 선택하여 운영하면 된다.

4절 교육과정 수시 개정 체제

1. 교육과정 수시 개정체제

우리나라 국가 교육과정은 그동안 중앙집중적, 주기적, 전면적, 일시적 개정으로 일관해 온 것이 사실이다. 이러한 국가수준 교육과정 개발 및 개정방식의 문제점을 완화하고자 교육인적자원부가 2003년 10월에 교육과정 수시 개정체제를 도입한다고 발표하였다. 이어서 2004년 12월에 '교육과정·교과서 발전협의회'를 구성하여 수시 개정요구를 제안할 수 있는 제도를 마련하였다. 2005년 2월에 수시 개정체제의 활성화 방안을 제시하였다. 이러한 방안을 구체적으로 실천할 목적으로 2005년 9월에 교육과정 개정요구와 의견 수렴을 위한 '교육과정·교과서 정보서비스' 홈페이지(cutis.moe.go.kr)를 구축하여 운영하기 시작하였다.

수시 개정 추진실적을 보면 2004년 11월 26일에 특수목적고등학교 교육과정의 정상운영을 위해 교육과정 편성·운영 지침을 개정하였고, 2005년 12월 28일에는 공고 2·1체제 교육과정과 국사 교과의 교육과정을 개정하였다. 또한 2006년 8월에는 수학·영어과 수준별 교육과정을 개정하였다. 이어서 2007년 2월 28일에 2007년 개정이 이루어졌고, 2년 후인 2009년에 다시 교육과정이 개정되었으며, 2011년에 2년 만에 또 다시 교육과정이 개정되었다.

제6차와 제7차 개정은 5년이라는 개정 주기를 준수하고 있지만, 제7차 개정 이후에는 일정한 주기성을 유지하지 않고 있다. 국가 교육과정 개정 방식은 개정의 주기성을 엄밀하게 유지하기보다는 일정 기간이 지나면 수시로 개정하는 수시 개정 체제를 구축하고 있다.

2. 2007 개정 교육과정(2007~2009)

1) 개정 방향

2007 개정 교육과정은 2007년 2월 28일에 고시된 후 2009년 12월 23일에 공포된 2009 개정 교육과정이 적용될 때까지 시행된 교육과정이다. 종전과 달리 이 교육과정은 고시된 연도를 표기하여 2007 개정 교육과정이라는 명칭으로 불린다. 2007 개정 교육과정은 학교 현장에 적용도 되기 전에 이명박 정부가 교육과정 선진화라는 기치로 새로운 교육과정을 공포함에 따라 우리나라 국가 교육과정 가운데 가장 단명한 교육과정으로 기록되었다.

이 교육과정은 수시 개정체제의 틀 속에서 교육과정 개정작업이 추진되었다. 2004년부터 교육과정 개정방향 설정을 위한 기초연구를 실시하였다. 2005년부터 2007년까지 교육과정 개정시안을 마련하는 연구를 추진하였다. 개정 교육과정의 기본방향은 ① 교육과정의 안전성을 확보하는 차원에서 현행 교육과정의 기본 철학과 체제를 유지하되 문제점은 개선, ② 단위학교별 교육과정 편성·운영의 자율권 확대, ③ 국가·사회적 요구사항 반영, 그리고 ④ 교과별 교육내용의 적정화 추진 등으로 요약된다.

2) 개정 내용

2007 개정 교육과정은 제7차 교육과정에서 강조하는 학습자 중심의 단위학교에서 만들어가는 교육과정의 철학을 그대로 준수하면서, 국민 공통 기본교육과정 및 선택중심 교육과정 등 기본체제를 유지하였고, 각론은 대폭적으로 크게 바뀌었다. 과학교육과 역사교육을 강화하고, 재량활동 운영의 학교 자율권을 확대하였다. 또한 일반 선택과목과 심화 선택과목을 일원화하는 등 선택중심 교육과정의 체제를 정비하였다.

2007 개정 교육과정의 주요 내용은 ① 단위학교의 교육과정 편성·운영의 자율권 확대(재량·특별활동 운영의 학교 자율권 부여, 교과집중 이수제 도입, 고등학교 선택 교육과정 편성의 자율권 확대, 특성화 학교, 자율

학교 등에 교과목별 수업시간수의 증감 등 교육과정 편성·운영 자율권 부여), ② 국가·사회적 요구 대응(과학교육, 역사교육, 진로교육, 논술교육 강화), ③ 고등학교 선택중심 교육과정의 개선(선택과목의 다양한 단위수를 6단위로 일원화, 5개 선택 과목군을 6개 선택 과목군으로 확대), ④ 교과 교육과정의 내용 적정화(학습내용 양과 난이도의 적정화, 학년 간·학교급 간·교과목 간 교육내용의 연계 및 중복 해소), ⑤ 주5일 수업제 시행에 따른 교육과정 편제 및 시간배당 조정(초등학교는 학교자율로 교과에서 감축, 중학교 및 고등학교 1학년은 재량활동의 교과 심화·보충학습에서 감축, 고등학교 2, 3학년은 교과 중 이수단위에서 4단위(연간 2단위) 감축 등으로 요약된다(교육인적자원부, 2007; 박제윤, 2007).

3. 2009 개정 교육과정(2009~2015)

1) 개정 방향

이명박 정부는 출범부터 교육과정 총론을 개정하기로 계획하고, 이를 한국교육과정 평가원과 대통령 자문기구인 교육과학기술자문회의 교육과정특별위원회를 통해 연구 개발을 추진하였다. 처음에는 미래형 교육과정 구상(안)의 현장 적용 방안으로 강구되어 사용되어 오다가 미래형 교육과정이 2009 개정 교육과정으로 명칭이 변경되었다. 2009 개정 교육과정은 2007 개정 교육과정의 총론을 개정한 것으로 2009년 12월 23일 고시되었다.

총론 문서가 고시되면 그에 입각하여 교과 교육과정과 교과서가 개발된 이후에 학교현장에 적용되었던 다른 교육과정 개정과 달리, 2009 개정 교육과정은 학교현장에 총론부터 먼저 적용되었다. 이 개정 교육과정은 2011년부터 초등학교 1, 2학년, 중학교 1학년, 고등학교 1학년에 적용되기 시작하였다. 2009 개정 교육과정의 개정 방향은 ① 학기당 이수 교과목 수 축소를 통한 학습의 효율성 제고, ② 창의적 체험활동 도입을 통한 배려와 나눔을 실천하는 창의 인재 육성, ③ 고교 교과 재구조화를 통한 학생의 핵심역량 강화, ④ 교육과정 자율화를 통한 학교의 다양화 유도 등으로 요약된다(교육과학기술부, 2009).

2) 개정 내용

2009 개정 교육과정의 개정 방향을 요약하면 다음과 같다(교육과학기술부, 2009).

가) 공통교육과정과 선택교육과정 개념 도입

① 국민공통기본 교육과정을 공통교육과정으로 개칭 및 기간 축소
② 고등학교 1학년부터 선택 교육과정 체제 도입으로 기간 확대

나) 학년군 및 교과군 설정

① 학생들의 학습 부담을 경감하기 위한 조처
② 학년군이란 2-3개 학년을 묶은 것을 말함(초등학교 1-2학년, 3-4학년, 5-6학년, 중학교 7-9학년, 고등학교 10-12학년)
③ 교과군이란 공통교육과정 10개 교과를 교육목적상의 근접성, 학문 탐구대상 또는 방법상의 인접성, 생활양식에서의 연관성 등을 고려하여 학교급별로 재분류

다) 수업시수 20% 증감

① 단위학교교육과정 편성·운영의 자율성 부여
② 학교가 각 교과(군)별로 20% 범위 내에서 수업시수를 자율적으로 증감 허용

라) 창의적 체험활동 도입

① 기존의 특별활동과 창의적 재량활동을 통합
② 세부영역은 자율활동, 동아리활동, 봉사활동, 진로활동 등

마) 학기당 8개 과목 집중이수제

① 학기당 8개 과목 이내 및 교과 집중 이수제 도입

② 학기 집중이수는 2개 학기에 걸쳐서 배워 온 교과를 1개 학기에 집중 편성하는 방법(도덕, 사회, 역사, 음악, 미술 등)
③ 학년 집중이수는 학년 단위로 집중 편성하는 방안(한문, 일본어, 정보)
④ 학기·학년 집중이수는 학기 집중이수와 학년 집중이수를 혼합하여 운영하는 것(과학, 기술·가정)

4. 2011 개정 교육과정(2011~2015)

2011 개정 교육과정은 2009 개정 교육과정의 총론에 따른 각론을 개정한 교육과정으로 2011년 8월 9일에 교육과학기술부 고시 제2011-361호로 고시되었다. 2011 개정 교육과정은 각론 교육과정을 개정한 것 외에도 2009 개정 교육과정의 총론도 일부 수정하여 고시하였다. 원래 교육과정이 개정되면 총론과 각론이 동시에 개정되는데 2009 개정 교육과정에서 먼저 총론이 개정된 후에, 2011 개정 교육과정에서 각 과목별 각론이 개정되는 형태를 취하고 있다.

2011 개정 교육과정 각론은 연도별로 ① 2013년; 초 1, 2학년, 중 1학년, 고 1학년(영어), ② 2014년; 초 3, 4학년, 중 2학년, 고 1학년, 고 2학년(영어), ③ 2015년; 초 5, 6학년, 중 3학년, 고 2학년, 고 3학년(영어), 그리고 ④ 2016년; 고 3학년 등과 같이 적용된다. 2009 개정 교육과정은 글로벌 창의인재 육성을 표방하여 학년군, 교과군별 수업시수 20% 증감을 비롯하여 집중이수제, 창의적 체험활동을 강조하였다. 이와 같이 2009 개정 교육과정이 창의·인성 교육을 강조하였다면, 2011 개정 교육과정은 국가정체성, 녹색성장 등과 같은 사회적 요구를 교육과정에 반영하고 있다.

5. 2015 개정 교육과정(2015~현재)

2015 개정 교육과정은 2015년 9월 23일에 고시되어 2017년 3월에 초등학교 1, 2학년부터 적용되기 시작하여 2020년 3월까지 중·고등학교 3학년

에 단계적으로 적용되는 현행 교육과정이다(교육부, 2015a). 2015 개정 교육과정에서는 우리 교육이 추구해야 할 인간상을 자주적인 사람, 창의적인 사람, 교양 있는 사람, 더불어 사는 사람으로 규정하였다. 또한 이러한 인간상을 기초로 미래사회에서 요구하는 핵심역량을 갖춘 창의융합형 인재상을 목표로 제시하였다. 여기서 창의융합형 인재란 인문학적 상상력, 과학기술 창조력을 갖추고 바른 인성을 겸비하여 새로운 지식을 창조하고 다양한 지식을 융합하여 새로운 가치를 창출할 수 있는 사람으로 밝히고 있다(교육부, 2015b). 특히 교육과정 총론에서는 학교교육 전 과정을 통해 중점적으로 기르고자 하는 6대 핵심역량으로 자기관리 역량, 지식정보처리 역량, 창의적 사고 역량, 심미적 감성 역량, 의사소통 역량, 공동체 역량 등을 설정하고 있다(교육부, 2015a).

교육부의 주요 개정 방향은 ① 인문, 사회, 과학기술에 관한 기초 소양 함양, ② 학생의 꿈과 끼를 키우는 교육과정 개발, ③ 미래 사회가 요구하는 역량의 함양이 가능한 교과 교육과정 개발, ④ 교육과정과 연계하여 교육정책 전반에 대한 종합적 개선 등으로 요약된다. 구체적인 개정 내용으로는 예술, 체육 교육 활성화를 통한 인성교육 강화, 한자교육 활성화, 고교 '통합사회'와 '통합과학' 과목의 신설, 고교 과학교과 이수단위 조정, 소프트웨어 교육 강화 등이 제시되었다. 또한 안전의식 내면화를 위한 안전 교과 또는 단원 신설, 고교 교과(군)별 필수이수 단위 조정, 교육과정에 부합하는 수능 및 대입 제도 도입 검토 등이 제시되었다(교육부, 2014).

2015 개정 교육과정의 구성 중점은 다음과 같다(교육부, 2015a).

첫째, 인문·사회·과학기술 기초 소양을 균형 있게 함양하고, 학생의 적성과 진로에 따른 선택학습을 강화한다.

둘째, 교과의 핵심 개념을 중심으로 학습 내용을 구조화하고 학습량을 적정화하여 학습의 질을 개선한다.

셋째, 교과 특성에 맞는 다양한 학생 참여형 수업을 활성화하여 자기주도적 학습능력을 기르고 학습의 즐거움을 경험하도록 한다.

넷째, 학습의 과정을 중시하는 평가를 강화하여 학생이 자신의 학습을 성찰하도록 하고, 평가 결과를 활용하여 교수·학습의 질을 개선한다.

다섯째, 교과의 교육 목표, 교육 내용, 교수·학습 및 평가의 일관성을 강화한다.

여섯째, 특성화 고등학교와 산업수요 맞춤형 고등학교에서는 국가직무능력표준을 활용하여 산업사회가 필요로 하는 기초 역량과 직무 능력을 함양한다.

5절 유치원 교육과정

1969년 처음으로 유치원 교육과정이 제정되었으며 1979, 1981, 1987, 1992, 1998, 2007, 2011, 2012년의 9차에 거쳐 개정·고시되어 현재에 이르고 있다. 2012년 7월 고시되어 2013년 3월부터 시행되고 있는 유치원 교육과정은 '3-5세 연령별 누리과정' 유치원 교육과정이다. 1969년 이전부터 3-5세 연령별 누리과정 교육과정에 이르기까지의 이념 및 기본방향과 편제 및 운영에 관해 개략적으로 살펴보면 다음과 같다(교육과학기술부, 2008; 교육과학기술부·보건복지부; 2012, 2013; 오만록, 2012).

1. 1969년 이전의 유치원 교육과정

우리나라 최초의 유치원은 1887년 3월 일본인들이 그들의 자녀를 위해 설립한 부산유치원이며, 이후 1908년 나남유치원, 1913년 경성유치원, 1914년 이화학당부설 이화유치원, 1916년 중앙유치원 등이 설립되었다. 당시 유치원 교육은 일본인과 미국 선교사의 영향을 받았고, 그 사상적 조류는 프뢰벨의 교육 사상과 기독교 사상을 들 수 있다.

유치원에 관한 최초의 법령은 1922년 총독부령 제11호로 공포된 '유치원 규정'으로 총13조와 부칙으로 되어 있다. 이 규정은 우리나라 유치원의 최초 법령으로, 광복 후 교육법이 제정되기 전까지의 유치원 교육의 법적 근거가 되었다.

1945년 광복 후 대한민국 정부가 수립되고 1949년 법률 제86호로 제정된 '교육법' 제146, 147, 148조에 정규교육기관으로서 유치원의 교육목적, 교육목표 및 교육대상이 규정되었다. 이들 조항의 내용은 1952년 '교육법 시행령'이 제정·공포되면서 보다 구체화되어 유치원에 대한 설립인가와 폐지원칙 등이 명문화되었다. 그러나 이 시기에는 정부의 행·재정적 지원이나 지도·감독이 전혀 이루어지지 않았으므로 1969년 최초의 '유치원 교육과정'이 제정되기 전까지 정부는 유치원 교육과정에 대하여 방관적 입장을 취하였다.

2. 제1차 유치원 교육과정(1969~1979)

제1차 유치원 교육과정은 1969년 2월 19일 문교부령 제207호로 제정·공포되었다. 광복 후 대한민국 정부가 수립되어 1949년 교육법이 제정되고서도 20년이 지난 1969년에야 문교부령으로 유치원 교육과정이 제정·공포되었다. 제1차 유치원 교육과정 제정의 취지는 유아의 바람직한 인격형성을 위하여 유아의 욕구와 흥미에 알맞은 환경을 만들어 주려는 데 있었다. 제1차 유치원 교육과정은 건강한 신체와 건전한 정신으로 생활할 수 있는 유능한 한국인 양성을 유치원 교육의 목적으로 설정하였다. 또한 유치원 교육의 특수한 목적을 구현하기 위해서 교과중심의 교육을 피하고, 종합적인 교육을 계획·실천하도록 교육과정을 조직하였다.

유치원 교육과정은 유아들이 유치원 교육을 통하여 경험하는 모든 학습활동의 총화를 의미하는 것으로 보았으며, 교육과정의 구성을 편의상 건강, 사회, 자연, 언어, 예능의 5가지 생활영역으로 나누어 조직하였다. 이에 따라 유치원 교육의 구체적인 목적은 튼튼한 몸과 마음, 기초적인 생활습관, 올바른 사회적 태도와 도덕성, 과학적이고 민주적인 사고력, 심미적 태도, 창조적인 표현 능력을 기르고, 자연 및 사회의 제 현상에 관심을 가지는 것이었다.

유치원 교육 일수는 연간 200일 이상, 하루의 교육시간은 3시간(180분)을 기준으로 하여 유치원 별로 기후, 계절, 유아의 발달정도, 학습경험, 학습내용의 성질 등을 감안하여 실정에 맞추어 조정하도록 하였다. 교육과정의 운영도 지역사회와 밀접한 관련을 가지고 각 지역의 실정에 맞는 교육과정을 창의적으로 재구성하도록 융통성과 신축성을 부여하였다. 그러나 제1차 유치원 교육과정은 세부운영지침 및 교수-학습 자료가 충분히 마련되지 못하여 교육과정 제정의 취지가 구현되기 어려웠으며, 일선 교육현장에서는 이 교육과정령이 형식적으로 받아들여지는 한계가 있었다.

3. 제2차 유치원 교육과정(1979~1981)

제2차 유치원 교육과정은 1979년 3월 1일 문교부 고시 제424호로 개정·공포되었다. 이 교육과정은 당시 각급 학교교육과정에서 강조하던 국민교육헌장 이념, 1972년의 유신이념 등을 기초로 국민적 자질의 함양, 인간교육의 강조, 지식·기술교육의 쇄신을 기본방침으로 하였다. 또 학교교육의 일반목표로 자아실현, 국가발전, 민주적 가치의 강조를 제시하였다.

유치원 교육과정의 목표로는 다른 사람과 잘 사귀고 더불어 생활하는 것을 즐기며, 표현하는 능력·습관·태도를 기르고, 탐구능력, 언어 구사력, 기초적인 운동능력, 건강 및 안전생활 습관을 기르는 것이었다.

교육과정의 영역은 제1차 유치원 교육과정이 교과목 형식의 5개 생활영역이었던 것에 비해, 전인적인 발달을 강조하는 사회·정서발달, 인지발달, 언어발달, 신체발달 및 건강영역으로 구분하였다. 연간 교육일수는 200일 이상, 주당 교육시간은 18~24시간, 하루 학습시간은 3~4시간으로 하며, 유아와 지역사회, 학교실정에 적합한 계획과 운영, 통합적 학습, 유아의 흥미·놀이중심, 개인차에 의한 학습, 가정과의 연계 등을 운영방침으로 제시하였다.

제2차 유치원 교육과정의 두드러진 특징은 1970년대부터 인지발달을 강조하는 세계적 추세에 맞추어 인지발달을 강조한 것이었다. 이때부터 교육과정이 고시된 후에 실제 유아교육현장에서 교육과정을 실천하는 데 필요한 도움을 지원하기 위해 그 내용에 맞추어 유치원 교사용 지도서를 개발·보급하기 시작하였다.

4. 제3차 유치원 교육과정(1981~1987)

1981년 12월 31일에 고시된 제3차 유치원 교육과정은 제5공화국이 들어서면서 유신 말기의 정책의지가 강하게 반영되어 있던 기존의 교육과정을 새롭게 전면 개정하려는 의도로 제2차 교육과정이 개정된 지 2년 만에 개정되었다. 이 교육과정은 처음으로 초·중등학교교육과정의 개정과 함께 상호 연계성 속에서 이루어졌다. 또 종래와는 달리 문교부가 전문연구기관인 한국교육개발원에 교육과정의 연구·개발을 위탁하여 유아교육 전문가, 심리학자, 현장교사 등이 교육과정 개발과정에 참여하였으며, 제2차 교육과정을 수정·보완한다는 입장에서 수차례 심의를 거쳐 연구·개발하였다.

유치원 교육의 목적은 유아에게 알맞은 교육환경을 마련해 주어 전인적으로 성장하도록 돕는 것이었다. 교육과정은 신체발달, 정서발달, 언어발달, 인지발달, 사회성 발달의 5개 발달영역별로 구성하였다. 이는 제2차 유치원 교육과정의 사회·정서영역을 둘로 나누어 정서영역의 내용을 더 강조하고, 신체발달 및 건강영역에서 건강영역을 신체발달 영역에 포함시켜 각 발달영역별로 구체적인 내용을 제시한 것이었다. 또, 성장단계에 있는 유아의 발달 수준에 비추어 그동안 무리하였던 연간 교육일수를 하향조정하여 기존의 200일에서 180일 이상으로 축소 조정하였고, 하루 교육시간도 3~4시간을 기준으로 하였다.

운영지침에서는 융통성 있는 교육과정 운영계획, 교육 자료의 확보·활용, 다양한 학습활동 등을 강조하였으며, 발달영역의 통합적 지도, 개인차와 흥미에 따른 놀이중심지도, 가정과의 연계를 지도방법으로 제시하였다. 또 처음으로 평가에 대한 지침을 제시하였고 새로 개정된 교육과정의 해설서인 『유치원 새 교육과정 개요』도 발간하였다.

5. 제4차 유치원 교육과정(1987~1992)

1987년 6월 30일 고시된 제4차 유치원 교육과정은 문교부의 위촉을 받은 한국교육개발원에서 개정하였다. 이 교육과정은 개정의 구체적 방향을 교육목표의 재구성 및 조정, 교육내용 설정 및 구성의 융통성 확대, 교육자료의 풍부화와 다양화, 평가활동의 정상화 등에 두었다. 교육목적은 인격을 완성하고 자주적 생활능력과 민주시민으로서 자질을 갖추어 민주국가 발전에 봉사하며, 인류공영의 이상실현에 기여하도록 하는 것이었다. 그리고 이러한 목적을 위하여 건강한 사람, 자주적인 사람, 창조적인 사람, 도덕적인 사람을 기르는 데 역점을 두었다.

교육과정의 영역은 제3차 교육과정과 마찬가지로 신체발달, 언어발달, 인지발달, 정서발달, 사회성 발달의 5개 발달영역으로 나뉘었다. 전인발달을 위한 교육을 더욱 강조하기 위하여 각 발달영역별 내용은 제시하지 않고 교육목표 수준만을 제시하여 교사들이 교육 내용을 자율적으로 선정할 수 있도록 하였다. 이는 각 발달영역을 교과로 잘못 인식할 수 있는 가능성을 배제하기 위한 것이었다.

연간 교육일수는 180일 이상, 하루 교육시간은 3시간을 기준으로 하고 유아, 지역사회, 유치원의 특성에 따라 조정·운영하도록 하였다. 구체적인 교육과정 계획, 지도, 평가 등의 운영지침 내용은 제3차와 유사하고 지도상의 유의점을 통하여 각 영역의 통합적 운영, 유아의 흥미·놀이중심 교육의 중요성을 거듭 강조하였다.

6. 제5차 유치원 교육과정(1992~1998)

1992년 9월 30일에 고시된 제5차 유치원 교육과정은 교육부가 처음으로 한국유아교육학회에 연구·개발을 위촉하여, 전문 연구원의 연구와 수차례의 각 시·도별 유치원 교육관계자 협의회를 통하여 개정·고시한 교육과정이다. 이 교육과정의 특징은 1991년에 교육법이 개정되어 유치원 입학 연령이 기존의 만 4~5세에서 만 3~5세로 조정됨으로써 1992년 3월부터 만 3세 유아의 유치원 입학이 합법화되었고, 이에 따라 교육과정의 내용이 Ⅰ수준과 Ⅱ수준으로 구분되어 제시된 것이었다. 또 제5차 교육과정이 적용되기 시작한 1995년도부터는 지방자치제에 의한 교육자치가 실시되었기 때문에 그러한 사회적 추세가 교육과정 개정에도 반영되었다. 그리하여 유치원 교육과정도 지역화를 강조하였는데, 시·도 교육청과 유치원은 국가수준 교육과정을 기초로 각각 교육과정 편성·운영 지침과 유치원 교육과정을 마련하여 각 지역의 실정에 맞는 교육을 하도록 하였다.

그 밖에 취업모의 증가에 따른 유치원 종일반 운영을 강조함으로써 사회적 요구를 교육과정에 반영하고, 유아의 발달특징에 알맞은 읽기·쓰기 교육에 관한 지침을 구체적으로 제시하여 학부모의 요구를 교육과정에 반영하고자 노력하였다. 그리고 교육현장의 요구를 수용하기 위하여 교육과정의 모든 영역에서 다른 사람과 더불어 사는 지식, 기술, 태도를 익힐 수 있는 사회적 관계와 기본 생활습관을 강조하였다. 제5차 교육과정은 기본 생활교육의 강조, 유아의 흥미·요구·개별성의 존중, 놀이중심 교육, 유아의 전인적 성장 발달 등을 교육과정 구성의 중점으로 삼았다.

교육과정의 영역은 제2, 3, 4차 교육과정이 발달영역별로 구성되었던 것과 달리 건강생활, 사회생활, 표현생활, 언어생활, 탐구생활의 5개 생활 영역으로 구성되었다. 유치원의 연간 교육일수는 기존과 같이 180일 이상, 하루의 교육시간도 180분을 기준으로 하되 조정·운영할 수 있도록 하였다. 또 유치원의 교수-학습 방법에 대한 지침으로 교육활동의 통합적 운영, 민주적이고 수용적인 활동 분위기의 조성, 균형 있는 일과 활동, 실물을 통한 직접 경험, 부모와의 연계 등을 강조하였고, 구체적인 평가의 내용과 방법, 유의점 등에 대해서도 간략하게 제시하였다.

7. 제6차 유치원 교육과정(1998~2007)

1998년 6월 30일에 고시된 제6차 유치원 교육과정 개정의 기본방향은 초·중등학교교육과정과 같이 '21세기의 세계화·정보화 시대를 주도할 자율적이고 창의적인 한국인 육성'으로 설정하고, 기초·기본 교육의 충실, 자기 주도적 능력의 신장, 유아중심 교육의 실천, 지역 및 유치원의 자율성 확대에 중점을 두었다.

제6차 유치원 교육과정에서 추구하는 인간상을 유치원 교육현장에서 구현하기 위한 교육과정의 구성방침으로 사회적 변화를 주도하는 기본능력 육성, 교육내용의 양과 수준의 적정화, 유아발달 특성을 고려한 교육내용과 방법의 다양화, 교육과정 편성·운영의 현장 자율성 확대, 교육과정 평가체제 확립, 교육의 질 관리 강화를 강조하였다. 유치원의 교육목표는 건강하게 자랄 수 있는 경험과 기본 생활습관 및 더불어 생활하는 태도를 가지며, 생각과 느낌을 창의적으로 표현하는 경험과 바르게 언어를 사용하는 경험, 그리고 일상생활의 문제에 대하여 스스로 궁리하는 태도를 갖는 것이었다.

교육과정의 영역은 제5차 교육과정과 마찬가지로 건강생활, 사회생활, 표현생활, 언어생활, 탐구생활의 5개 생활영역으로 구성되었다. 유치원의 연간 교육 일수는 180일 이상, 하루의 교육시간도 180분을 기준으로 하되, 유아의 발달수준, 기후, 계절, 학부모의 요구 등을 고려하여 실정에 맞게 운영할 수 있도록 하였다.

유치원 교육과정을 효율적으로 운영하기 위한 교수-학습 방법의 원칙들로 통합적 교육활동 계획, 교육내용의 수준별 운영, 교육내용의 반복 제시, 교육활동 형태의 다양화, 놀이중심의 교육활동 및 균형 있는 교육활동 제시, 유아와 유아 그리고 유아와 교사 및 교구와의 상호작용, 종일반 일과의 운영, 직접적이고 구체적인 교재·교구, 긍정적인 태도의 상호작용, 확산적 질문을 통한 창의성 촉진, 특수 유아의 교육 등을 강조하였다.

8. 2007 개정(제7차) 유치원 교육과정(2007~2011)

2007 개정 유치원 교육과정은 2007년 12월 19일에 교육인적자원부 고시 제2007-153호로 고시된 교육과정을 말한다. 교육과정 개정의 배경은 제6차 교육과정 고시(1998. 6. 30.) 이후 9년이 경과함에 따라 사회 환경의 변화를 반영한 교육내용 개편이 필요하게 된 점, 종일제 운영의 확대 실시와 유아교육법 제정(2004. 1)을 계기로 각계각층에서 제기한 교육과정 개정 요구를 반영할 필요가 생긴 점, 그리고 2007년 2월에 고시된 초·

중등학교 2007 개정 교육과정과의 연계를 도모해야 한다는 점 등으로 요약된다.

2007 개정 유치원 교육과정 개정의 기본방향은 제6차 교육과정의 기본 철학과 체계 유지, 초·중등학교교육과정과의 연계성 강화, 그리고 단위 유치원의 자율성 강화로 설정하였다. 교육과정 개정 중점으로는 사람-자연 존중의 가치관 강조를 비롯하여, 다양한 교육시간 운영 강화, 교육과정 문서의 실효성 강화, 수준별 교육내용의 적정화, 기본 생활습관·전통문화·창의성의 강조, 문자 기초교육의 강화, 그리고 유치원 교육과정과 초등학교교육과정의 연계성 강화 등이 포함되어 있다.

교육과정의 영역은 제6차 교육과정과 마찬가지로 건강생활, 사회생활, 표현생활, 언어생활, 탐구생활의 5개 생활영역으로 구성되었다. 유치원의 연간 교육일수는 180일 이상, 하루의 교육시간도 180분을 최소기준으로 하되, 종일반 운영과 단위 유치원에서 자율적으로 결정하도록 자율성을 강화하였다.

2007 개정 유치원 교육과정의 특징은 초·중등학교 2007 개정 교육과정과의 연계를 강화하기 위하여 같은 해에 유치원 교육과정을 고시하여 개정 시기를 맞춘 점, 교육과정 문서 체제를 초·중등학교교육과정과 일치시킨 점, 그리고 교육과정 내용 체계의 명칭과 진술 방식을 개선한 점으로 요약된다.

9. 2009 개정(제8차) 유치원 교육과정(2011~2012)

2009 개정 유치원 교육과정은 2011년 9월 5일에 교육과학기술부 고시 제2011-30호로 고시된 교육과정을 말한다. 생애 초기 단계인 영유아기 교육·보육에 대한 국가 지원의 필요성이 제기됨에 따라 정부는 2011년 5월 2일 '만 5세 공통과정'을 시행한다고 발표하였다. 만 5세 공통과정은 당시 교육과학기술부 소관 유치원과 보건복지부 소관의 어린이집 관리체제를 유지하면서 만 5세 유아의 교육과 보육 내용을 통합하여 하나의 과정으로 만드는 것이다. 만 5세 공통과정은 2011년 7월 14일 명칭 공모를

통하여 '5세 누리과정'으로 확정 공포되었다. 그 당시 이원화되어 있던 유치원 교육과정과 어린이집 표준보육과정을 '5세 누리과정'으로 일원화하게 되었다.

2012년 3월부터 적용하는 5세 누리과정의 구성 방향은 ① 만 5세 유아의 기본 생활습관과 질서, 배려, 협력 등 바른 인성을 기르는 데, ② 사람과 자연을 존중하고, 우리 문화를 이해하는 데, ③ 전인발달이 고루 이루어진 창의적 인재를 기르는 데 중점을 두는 것으로 제시하였다. 또한 초등학교교육과정과의 연계성을 고려하고, 신체운동·건강, 의사소통, 사회관계, 예술경험, 그리고 자연탐구의 5개 영역을 중심으로 주도적인 경험을 강조한 놀이 중심의 통합과정을 구성하며, 1일 3-5시간의 운영을 기준으로 한다고 명시하였다.

5세 누리과정은 만 5세 유아에게 필요한 기본 능력과 바른 인성을 기르고 민주 시민의 기초를 형성하는 것을 목적으로 한다고 제시되어 있다. 또한 5세 누리과정은 크게 3가지 특징 ① 기본 생활습관과 창의·인성교육을 강조하되, 이를 별도의 영역으로 구분하지 않고 모든 교육과정 영역에서 강조한 점, ② 유치원 교육과정과 어린이집 표준보육과정 중 유치원과 동일한 연령대인 만 5세 유아에게 필요한 기본능력을 선별하여 수정·보완한 점, 그리고 ③ 만 3-4세와 구분되지만 세부 내용 수준을 연계시킨 점을 지니고 있다.

만 5세 누리과정은 보육계와 유아교육계가 합심하여 국가수준의 공통과정을 마련하였다는 점에서 보육과 유아교육의 질적 수준을 한 단계 발전시킨 좋은 계기가 되었다고 평가된다. 그러나 만 3-4세 교육과정의 편성과 운영은 3-4세 누리과정을 제정하여 만 3세부터 5세 유아를 대상으로 하는 '3-5세 연령별 누리과정'이 완성될 때까지 2007 개정 유치원 교육과정을 한시적으로 적용하게 되었다.

10. 2009 개정(제9차) 유치원 교육과정(2012~현재)

2009 개정 유치원 교육과정은 2012년 7월 10일에 교육과학기술부 고

시 제2012-16호로 고시된 교육과정을 말한다. 이 교육과정은 '3-5세 연령별 누리과정'으로 제정된 유치원과 어린이집이 공통으로 적용하는 교육과정이다. 누리과정이 만 3, 4세까지 확대됨에 따라 5세 누리과정과 연계한 3, 4세 누리과정의 개발이 필요하게 되었다. 이에 교육과학기술부와 보건복지부는 육아정책연구소에 위탁하여 2012년 3월부터 3, 4세 누리과정 제정 전담팀을 구성·운영하였다. 기존 교육·보육과정을 근간으로 3, 4세 누리과정을 제정하고, 이미 고시한 5세 누리과정의 내용 중 추가, 삭제, 수정 등이 필요한 내용을 보완하였다. 그 결과 동년 6월에 3, 4세 누리과정 및 5세 누리과정 개정 시안을 마련하였으며, 공청회를 거쳐 교육과학기술부장관과 보건복지부장관이 3-5세 대상의 교육과정과 보육과정을 동일하게 '3-5세 연령별 누리과정'으로 동년 7월에 고시하였다.

2013년부터 적용한 3-5세 연령별 누리과정은 ① 총론의 구성체계와 내용 강화, ② 5세 누리과정의 구성 방향과 구성 체계를 유지, ③ 영역별 목표 제시 및 연령별 내용 구성, ④ 기본 생활습관과 인성교육 지속 강조, 그리고 ⑤ 초등학교교육과정 및 0-2세 표준보육과정과의 연계성 고려 등 5가지 특징을 지니고 있다.

3-5세 연령별 누리과정의 주요 구성방향을 보면, ① 질서, 배려, 협력 등 기본 생활습관과 바른 인성을 기르는 데, ② 자율성과 창의성을 기르는 데, ③ 사람과 자연을 존중하고, 우리 문화를 이해하는 데 중점을 두어 구성한다고 제시하였다. 또한 만 3-5세 유아의 발달특성을 고려하여 연령별로 구성하고, 신체운동·건강, 의사소통, 사회관계, 예술경험, 자연탐구의 5개 영역을 중심으로 구성하며, 초등학교교육과정과 0-2세 표준보육과정과의 연계성을 고려하여 구성한다고 명시하였다.

3-5세 연령별 누리과정은 크게 누리과정의 총론과 연령별 누리과정의 각론으로 구분되어 있다. 총론 부분은 누리과정의 구성 방향을 비롯하여, 목적과 목표, 그리고 편성과 운영으로 세분되어 있다. 편성과 운영 부분에는 편성, 운영, 교수·학습방법, 그리고 평가 등이 제시되어 있다.

3-5세 연령별 누리과정은 우리나라 모든 만 3-5세 유아들에게 유아교육과 보육과정이 통합된 누리과정을 제공함으로써 취학전 교육의 질을

제고하고, 생애 초기의 공정한 출발선을 보장할 수 있게 되었다. 2013년 3월부터 유치원과 어린이집 어디에 다니든지 만 3-5세 어린이는 국가수준 공통과정을 동일하게 제공받게 되었다.

제7장 교육평가의 기초

평가에 대한 관심이 그 어느 때보다 높아지면서 거의 모든 분야에서 평가를 다양하게 활용하고 있다. 평가는 우리의 삶 속에서 겪게 되는 보편적인 행동양식 중의 하나임에 틀림없다. 삶과 더불어 존재하는 모든 대상의 가치나 질을 계속 판단해야 하므로 평가는 인간의 삶과 더불어 논의되고 탐구되어야 할 중요한 과제이다.

교육에 관련된 모든 대상과 사건에 대한 판단이 행해지고 그에 따른 의사결정이 수반된다. 최근에 교육평가의 대상을 학생에 국한시키던 관점에서 벗어나 학생에 영향을 미치는 교사, 교육과정, 학교환경, 교육제도 등에 이르기까지 대상이 점차 확대되고 있다(변창진 외, 1996).

이 장에서는 교육평가의 의미, 목적과 기능, 일반적 절차를 살펴본 다음, 교육평가의 법적 근거와 윤리기준을 알아보고, 교육평가의 역사와 최신 동향을 논의함으로써 교육평가의 기초를 제공하고자 한다.

1절 교육평가의 개념과 의미

1. 교육평가의 개념

평가의 사전적 정의를 보면, 한자어로 '評價'나 영어로 'evaluation'을 보면 모두 가치를 드러내는 것의 의미를 가진다. 우리말 사전에서 평가는 어떤 사물의 가치를 판단하는 것으로 풀이되고 있다. 지금까지 교육평가에 대한 개념은 학자들에 따라 다양하게 정의되어 왔다(변창진 외, 1996). 교육평가를 가치판단론적 정의, 의사결정론적 정의, 그리고 통합절충론적 정의로 구분한 학자도 있고, 목표달성도 확인, 의사결정을 위한 정보 제공, 그리고 가치의 판단으로 구분한 학자도 있다. 교육평가에 대한 주장들을 목표달성중심, 의사결정중심, 그리고 가치판단중심 정의라는 세 가지 입장으로 정리할 수 있다(김진규, 2007).

1) 목표달성중심 정의

이 입장은 교육평가를 교육과정과 수업활동을 통해 교육목표가 실제로 도달된 정도를 결정하는 과정으로 정의하는 Tyler식 개념 정의이다. 이러한 관점은 교육목표를 평가의 준거 또는 표준으로 하여 교육과정 및 수업을 통해 획득된 성과를 측정하는 것을 교육평가의 초점을 삼고 있는 것이 특징이다.

변창진 외(1996)는 교육목표가 바로 가치를 명시한 것이기 때문에 교육과정과 수업을 매개로 하여 교육목표가 달성된 정도를 확인하고 결정한다는 것은 교육목표에 설정되어 있는 가치가 성취된 정도를 따지는 일종의 가치판단으로 보고서 가치판단론적 정의로 간주하고 있다. 이러한 정의는 교육평가에 관한 여러 정의 가운데 가장 전통적이고 고전적인 정의라고 할 수 있다. 우리나라에서도 광복 이후 현대적 의미의 교육평가가 도입되면서 학력평가를 교육목표 달성도를 측정하는 것과 연계시키려는 Tyler식 개념이 소개되어 널리 사용되었다.

2) 의사결정중심 정의

이 입장은 교육평가를 교육과 관련된 의사결정을 내리는데 필요한 정보를 수집하는 활동 또는 그 과정으로 규정한다. 대표적인 학자로는 Cronbach(1963)와 Stufflebeam(1971)을 들 수 있다. 이들은 학습 성과의 측정을 통한 목표달성도를 확인하는 Tyler의 입장을 탈피하여 성과뿐만 아니라 일련의 과정에 관한 정보를 수집하려는 점에서 교육평가를 더 넓게 보려는 시각이다. 이 관점은 가치판단적 의미를 축소하거나 배제시키고 교육평가를 교육에 관한 의사결정을 내릴 때 필요한 정보를 수집해서 의사결정에 활용하는 과정으로 부각시키려고 한다. 따라서 이 입장에서는 의사결정에 필요하다면 교육의 성과뿐만 아니라 정책, 제도, 시설, 재정 등과 같이 교육에 투입되고 운영되는 투입과 과정에 관한 정보도 수집하여 활용할 것을 강조한다.

3) 가치판단중심 정의

이 입장은 교육평가를 교육과 관련된 어떤 대상의 장점, 질, 가치 등을 판단하는 과정과 그 산물로 정의한다. 대표적인 학자로는 Scriven(1972)과 Stake(1967) 등을 들 수 있다. 이 입장에서는 교육평가의 과정을 우선 평가기준을 설정하고 관련 정보를 수집한 뒤에 평가기준을 적용하여 대상의 가치나 유용성, 효과, 중요성 등을 판단하는 것으로 종료된다고 주장한다.

4) 종 합

위의 세 가지 입장 가운데 목표달성중심 정의는 교육목표 하나만을 강조하는 입장임을 알 수 있다. 이 관점은 목표로 설정되지 않은 부분에 대한 평가행위를 간과할 수 있으며, 목표 자체가 타당하게 설정되었는지를 평가하는 부분을 내포하지 못하는 한계를 지적할 수 있다.

의사결정중심 정의는 평가자와 의사결정자의 역할은 분리하는데 초점을 두고 있다. 그러나 이러한 입장은 실제로 정보수집 활동과 의사결정 행위를 구분하기 어려운 상황에 대한 설명이 부족하다는 한계를 지닌다(김재춘 외, 2000).

가치판단중심 정의는 평가자의 전문적 판단에 초점을 두고 있다. 이 입장은 평가자의 최종적인 판단행위를 강조한다. 평가자의 정보수집 활동은 최종적인 판단을 내리기 위해 수반되는 과정으로서의 의미를 지닌다. 이 입장은 앞의 두 입장에 비하여 교육평가 현상을 설명하는 가장 포괄적인 개념 정의이다(김재춘 외, 2000).

위의 세 입장을 통하여 Nevo(1986)의 입장이 보다 설득력이 있는 정의로 판단된다. 그는 교육평가를 교육의 과정 또는 성과에 관해 어떤 결정을 내릴 목적으로 교육과정과 성과에 관한 가치와 장점을 체계적으로 조사·활용하는 과정과 활동이라고 정의하였다.

2. 측정과 평가

측정(measurement)이란 사물을 구분하기 위하여 규칙에 따라 수를 부여하는 절차인데, 대체로 연구자가 관심을 갖고 있는 대상의 특성을 조직적으로 규정한 다음, 반복할 수 있는 절차에 따라 체계적으로 숫자를 지정한다(교육평가연구회, 1995). Stevens(1946)는 측정을 규칙에 의거해서 대상이나 사건에 수를 부여하는 과정이라 하였다. 그리고 Kerlinger(1973)는 측정을 연구하고자 하는 대상이나 사물에 대하여 일정한 규칙적 방법에 따라 숫자나 기호와 같은 상징적인 수치를 부여하는 과정이라 정의하였다.

평가란 어떤 대상의 질이나 가치 등을 판단하는 것에 비하여 측정은 어떤 행동이나 성격, 사물, 사건 등에 대한 양적으로 서술하는 것을 뜻한다. 즉 평가는 그 대상의 가치를 판단하는 것이고 측정은 대상을 수량화하여 나타내는 것이다.

3. 검사와 평가

검사(test)는 시험, 고사 등과 같이 측정을 위한 척도이고, 행동의 증거를 수집하는 도구, 즉 측정도구라고 부르는 것이 일반적인 견해이다. 심리학이나 교육학에서는 신체적, 정신적, 사회적 능력 또는 특성에 대한 개인차를 측정할 목적으로 일정한 조건 하에 미리 정해 놓은 문서나 자극을 제시한 다음 그에 대한 반응 및 성과를 어떤 기준을 근거로 하여 양적으로 혹은 질적으로 비교, 기술하는 조직적인 절차를 검사라고 하며, 좁은 의미로는 그 중에서 특히 누가, 언제, 어디서 실시해도 검사의 내용과 실시, 채점, 해석방법이 동일하도록 표준화한 검사만을 검사라고 한다.

검사의 개념을 개인의 행동이나 수행을 평가하는데 사용되는 도구라고 정의하는 것을 비롯하여, 행동의 표본을 객관적인 표준화된 절차에 따라 측정하는 도구, 행동의 표본을 측정하기 위한 체계적인 절차, 개인의 행동을 관찰하고 숫자 척도나 범주체계의 도움으로 행동을 기술하기 위한 체계적 절차, 그리고 특정영역에서 일련의 행동을 표집하는 표준절차 등과 같이 정의되고 있다(김진규, 2009).

4. 사정과 평가

사정(査定; assessment)에 대한 개념은 다양하게 정의되고 있다. 교육평가연구회(1995)는 사정을 다양한 측정결과를 통하여 한 개인이나 대상의 전체적인 모습을 조명하는 전인적 평가로 정의하고, 사정활동의 대표적인 예로는 측정결과에 바탕을 둔 등급 매기기, 심사하기, 자격부여하기 등을 들고 있다. 한국교육심리학회(2000)는 사정을 개인, 집단(기관), 또는 프로그램의 특성이나 수행수준에 관하여 정보를 도출하는 제반절차로 규정한다. Arends(1994)는 사정을 정보를 수집하여 종합하는 과정으로 구분하고 있다.

한편, 사정은 측정이나 검사에 비하여 보다 포괄적인 개념이지만 평가보다는 좁은 개념으로 보기도 하고(변창진 외, 1996), 사정을 평가와 측정의 중간개념으로 간주하기도 한다(한국교육평가학회, 2004). 사정 대신에 총평으로 번역하는 학자도 있다(황정규, 1998; 성태제, 2002). 또한 사정을 평가와 구별하기 위하여 학교에서 학생들의 학업성취도, 행동, 활동, 수행 등의 변화를 평가할 때는 'evaluation' 아닌 'assessment'로 이해되어야 함을 강조하기도 한다(박도순 외, 2007).

교육현장에서 입학이나 졸업 사정을 실시할 경우 관찰, 면접, 측정, 검사, 행동기록, 설문조사, 누가기록 등과 같은 여러 가지 방법을 동원한다. 따라서 측정이나 검사는 사정과정에서 정보를 수집하기 위해서 사용하는 많은 방법 중의 하나에 지나지 않는 반면에, 사정은 한 가지 특성을 한 가지 방법으로 측정 혹은 검사하는 것과는 달리, 여러 가지 특성을 다양한 방법을 동원하여 복합적으로 파악한다. 예컨대, 대학에서 신입생을 선발할 때 고등학교 내신 성적, 수학능력시험 성적, 논술고사 성적, 면접고사 성적 등을 사정 자료로 하고 그것들을 종합적으로 검토하여 입학여부를 결정한다. 이와 같이 사정은 필요한 자료를 수집하여 해석이 가능하도록 정리하는 것이고, 평가는 사정 자료를 근거로 하여 가치 판단이나 의사결정을 수행한다는 점에서 구별된다(변창진 외, 1996).

최근에 수행평가(performance assessment)의 도입에 따라 평가와 사정이 혼용되고 있음을 알 수 있다. 교육평가연구회(1995)와 한국교육평가학회(2004)는 performance assessment를 수행사정으로 번역하기로 공식화하고 있으나, 국립교육평가원(1996)의 「수행평가의 이론과 실제」에서 수행평가라는 용어를 사용하게 되어 학교현장에서는 수행사정보다는 수행평가라는 용어가 더 널리 통용되고 있다.

평가와 사정에 대한 개념 구분은 학자마다 일치하지 않으며, 실제 상황에서는 평가와 사정이 명확하게 구분되지 않고 서로 바꾸어 사용하기도 한다. 일반적으로 사정은 대상에 대한 정보를 수집하여 해석하도록 종합적으로 정리하는 과정으로 보는 반면에, 평가는 수집한 자료를 바탕으로 하여 가치를 판단하는 과정으로 간주한다.

2절 교육평가의 목적과 기능

교육평가의 의미를 어떻게 정의하느냐에 따라 평가의 목적이 달라지고 평가의 목적이 다르면 평가의 기능이 달라진다. 왜냐하면 목적이 있는 곳에는 그것을 달성하기 위한 행위가 수반되고 그 행위를 흔히 기능이라고 하기 때문이다. 평가의 기능은 일일이 열거할 수 없을 정도로 무수히 많다. 일반적으로 교사들이 주로 실시하는 평가의 기능은 교육요구 사정, 교육목표 선정, 프로그램 개발, 학교운영 개선, 교육과정 운영, 교육환경 보완, 교육방법 개선, 교정지도 실시, 학습집단 편성, 특별활동 운영, 학습결과 확인, 학습동기 촉진, 피드백 제공 등으로 요약된다(변창진 외, 1996).

평가의 목적과 기능이 아주 다양하고 광범위하기 때문에 이해하기 쉽도록 간단히 요약하면, 첫째는 개발, 수정보완, 대안탐색을 위한 형성적 기능이고, 둘째는 선발, 자격인정, 책무확인을 위한 총괄적 기능이며, 셋째는 홍보, 주의환기, 동기촉진을 위한 전략적(사회정치적) 기능으로 대별할 수 있다(Worthen & Sanders, 1987; 변창진 외, 1996).

1. 형성적 기능

형성적 기능은 새로운 교육과정이나 수업전략을 개발하기 위한 또는 현재 사용하고 있는 교육과정, 프로그램, 지도방법, 학교시설, 학교운영 등을 수정, 보완, 개선하기 위한 방안을 탐색하고 결정하는 데 필요한 정보를 수집할 목적으로 실시하는 기능을 말한다. 대체로 프로그램(또는 교육과정)을 개발하는 과정에서 미비한 점을 찾아 프로그램을 수정, 보완하는 데 필요한 정보를 수집하기 위해 어떤 교육 조치가 집행되기 전이나 도중에 실시하는 평가의 기능이라고 해서 교육평가의 전향적 기능(proactive function)이라고도 한다(변창진 외, 1996).

일반적으로 형성평가는 새로운 프로그램 또는 교육과정에 대한 요구를 조사하고, 필요에 따라 새로운 프로그램을 설계하는 과정에 대한 평가를 실시해야 한다. 또한 프로그램의 실행과정을 개선하기 위하여 프로그램 자체가 적절한 방식으로 운영되고 있는가를 확인하는 데 필요한 피드백을 제공해야 한다.

2. 총괄적 기능

총괄적 기능은 형성평가를 통해 교육프로그램, 수업방법, 교육시설, 교육환경, 교육정책 등과 같은 교육여건들이 최적 상태임을 확인한 후에 교육의 최종 성과를 평가하거나 자격인정, 선발, 혹은 교육을 계획하고 실행한 당사자의 책무를 밝힐 목적으로 실시하는 평가의 기능을 말한다. 총괄적 기능은 어떤 교육적 활동이 끝난 시점에서 실시하는 평가의 기능이므로 후향적 기능(retroactive function)이라고 한다(변창진 외, 1996).

형성평가를 통해 개발된 최종 교육프로그램의 효율성을 확인하고 검증하기 위한 평가를 비롯하여 중간고사 또는 기말고사처럼 일정한 기간의 교육이 끝난 다음 개개 학생들의 성취도를 측정하는 평가의 기능은 모두 후향적 기능에 속한다. 최종적으로 완성한 프로그램의 성과 또는 효율성을 검증하여 프로그램의 품질보증에 필요한 정보를 수집하기 위해 총괄평가를 실시한다. 프로그램에 대한 계속 실시, 부분 수정 후 실시, 또는 종결 여부를 결정하는 데 필요한 정보를 제공하기 위한 평가가 필요하다. 특히 총괄적 기능은 중요한 의사결정의 근거 자료로 활용할 경우에 피험자에게 많은 심리적 부담을 주기 때문에 고부담 검사(high-stakes testing)라고 부르기도 한다.

평가의 전향적 기능과 후향적 기능은 평가의 내용과 형태에 의하여 구분되는 것이 아니고 평가를 실시하는 목적과 시기에 따라 결정된다. 가령 쪽지시험을 최종 성적에 반영할 경우에는 시기적으로 도상에 실시하더라도 목적이 최종 성적의 일부로 반영되는 총괄적 목적으로 변하므로 총괄평가로 간주해야 한다.

3. 전략적 기능

평가의 전략적 기능(strategical function)은 교육평가의 심리적, 사회적, 정치적 기능을 줄인 말이다. 전략적 기능은 단순히 학생들의 주의를 환기시키고 학습동기를 유발하거나 지역사회 및 학부모들에게 학교교육의 방향과 초점의 변화 또는 학교에서 기획하고 있는 행사나 활동을 홍보할 목적으로 실시하는 평가가 지니고 있는 기능을 말한다(변창진 외, 1996).

학생들이 수업시간에 주의를 집중하기 위하여 수업시간에 간단한 퀴즈를 실시하면 그것은 학생들의 동기를 유발할 목적으로 전략적 기능을 이용하는 평가이다. 자연보호나 불조심에 관한 학생과 학부모의 주의를 환기시킬 목적으로 글짓기 대회나 포스터를 그리게 하여 평가하고 시상하는 것도 전략적 기능의 예시에 해당된다.

3절 교육평가의 기본 절차

교육평가의 기본 절차에 대한 논의는 학자에 따라 다양하다. 배호순(1994)은 평가의 주요 활동을 바탕으로 평가근거 및 목적 확인, 평가대상 및 내용 확인, 평가전략의 결정, 평가 자료 수집 계획, 평가 자료 수집 활동의 운영 및 전개, 자료의 분석 및 판단, 평가결과 보고 등 7단계로 구분하고 있다. 변창진 외(1996)는 교육평가의 기본 절차를 평가계획의 수립, 평가목표 진술, 평가설계 선정, 평가도구 제작, 평가 자료 수집, 평가결과 분석, 평가결과 보고, 평가결과 활용이라고 하는 8단계로 나누고 있다. 김대현·김석우(2005)는 교육목적의 확인, 평가장면의 선정, 평가도구의 제작 또는 선정, 평가의 실시 및 결과처리, 평가결과의 해석 및 활용 등 5단계로 구분하고 있다. 김재춘 외(2005)는 평가의 목적 확인, 평가영역과 내용의 선정, 평가방법의 결정, 평가도구의 선정 및 개발, 평가시행을 위한 계획수립, 평가환경의 구축, 자료의 수집, 자료의 분석, 평가결과에 대한 해석, 평가결과의 보고, 평가결과의 활용, 메타평가 등 12단계로 구분하고 있다.

여러 가지 교육평가의 절차 가운데 가장 많이 통용되고 있는 기본 절차는 교육목적의 확인, 평가영역과 내용 선정, 평가도구의 선정 및 제작, 평가 시행 계획과 준비, 평가 자료 수집과 시행, 평가결과 분석과 해석, 평가결과 보고와 활용, 그리고 평가에 대한 평가(메타평가) 등과 같이 8단계로 요약된다.

1. 평가목적의 확인

교육평가에서 가장 먼저 생각해야 할 일은 평가목적을 확인하는 것이다. 교사가 학생을 평가할 경우에 '왜 평가를 하는가'라는 평가의 목적을 확인해야 한다. 평가목적의 확인은 평가내용 선정, 평가방법 결정, 자료수집과 분석, 결과 보고와 활용의 모든 후속 단계에 영향을 미치게 된다. 평가의 형성적 목적에서는 수업을 개선, 수정, 보완하는 데 초점을 두는 반면에, 총괄적 목적에서는 책임소재의 확인, 등급 결정, 선발 등에 관한 정보를 수집하는 데 초점을 두고 있다.

2. 평가영역과 내용 선정

이 단계는 결정된 평가의 목적에 따라 '무엇을 평가하는가'를 고려하는 것이다. 평가영역은 학생의 인지적 영역, 정의적 영역, 또는 심동적 영역 가운데 어느 영역을 평가할 것인지를 결정한다. 평가내용의 선정은 평가내용의 범위와 수준에 대한 결정이 이루어져야 한다.

평가내용 선정에 유용한 자료는 교육부와 한국교육과정 평가원에서 공동 운영하고 있는 국가교육과정정보센터(www.ncic.go.kr)의 국내외 교육과정 정보공유 시스템에 탑재되어 있다. 또한 교육과정에 따른 성취기준과 평가기준은 한국교육과정 평가원(www.kice.re.kr)에서 운영하는 교수학습 개발센터(초등학교)와 성취평가제(중등학교) 홈페이지에 탑재되어 있다.

3. 평가방법(도구) 선정 및 개발

평가목적을 확인하고 평가영역과 내용을 선정한 후에 평가방법을 선정하거나 새로운 평가방법을 개발한다. 각 평가방법은 각기 장점과 단점을 가지고 있으므로 특정한 학습목표에 최적한 평가방법을 선정해야 한다. McMillan(2004; 2007)은 학습목표별 최적한 평가방법을 제안하고 있다. 예컨대, 지식과 단순 이해의 목표에는 선택형과 단순 구성형 문항을, 추론과 심층 이해의 목표에는 논문형 문항을, 기능(skill)의 목표에는 수행평가와 교사관찰을, 산출물의 목표에는 수행평가를, 그리고 정의적 특성의 목표에는 학생 자기평가 방법을 최적한 평가방법으로 간주하고 있다.

평가도구는 기존에 개발된 도구를 사용할 수도 있고 교사 자신이 직접 개발하여 사용할 수도 있다. 기존의 도구를 사용할 경우에는 신뢰도와 타당도를 면밀히 검토한 후에 사용해야 한다. 교사 자신이 개발할 경우에는 평가목적, 평가영역과 내용, 평가방법을 충분히 고려해야 한다.

4. 평가시행 계획수립과 준비

평가시행을 위한 계획에는 평가대상, 평가횟수, 평가시기, 평가장소, 평가에 필요한 인원, 채점방식, 기타 장비 등 평가를 실시하는 데 필요한 제반여건과 환경 등이 포함되어야 한다. 평가계획은 평가를 실시하기 전에 철저하게 수립되어야 한다. 아울러 평가를 실시하기 전에 모든 준비사항이 갖추어져 있는지를 확인하고 점검해야 한다.

5. 평가 자료 수집과 시행

평가를 실시하여 자료를 수집한다. 수집된 자료는 분석이 용이하도록 잘 정리해서 손상되지 않도록 주의해야 한다. 평가의 시행이 평가대상에 대한 자료를 수집하는 기능뿐만 아니라 학생에 대한 교육적 기능을 행사할 수 있도록 세심한 배려가 필요하다.

6. 평가결과 분석과 해석

수집된 자료는 평가목적과 내용에 맞추어 적절한 분석을 실시해야 한다. 자료의 분석은 양적 분석과 질적 분석으로 구분된다. 수집된 자료의 성격에 따라 분석방법은 달라진다. 수집된 자료로부터 의미 있는 결과를 도출하기 위해서는 그 자료에 적합한 분석기법을 적용하는 것이 가장 중요하다. 자료 분석을 통해 나타난 평가결과에 대한 해석은 보다 종합적으로 이루어져야 하고, 평가대상 개개인의 특성과 상황을 고려해야 한다.

7. 평가결과 보고와 활용

평가결과에 대한 분석과 해석을 통하여 요약 정리하여 이해당사자에게 이를 보고해야 한다. 평가의 목적이 외부에 의해 부여되었느냐 또는 교사 개인에 의해 설정되었느냐에 따라 보고형태가 달라진다. 외부에 의한 평가의 경우에는 일정한 서식이 있으나 교사 자체 평가일 경우에는 서식이 없다. 평가결과는 평가목적에 맞게 활용되어야 한다. 평가실시 목적이 달성되었는가를 반드시 확인해야 한다.

8. 메타평가

메타평가(meta evaluation)는 평가자체에 대한 평가를 말한다. 메타평가는 평가계획, 실시과정, 평가결과를 포함한 평가 전반에 대한 평가를 통하여 평가의 질을 확인하거나 점검하여 평가의 질적 개선을 기하고 평가결과의 유용성을 제고시키기 위한 목적으로 이루어지고 있다. 이는 평가자들의 자율적 규제의 수단으로써 평가자의 책무성을 보장하기 위한 목적으로도 활용된다(배호순, 1994).

4절 교육평가의 역사와 동향

1. 교육평가의 발전과정

교육평가를 과학적 연구대상으로 삼아 하나의 학문적인 체계를 정립시킨 사람은 미국의 Tyler라 할 수 있다. Tyler가 처음으로 교육평가라는 용어를 사용하기 시작한 것과 더불어 제2차 세계대전의 종료, 소련의 무인 인공위성 스푸트니크 발사 등과 같은 역사적 사건이 교육평가의 기본방향을 변화시킨 것으로 볼 수 있다. 이러한 역사적 사건을 중심으로 교육평가의 발전과정은 ① Tyler 이전시대, ② Tyler시대, ③ 순수시대, ④ 현실시대, ⑤ 전문화시대 등으로 구분할 수 있다(Stufflebeam & Shinkfield, 1985; 성태제, 1996). 이 절에서는 양적인 방법이 등장한 1792년부터 평가의 최초 시작이라고 보는 Stufflebeam, Madaus, & Kellaghan(2000)의 시대 구분에 따라 교육평가의 역사를 살펴보고자 한다(박도순 외, 2007).

1) 개혁의 시대(1792~1900)

평가의 기원은 과거제도에서 비롯된다. 원시적인 형태의 과거제도가 중국에서 기원전 2200년경부터 시행되어 왔으나, 형식을 갖춘 최초의 공식적인 과거제도는 737년 당나라 현종 때인 것으로 보고 있다. 서양에서는 Socrates가 구술식으로 평가한 대화법도 있었다. 이 시기는 양적인 평가 방법이 등장한 1792년부터 19세기 말까지로 개혁의 움직임이 일어난 시기를 말한다.

1792년에 W. Farish가 시험점수를 양적 방법으로 표기하기 시작하였다. 학생들이 정답으로 표기하는 행동을 질적으로 평가하는 방법에서 정답점수를 합산하여 평균을 산출하고 순위를 매기는 양적 방법을 사용하기 시작하였다. 이 시기의 특징은 산업혁명의 영향으로 영국과 미국 전역에서 교육과 사회 프로그램을 개혁하는 운동이 일어났다. 미국에서는

1815년 공식적인 평가의 초기 형태로 육군 군수품부에서 군수물자 생산을 단일화하기 시작하면서 사회기관과 기능에 대한 평가가 나타났다. 이는 후에 F. Taylor의 과학적 관리운동에 영향을 미치는 계기가 되었다.

1845년 Horace Mann이 Boston에 있는 학생들의 학업성적을 측정하여 교육의 성공 여부를 평가하여 학교의 수행을 평가하는 학교평가가 공식적으로 시행되었다. Joseph Rice가 1887년부터 1889년까지 미국 대도시에 있는 초등학교에서 철자법 교육을 실시한 후 학습효과의 증진을 검정하기 위한 철자법 시험을 실시하였는데 이는 미국의 첫 번째 공식적 교육프로그램 평가였다.

2) 효율성과 검사의 시대(1900~1930)

Taylor의 과학적 관리운동이 전개되기 시작한 20세기 초부터 제1차 세계대전을 거쳐 1930년까지는 학교와 교사의 효율성에 대한 연구가 실시되고 교육 및 산업분야에서 검사가 성행하였던 '효율성과 검사의 시대'라고 할 수 있다.

1915년에는 다양한 준거를 사용하여 대규모 학교조사 연구가 시행되면서 셈하기, 철자, 쓰기, 작문에 대한 선택형 검사가 처음으로 사용되었다. 1918년에 선택형 검사는 교육 이외의 군대, 산업 분야에서도 널리 활용되었다. 1920년에 수행수준을 측정하기 위해 사용되는 규준참조검사가 급속한 발전을 보였다.

제1차 세계대전 이후, 학교에서 표준화된 성취검사가 사용되기 시작하였다. 효율성과 검사에 대한 연구는 대부분 학교에서 이루어졌으며, 1960년대와 1970년대에 대학평가센터가 성장하는 배경이 되었다.

3) Tyler의 시대(1930~1945)

R. Tyler가 교육평가라는 용어를 처음 사용한 1930년부터 제2차 세계대전이 종료된 1945년까지를 타일러 시대라고 할 수 있다. Tyler는 평가를 목적의 달성 여부를 결정하는 것이라 정의하였으며, 진보주의교육협회

의 주도하에 진보주의 교육이 중등학교에서도 성공적으로 적용될 수 있는지를 검증하기 위해 수행한 8년 연구(1932~1940)에 평가책임자로 참여하였다.

8년 연구에서는 미국 전역의 29개 중등학교에서 적용한 진보주의 교육과정과 교수전략의 효율성을 평가하는데 있어서, 학생들에 대한 평가와 기록의 중요성을 인식시키는 결정적인 계기를 마련하였다. 연구결과에 의하면 진보주의 교육과정을 적용한 실험학교 출신 학생들은 전통적 교육과정을 이수한 학생들보다 학업 성취도와 개인적·사회적 발달상태에서 훨씬 더 좋았다는 평가를 받았다. 8년 연구는 학업성취수준이 준거 혹은 목표에 도달하였는지를 평가하였지만 교수의 질, 그리고 학습환경 등을 무시하였다는 지적을 받고 있다.

4) 순수의 시대(1946~1957)

순수시대의 교육평가는 1946부터 1957년까지의 시기에 해당된다. 순수시대는 경제공황을 극복하고 제2차 세계대전을 승리로 이끌어 국가적 자존심이 높아져 정치적으로나 경제적으로 안정되는 시기이다.

교육평가 분야에서도 새로운 평가방법으로 검사점수 계산 방법, 행동목표분류학, 교육연구법 등이 제안되었다. 이 시기에 국가수준의 표준화검사가 개발되었고, 1947년에 미국 교육평가원(Educational Testing Service)이 설립되었다. 새로운 이론을 학계나 학교에서 적용하는 매우 편안한 시간을 보내오다 1957년 소련이 달나라에 무인 인공위성인 스푸트니크를 발사하면서 미국은 충격을 받게 되어 교육개혁이 시작되었다.

5) 발전의 시대(1958~1972)

발전시대의 교육평가는 1958년부터 1972년까지이다. 스푸트니크 충격으로 미국 국민은 납세자로서 연방정부에 교육의 책무성에 대한 비판을 하기 시작하였고, 연방정부가 교육에 개입하여 학교교육을 평가하는 작업을 강화하였다. 이를 위하여 국가 수준의 표준화검사가 새롭게 개발되고,

교육종사자에 대한 업적을 평가하여 보고서를 작성하며, 학교와 학군의 교육결과를 상대적으로 비교 평가하는 작업을 실시하였다. 즉 교육평가의 관점이 이론적 영역에서 실제와 적용의 관점으로 변화되어, 규준참조평가에 의한 학력비교, 서열화를 목적으로 학업성취도뿐만 아니라 교육결과를 비교하였다. 1963년에는 이를 비판한 준거참조평가가 대두되었다(Glaser, 1963).

1965년 초·중등교육법(ESEA)이 제정되면서 교육개선을 목적으로 사회복지와 교육프로그램 활성화를 위해 막대한 예산을 지역학교, 주와 지역 교육기관, 그리고 대학에 투자하였다. 이러한 정부예산으로 지원받은 프로그램에 대한 평가를 의무화하였다. 특히 보상교육법(Title I)은 재정지원을 받은 학교를 대상으로 매년 표준화된 자료를 수집, 목표와의 결과타당성 등의 측면에서 평가하도록 요구하였다. 그러나 이에 대한 평가는 평가방법과 도구의 부족으로 실패하고 말았다.

이 시기에는 새로운 평가이론과 방법이 제안되고 새로운 평가모형이 등장하였다. Tyler 모형을 근간으로 하는 Provus(1969) 모형와 Hammond(1967) 모형 등이 제안되었다. 새로운 모형으로 Scriven(1967)의 모형, Stufflebeam (1967)의 CIPP모형, Stake(1967)의 종합실상모형 등이 제시되었다.

6) 전문화의 시대(1973~1983)

1973년부터 1983년까지는 평가영역의 세분화, 구체화, 평가전문가의 전문성 신장, 그리고 평가학회지와 협회, 평가기관이 생기기 시작하여 전문화의 시대라고 할 수 있다.

이 시기는 평가방법의 개선과 더불어 평가전문가를 훈련하는 프로그램의 발전을 통하여 평가가 학문 영역으로 발전하는 도약의 시기라 할 수 있다. 또한 평가의 영역이 세분화, 구체화되고, 분야에 따라 전문화되었고, 평가전문가들이 새롭고 차별화된 평가모형을 선보였다는 점에서 전문화 시대라고 불릴 수 있게 되었다.

1970년대에는 연방 정부의 지원에 힘입어 많은 평가전문가들이 지방주 정부의 프로젝트에서 활약함으로써 평가전문가의 전문성 신장에 기여하였으나, 1970년대 후반에서 1980년대에 이르러서는 정부의 지원이 중단되어 평가전문가들의 입지가 급격하게 축소되었다.

이 시기에 평가에 초점을 맞춘 단행본과 학회지가 발간되었으며, 전문적인 평가협회와 평가기관이 생겨났다. 또한 많은 대학에서 평가방법론 강의를 필수적으로 이수하도록 하였고, 주요 대학에서 평가전공 대학원 프로그램을 개설하였다. 그리고 평가의 질을 점검하기 위한 수단으로 메타평가 영역에 대한 관심이 증가하였고(Scriven, 1975; Stufflebeam, 1978), 반응적 평가모형(Stake, 1975), 비평적 평가모형(Eisner, 1975), 자연주의 평가모형(Guba & Lincoln, 1981) 등이 제안되었다.

7) 확장과 통합의 시대(1983~현재)

교육개혁운동이 일어난 1983년부터 현재까지는 교육평가의 확고한 입지가 다져지고 세계 각국의 학회와 협회를 중심으로 평가 인적 네트워크를 통해 활발하게 교류를 하고 있는 시기로 '확장과 통합의 시대'라고 할 수 있다.

이 시기에는 교육개혁운동이 일어나면서 프로그램 평가에 대한 관심이 급증하여 미국 내 49개 주에서 기준기반(standard-based) 개혁운동이 확산되었다. 1988년 교육평가를 위한 기준개발위원회는 프로그램 평가기준을 더욱 발전시켜 인사평가를 위한 기준을 확정하였다(Joint Committee, 1988).

특히 1985년에 설립된 미국평가학회(AEA)는 인적 네트워크를 통합하여 3,000명이 넘는 평가전문가 회원들이 연차 총회와 보고서를 통해 평가에 대한 다양한 실제와 정보를 공유하고 있다.

2. 우리나라의 교육평가

우리나라 교육평가 제도의 변화를 중심으로 과거제도 시행기, 상대평가

도입기(1900 ~1945), 선택형 및 표준검사 도입기(1945~1970년대 초반), 교과목별 절대평가 도입기(1970년대 중반~후반), 절대평가와 상대평가 혼용기(1980년대 초반~1990년대 중반), 수행평가 도입 및 정착기(1990년대 후반~현재) 6단계로 구분하고 있다(박도순 외, 2007). 여기에서는 2012년 이후의 성취평가제 도입기를 추가하여 각 시기별 특징을 정리하면 다음과 같다.

1) 과거제도 시행기

우리나라에서의 교육평가는 과거 시험 제도에서 역사적 근원을 찾아야 할 것이다. 인류 역사상 최초의 시험은 기원전 2200년경 중국에서 국가의 관리를 등용하기 위하여 시행된 과거제도이지만(DuBoise, 1970), 우리나라의 과거제도는 788년(신라 원성왕 4년)의 독서삼품과가 시초이고, 과거제도가 본격적으로 시행되기 시작한 것은 958년(고려 광종 9년)에 당나라의 과거제도를 모방한 것이며 구한말까지 계속되다가 1894년 갑오개혁의 일환으로 폐지되었다. 국가시험제도로서 과거시험은 공개경쟁을 기본 원칙으로 하고 출제 내용의 타당성보다는 시험의 실시와 채점 과정에서의 공정성을 크게 중시한 점이 두드러진 특징으로 볼 수 있다. 실제로 과거제도는 분석적인 방법에 따라 도출된 구체적 합리적인 평가기준에 의존하기보다는 전체적인 접근방법에 따라 얻어진 포괄적 임의적인 평가기준에 따른 주관적 평가가 실시되었다. 이러한 전통은 오늘날까지 면면히 이어져 오고 있다. 우리나라의 각종 시험과 평가에서 내용의 타당도나 기준의 명료성보다는 채점과 실시과정의 공정성을 더 중시하게 여기고 있는 평가문화의 풍토는 이러한 역사적 유산의 하나로 평가된다.

2) 상대평가 도입기

근대식 학교가 설립된 이후부터 광복 직후까지의 교육평가는 각 교과목별 성적 및 상대평가 도입기라고 할 수 있다. 근대식 학교에서는 미국 등 서구의 영향을 받아 학교에서 학생들의 교과목의 성적을 산출하기 위해 시험을 치르고 채점하는 일이 일상화되었으며, 일제강점기에는 초·중등학교교육에 상대평가에 의한 학년 석차를 도입하여 활용하기 시작하였다. 공식문서인 학적부에는 교과목 성적을 '갑, 을, 병'과 같은 평정체계, '10, 9, 8, 7, 6, 5, 4, 3, 2, 1'과 같은 10단계 평정체계, 그리고 100점 만점 점수체계를 활용하고 있었다. 또한 개별 학생에 대한 품행을 평가하여 기록한 보조장부 형태의 '개성조사부' 혹은 '개성관찰부'라는 기록부를 작성하였다(백순근, 2003).

3) 선택형 문항 및 표준화검사 도입기

1945년 광복이후 1970년 초반까지는 선택형 문항 및 표준화검사 도입기라 할 수 있다. 이 시기에는 미국으로부터 선택형 문항이 소개되어 적은 비용으로 대규모 검사의 실시와 채점이 용이하게 되어 시험의 빈도가 높아졌고, 다양한 종류의 표준화된 교육 및 심리검사들이 제작되어 보급되었다(백순근, 2003).

1955년에 문교부가 발표한 국민학교 생활기록부의 서식 및 처리요령(문교부 훈령 제10호)과 1956년의 중학교, 고등학교, 사범학교 생활기록부의 서식 및 처리요령(문교부 훈령 제21호, 제24호)에서 학적부 대신에 생활기록부로 명칭을 변경하였다. 각 교과목별 성적산출 방식은 '수, 우, 미, 양, 가'의 상대평가를 도입하였고 각 평정 등급별 비율은 10%, 20%, 40%, 20%, 10%로 각각 할당되었다.

4) 절대평가 도입기

1970년대 중반부터 후반까지는 각 교과목별 절대평가 도입기라고 할 수 있다. 1976년 문교부는 '국민학교·중학교·고등학교 생활기록부 취급요령(문교부 훈령 제286호)'을 발표하여 상대평가에 의한 '수, 우, 미, 양, 가' 평정체제를 절대평가에 의한 '수, 우, 미, 양, 가' 평정체제로 바꾸었다.

다른 학생들의 성취정도와 비교하지 않고 개별 학생의 성취도를 국가 교육과정에 제시된 교육목표의 성취정도에 따라 평어를 부여하는 방식을 채택하였다. 목표의 90% 이상을 달성하면 '수'를, 80% 이상 90% 미만이면 '우'를, 70% 이상 80% 미만이면 '미'를, 60% 이상 70% 미만이면 '양'을, 그리고 60% 미만이면 '가'를 부여하도록 하였다. 그러나 일선 학교에서는 목표달성 정도에 의거하기보다는 각 교과목별 성적의 평균이 90점 이상이면 '수'를, 80점 이상 90점 미만이면 '우'를, 70점 이상 80점 미만이면 '미'를, 60점 이상 70점 미만이면 '양'을, 그리고 60점 미만이면 '가'를 부여하기 시작하였다.

5) 절대평가와 상대평가 혼용기

1980년대 초반부터 1990년대 중반까지는 절대평가와 상대평가의 혼용기라 할 수 있다. 1980년 7월 30일 과열과외 해소를 위한 교육정상화 대책을 발표하면서 대학입학전형에서 대학별 본고사를 폐지하고 대학입학예비고사를 대학입학학력고사로 전환하면서 고등학교 내신 성적을 중요한 전형자료로 사용하도록 하였다. 교과목별 절대평가에 의한 평정체제를 사용하되 내신 성적을 산출할 때에는 과목별 성취도 평정환산표를 이용하여 성취도를 평정하고 전 과목 환산 총점에 의한 학년 석차와 전 학년 석차를 산출하는 상대평가 평정체제를 혼용하였다.

특히 이 시기에는 대학입학 내신 성적을 공정하게 산출하기 위하여 교과목별로 석차백분율을 기록하도록 하고 가능한 한 동점자가 나오지 않도록 함으로써 고등학교에서는 절대평가보다는 상대평가를 중시하는 경향이 더욱 심화되었다.

대학별 본고사가 폐지되어 대학입학예비고사가 대학입학학력고사로 전환됨에 따라 이를 체계적으로 관리하기 위하여 문교부 산하의 중앙교육연구원 직제를 개정하여 중앙교육연수원이 1981년 6월 26일에 발족하게 되었다. 연수원의 조직 내에 평가관리부가 대학입학학력고사의 출제와 관리를 담당하게 되었다. 중앙교육연수원 평가관리부의 지원과 더불어 1983년에 교육평가 관련 학자들이 중심이 되어 교육평가연구회(한국교육평가학회 전신)를 창립하게 되었다.

1985년 8월 12일에 중앙교육연수원 평가관리부가 모체가 되어 문교부 직속기관으로 중앙교육평가원(국립교육평가원 전신)이 설립되었다. 대학입학학력고사와 더불어 초중등학교 학업성취도 평가 업무의 지원과 연구활동을 체계적으로 수행함으로써 학교현장에서의 학생평가 활동 개선에 커다란 역할을 하게 되었다(박도순 외, 2007).

6) 수행평가 도입 및 정착기

1990년 후반부터 2011년까지는 수행평가 도입 및 정착기라고 할 수 있다. 이 시기의 중요한 특징은 새로운 평가방법의 하나로 수행평가가 학교현장에 도입되기 시작한 것을 들 수 있다(백순근, 2000). 1996년에 국립교육평가원에서 국제교육성취도평가 사업을 수행하면서 수행평가 문항을 소개하기 시작하였고, 이어서 '초등학교의 새로운 평가제도에 따른 수행평가의 이론과 실제'라는 단행본이 발간되어 일선학교에 보급하였다. 1997년에 서울시교육청은 새물결 교육운동의 일환으로 초등학교에 수행평가를 확대 실시하도록 하였다. 1999년 3월 학기부터 정부의 수행평가 정책을 전면적으로 도입 시행하였다.

이러한 교육부의 수행평가 정책은 교육행정체계를 통하여 강력히 전국의 학교 현장에까지 단기간에 널리 전파되었고(김진규, 1999b; 허경철 외, 1999), 학교현장에서 교사들은 동 학년이나 교과협의회를 통하여 수행평가를 현장에 정착시켰으며, 평가계획서와 결과를 공개하고 있으며, 대부분의 교사들이 수행평가의 결과를 학습결과 확인 자료나 개별지도 자료로 활용하고 있는 것으로 확인될 정도로 긍정적 변화가 일어났다.

그러나 교사들은 수행평가 실시상의 가장 심각한 문제로 학생 수 과다, 업무처리 과중, 자료나 도구의 부족, 수행평가 절차 이해 부족, 학생 부담의 과중 등을 열거하였다. 정책의 시행과정에서도 교육부의 정책과 시·도 교육청의 정책간의 일관성이 결여된 측면도 지적되었으며(허경철 외, 1999), 구체적 시행지침이 마련되지 않아서 학생 성적 처리 과정에 혼란을 발생하게 하였고 교사에 대한 사전 교육과 학생과 학부모에 대한 홍보가 부족한 점도 언급될 정도로(백순근, 2000) 부정적 측면도 드러났다.

수행평가의 도입과 더불어 성적산출 방식은 절대평가에 의한 '수, 우, 미, 양, 가'라는 평어로 변경하게 되었다. 특히 고등학교에서는 점수 부풀리기 현상이 나타나게 되어 고등학교 내신 성적의 신뢰를 떨어뜨리는 계기가 되었다. 2005년부터 고등학교 내신 성적을 산출하는 방식이 원점수, 과목 평균과 표준편차, 석차에 의한 9등급을 기록하는 상대평가 방식으로 다시 환원되었다(교육인적자원부, 2005).

1998년 1월에 한국교육과정 평가원이 정부출연기관으로 설립되어 국립교육평가원이 수행해 왔던 교육평가 기능과 한국교육개발원의 국가교육과정 개발 기능을 승계하게 되었다.

7) 성취평가제 도입기

2012년부터 현재까지는 성취평가제의 도입기라고 할 수 있다. 정부에서는 2011년 12월 13일에 '중등학교 학사관리 선진화 방안'을 발표하였다(교육과학기술부, 2011). 학사관리 선진화 방안의 핵심은 학생 평가방법의 질적 개선과 성취평가제 도입이다. 새로 도입되는 성취평가제는 기존의 상대평가가 가지는 학생들 간의 무한 경쟁 유발이라는 한계를 극복하여 학생의 성취정도에 대한 구체적인 정보를 제공하여 성취수준에 적합한 다양한 학습이 가능하도록 하여 학생의 학습 능력을 향상시키고 학교의 교육력을 제고하고자 하는 목적을 가진다.

성취평가제는 교육과정에 근거한 교과별 성취기준에 도달 정도를 평가하는 준거참조평가를 기반으로 하는 학생평가 체제이다. 학생이 무엇을 어느 정도 성취하였는가에 대하여 그 영역의 준거에 비추어 평가한다. 영역의 준거는 교육과정에 근거하여 개발된 교과별 성취기준을 의미한다. 성취기준은 각 교과목에서 학생들이 학습을 통해 성취해야 할 지식, 기능, 태도의 능력과 특성을 진술한 것으로 교수학습 및 평가의 실질적인 근거가 된다.

2012년 3월 학기부터 중학교 1학년과 전문계 고등학교 전문교과를 대상으로 연차적으로 적용하기 시작하였다. 이에 대한 구체적인 실시 내용은 제12장의 '학교생활기록부의 작성' 부분에서 논의되고 있다.

3. 교육평가의 최신 동향

교육평가의 최신 동향에 대한 논의가 다양하게 제시되고 있다. 이 절에서는 학교 현장에서 주로 관심을 집중해야 할 교육평가의 최신 동향을 제시하면 다음과 같다(김진규, 2007).

1) 학생평가에 대한 새로운 관점의 출현

학생평가(student assessment) 또는 교실수업평가(classroom assessment)에 대한 관점이 변화되고 있다. 기존의 관점은 평가의 대상을 학습의 결과로 보았던 학습에 대한 평가(assessment of learning)였다. 학습에 대한 평가는 학습의 과정보다는 결과 중심의 평가를 강조하고 암기위주의 단편적인 지식이나 사실에 대한 측정을 중시한다.

학생평가에 대한 새로운 관점은 학습을 돕는 평가(assessment for learning)이다. 이는 문제해결력과 창의력을 길러 주는 평가이며, 학습자의 다양한 개인차를 존중하는 평가를 강조함으로써 평가를 통해 궁극적으로 학생들을 더 잘 이해하고 사고할 수 있도록 하여 평가가 학생의 학습을 돕게 되는 개념이다(Stiggins, 2002; McMillan, 2004; 2007).

또한 학습을 돕는 평가와 더불어 학습으로서 평가(assessment as learning)가 거론되고 있다. 이는 형성평가의 하위개념이며 학생이 학습과정에 책임을 지는 참여자로서 개입하는 것을 의미한다. Earl(2003)이 처음 도입한 개념이며 학생을 학습과정과 평가에 대한 기여자로서 뿐만 아니라 양자 간의 비판적 연결자로서 역할을 강조함으로써 형성평가의 역할을 보다 확장시키려는 의도에서 비롯된 것이다(Earl, 2003). 이러한 입장에서 학생들은 학습목적을 이해하고, 개인적 학습목표를 설정하고, 진전 정도를 능동적으로 확인하기 위한 반성적인 질문을 작성하며, 정기적으로 자기평가와 동료평가를 공식적으로나 비공식적으로 시행한다. 특히 학생들이 스스로 만든 작품이나 과제물에 대하여 자기평가하는 것과 같은 초인지적 활동을 증진시키는 데 초점을 둔다.

앞에서 논의한 학습에 대한 평가, 학습을 돕는 평가, 그리고 학습으로서 평가 등의 세 가지 평가 접근방법별 특징을 비교한 결과는 다음 <표 7-1>과 같다(Earl, 2003).

〈표 7-1〉 주요 평가 접근방법별 특징의 비교

특징 / 접근방법	목적	참조 기준	주 평가자
학습에 대한 평가	배치, 승진, 자격부여 등에 관한 판단	다른 학생	교사
학습을 돕는 평가	교사의 수업결정을 위한 정보	외부 기준이나 목표	교사
학습으로서 평가	자기 점검, 자기 수정 또는 조정	개인목적과 외부 기준	학생

2) 준거참조평가의 대두와 교육기준 운동

준거참조평가는 Glaser(1963)의 '교수공학과 학습결과의 측정'이라는 논문에서 사용되기 시작하였다. 준거참조평가의 대두 배경에는 무엇보다도 기존의 규준참조평가의 비판에서 비롯된 것으로 볼 수 있다. 규준참조평가의 문제점으로 교수-학습의 부적절성, 암기위주로 인한 지적 탐구 상실, 지나친 경쟁에 의한 협동심 결여 및 이기심 조장, 불건강한 정신위생 등이 열거되고 있다.

1970년대 이후 한 동안 규준참조평가와 준거참조평가 간의 우위에 대한 논쟁이 있었으나 두 종류의 평가방식이 나름대로 중요한 정보를 제공하는 있다는 결론에 도달한 것으로 나타났다. 두 평가방식은 평가의 목적, 평가의 내용, 평가결과의 일반화 등에서 다소 차이가 있기 때문에 어느 평가방식을 일방적으로 비판할 성질은 아니라는 점이다.

1983년에 미국교육의 위기상황을 진단한 '국가위기(A Nation at Risk)'라는 보고서를 통하여 현대적인 기준 운동(standard movement)이 시작되었다. 이는 교육을 통해 학생들이 성취할 것으로 기대되는 것을 구체화한 성취기준을 명시하고 학생들이 실제로 성취기준을 달성한 정도를 확인함으로써 교육의 변화를 유도하려는 교육개혁 운동을 의미한다. 여기서 기준은 최소능력수준에 머물지 않고 학생의 높은 성취수준을 목표로 삼고 있으며 국가기준과 주(state)기준으로 구분된다. 이러한 성취기준은 내용기준(content standard)과 수행기준(performance standard)으로 구분된다. 내용기준은 학생들이 무엇을 알아야 하고, 이해하며, 할 수 있는, 즉 획득해야 하는 지식과 기술을 말한다. 수행기준은 내용기준의 획득 정도를 실증적으로 나타내 보이는 숙달 수준을 의미한다(McMillan, 2004). 1989년에 부시 대통령과 주지사들이 모여 교육정상회의를 열고 2000년을 대비한 여섯 가지 교육목적을 확정하여 발표하였다. 미국의 4, 8, 12학년의 모든 학생들은 영어, 수학, 과학, 역사, 지리 교과에서 능력을 실증적으로 수행해야 한다는 목적도 포함되어 있다. 미국의 전국수학교사협회에서는 1989년에 수학교과의 기준을 설정하였다. 1995년까지 아이오아 주를 제외한 모든 주에서는 기준을 설정하였다.

1994년에 클린턴 대통령은 'Goal 2000 : 미국교육법'에 서명하였으며, 외국어, 미술, 경제학, 공민 교과를 추가시켰다. 2002년에는 미국초중등교육법을 낙오자방지법(No Child Left Behind : NCLB)으로 개정하였다. 이 법안에서는 모든 주에서 3학년에서 8학년 학생들에게 읽기와 수학 교과의 기준과 평가를 연계시키도록 의무화하였다. 2007년에 초·중등교육법이 재개정되었으며, 2014년까지 모든 학생들이 기준에 도달할 수 있도록 만든다는 목표를 세우고 있다(Guilfoyle, 2006).

3) 평가방법의 변화와 다양화

평가방법의 변화는 다양한 관점에서 전개되고 있다. 먼저 양적 평가에서 질적 평가로 변화하는 것을 비롯하여, 간접적 평가에서 직접적 평가로, 구조화된 평가에서 비구조화된 평가로, 인위적 평가에서 자연적 평가로, 교사중심평가에서 학생참여평가로, 그리고 단편적인 과제 평가에서 통합적인 과제 평가로 강조의 관점이 달라지고 있다.

선택형 검사에 대한 비판과 더불어 대안적 평가방법의 일환으로 수행평가 방법이 도입되어 널리 적용되고 있다. 최근 컴퓨터를 활용한 평가방법의 하나인 컴퓨터 개별적응검사(computer adaptive testing; CAT)의 발달이 앞으로 우리 교육계의 새로운 변화의 물결을 일으킬 것으로 예상된다. 더구나 인터넷을 활용한 수업이 보편화될 것으로 전망됨에 따라 다양한 온라인 평가방법이 활용될 것으로 전망된다.

4) 평가의 공개 의무와 투명성 강화

교육인적자원부는 학업성적관리의 공정성과 투명성을 제고하기 위해 2006 학년도부터 고등학교에서 시행하는 중간시험과 기말시험의 평가문항을 공개하도록 의무화하였다. 2007년 4월 30일에 국회에서 '교육관련기관의 정보공개에 관한 특례법(교육정보공개법)이 통과되었다. 2008년 11월 4일에 동법 시행령이 국무회의를 통과했다. 동 시행령에 의하면 초·중등학교는 15개 항목 39개의 세부 교육정보를 공시하고, 고등교육기관은 13개 항목 55개 세부 교육정보를 2008년 12월 1일부터 학교 홈페이지를 통하여 공시하도록 의무화하였다. 특히 초·중등학교는 매년 1회 이상 교육과학기술부가 정한 기준에 따라 학생·교원현황, 시설·학교폭력 발생현황·위생 등의 교육여건, 재정상황, 급식상황, 학업성취 사항 등의 개별 학교 정보를 공시하게 된다. 심지어 2011년부터는 학교별 학생 등급 비율이 공개되고 있다.

학교정보공시제도에 따라 학업성취 사항에 정보 공시가 의무화되었다. 그래서 평가문항뿐만 아니라 평가기준에 대한 사전 공고와 평가결과에 대한 본인 확인 등과 같은 평가과정의 투명성이 어느 때보다 강화되고 있다. 평가자는 학생평가의 전문성을 갖추어야 하고, 평가의 공정성을 확보하는 데 전심전력을 다해야 할 것이다.

평가결과는 학생 본인에게 공개하여 확인시키며 이의 신청이 있을 때에는 면밀히 검토하여 적절한 조치를 취하여야 한다. 수행평가의 경우는 평가결과의 공개뿐만 아니라 평가계획 단계에서 마련된 채점기준을 사전에 공고하는 것이 바람직하다. 평가의 모든 과정에서 불신과 오해의 소지가 없도록 각별한 주의가 요망된다.

5절 평가의 전문성과 윤리성

1. 교육평가의 법적 근거

교육평가에 대한 법적 근거는 교육기본법을 비롯하여 초·중등교육법, 초·중등학교교육과정, 학교생활기록 작성 및 관리에 관한 규칙, 학교생활기록 작성 및 관리 지침 등에서 찾을 수 있다.

1) 교육기본법

교육기본법 제26조의 내용은 다음과 같다.

> 국가는 국민의 학습 성과 등이 공정하게 평가되어 사회적으로 통용될 수 있도록 하기 위하여 학력평가 및 능력인증에 관한 제도를 수립·실시할 수 있다.

2) 초·중등교육법

초·중등교육법 제9조의 내용은 다음과 같다.

> 교육부장관은 학교에 재학 중인 학생의 학업성취도를 측정하기 위한 평가를 실시할 수 있다.

초·중등교육법 제25조의 내용은 다음과 같다.

> 학교의 장은 학생의 학업성취도 및 인성 등을 종합적으로 관찰·평가하여 학생지도 및 상급학교의 학생선발에 활용할 수 있는 자료를 교육부장관이 정하는 기준에 따라 작성·관리하여야 한다.

3) 2009 개정 교육과정

교육과정에 제시된 교육과정의 평가와 질 관리에 관한 주요 내용은 다음과 같다. 국가수준 교육과정 질 관리를 위해 주기적으로 학업성취도 평가, 학교와 교육기관 평가, 교육과정 편성·운영에 관한 평가를 실시한다. 여기에서는 단위학교에서 실시하는 평가활동에 대한 법적 근거를 제시하고자 한다(교육과학기술부, 2009).

> ① 평가는 모든 학생들이 교육목표를 성공적으로 달성하기 위한 교육의 과정으로 실시한다.
> ② 학교는 다양한 평가도구와 방법으로 성취도를 평가하여 학생의 목표 도달도를 확인하고, 수업의 질 개선을 위한 자료로 활용한다.
> ③ 교과의 평가는 선택형 평가보다는 서술형이나 논술형 평가 그리고 수행평가의 비중을 늘려서 교과별 특성에 적합한 평가를 실시하도록 한다.
> ④ 실험·실습의 평가는 교과목의 성격을 고려하여 합리적인 세부평가기준을 마련하여 실시한다.
> ⑤ 정의적, 기능적, 창의적인 면이 중시되는 교과의 평가는 타당한 평정기준과 척도에 의거하여 실시한다.
> ⑥ 학교와 교사는 학교에서 가르친 내용과 기능을 평가하도록 유의한다. 학생이 학교에서 배울 기회를 마련해 주지 않고, 학교 밖의 교육 수단을 통해서 익힐 수밖에 없는 내용과 기능을 평가하지 않도록 유의한다.
> ⑦ 창의적 체험활동에 대한 평가는 창의적 체험활동의 내용과 특성을 감안하여 평가의 주안점을 학교에서 작성, 활용한다.

4) 학생부 지침

단위학교의 학생평가에 관련된 직접적인 근거는 교육부부령 제867호로 규정한 학교생활기록 작성 및 관리에 관한 규칙(2005. 9. 23)과 교육부훈령 제676호로 개정한 학교생활기록 작성 및 관리지침(2005. 9. 28)에서 찾을 수 있다. 2012년 성취평가제 도입으로 교육과학기술부 훈령 제239호로 학교생활기록 작성 및 관리지침(2012. 1. 27)이 개정되었다. 이 규정은 학교생활 기록내용의 신뢰성과 투명성을 확보하는 데 일차적 관심이 있다. 단위학교에서의 평가는 국가교육과정과 지역교육과정의 지침에 의거하여 작성한 학교교육과정에서 보다 구체화된 평가계획에 따라 실시되고 있다. 학교 급별이나 시·도 교육청별로 다소 강조점의 차이가 있을 수 있으나 대체로 수업과 관련하여 진단평가, 형성평가, 총괄평가 등과 같은 다양한 유형을 활용하고 있다.

2. 교사의 학생평가 전문성 기준

1) 평가전문성의 개념

교실수업평가의 개념이 강조됨에 따라 현장교사의 평가전문성을 제고하는 문제가 중요한 현안 과제로 부각되고 있다. 교육과정과 수업에 대한 전문성과 더불어 교육평가에 관련한 교사의 전문성은 학생평가 전문성 또는 역량(assessment competence)이라는 용어로 사용되고 있다. 교사의 학생평가 전문성이란 학생의 학습과 성취에 관한 평가 정보를 수집하고 해석하여 활용할 수 있는 능력을 말한다(김수동 외, 2005). 교사의 학생평가 전문성은 평가소양(assessment literacy)이라고도 한다(Impara, Plake, & Frager, 1993; Schafer, 1993). 따라서 교사의 학생평가 전문성이란 학생을 비롯한 모든 평가대상을 제대로 평가하기 위하여 평가방법의 선정, 개발, 시행, 그리고 결과활용 등에 이르기까지 교사가 반드시 이해하고 활용해야 하는 핵심적인 지식, 기술, 태도를 말한다(김진규·윤길근, 2013).

2) 미국의 교사 학생평가 전문성 기준

미국의 교사단체와 평가학회에서 공동으로 연구하여 설정한 교사가 학생평가를 실시할 경우에 요구되는 7가지 평가 전문능력의 기준을 다음과 같이 제시하고 있다(AFT, NCME & NEA, 1990).

① 수업실제에 적합한 평가방법을 선택하는 전문능력
② 수업실제에 적합한 평가방법을 개발하는 전문능력
③ 외부평가와 교사자작 평가를 실시, 채점, 해석하는 전문능력
④ 개별학생, 수업계획, 교육과정 개발, 학교개선 등과 같은 의사결정을 내릴 때, 평가결과를 활용하는 전문능력
⑤ 학생평가의 타당한 점수부여 절차를 개발하는 전문능력
⑥ 평가결과를 학생, 학부모, 일반시민, 그리고 다른 교육자들과 의사소통하는 전문능력
⑦ 평가방법과 평가정보가 비윤리적으로, 불법적으로, 부적절하게 활용되고 있는지를 간파하는 능력

3) 우리나라의 교사 학생평가 전문성 기준

우리나라에서도 한국교육과정 평가원이 2004년에 최초로 전국 규모로 교사의 학생평가 전문성에 대한 실태를 조사하고 학생평가 전문성 기준안을 마련하였다(이인제 외, 2004). 김수동 외(2005)는 이들 수행기준을 수정하여 평가방법의 선정, 평가도구의 개발, 평가실시·채점 및 성적부여, 평가결과의 해석·분석·활용·의사소통, 그리고 평가의 윤리성 등 5개 영역으로 분류하였다. 각 영역별로 2~3개 기준을 마련하였고 영역별 하위기준은 다음과 같다(김수동 외, 2005).

① 평가방법의 선정
- 교사는 학습목표와 평가의 목적을 확인하고 명료화해야 한다.
- 교사는 학습목표와 평가의 목적에 적합한 평가방법을 선정해야 한다.

② 평가도구의 개발
- 교사는 평가의 목적과 내용에 적합한 평가도구를 개발하거나 선택하여 사용해야 한다.
- 교사는 평가도구의 질을 스스로 점검하고 개선해야 한다.

③ 평가실시·채점 및 성적 부여
- 교사는 평가계획에 부합하도록 평가를 실시해야 한다.
- 교사는 정확하게 채점하고 평가의 목적에 부합하도록 성적을 부여해야 한다.

④ 평가결과의 해석·분석·활용·의사소통
- 교사는 평가결과를 정확하고 타당하게 분석 및 해석해야 한다.
- 교사는 평가결과를 수업 및 학생에 대한 교육적 의사결정에 활용해야 한다.
- 교사는 학생, 학부모, 교육 관련자와 평가결과에 대해 정확하게 의사소통해야 한다.

⑤ 평가의 윤리성
- 교사는 학생의 인격을 존중하며 모든 평가활동 시 윤리적·법적 책임을 준수해야 한다.
- 교사는 학생의 특성 및 배경을 고려하여 공정하게 평가를 실시하고, 평가의 적절성을 판단해야 한다.

3. 평가의 윤리성

1) 일반적 평가윤리기준

일반적으로 윤리기준에는 윤리강령(code of ethics), 윤리규범 실천지침(code of practice), 그리고 윤리적 행동원칙(code of conduct)으로 구분된다. 윤리강령은 조직이 추구하는 가치와 목표를 제시하는 내용을 담고 있으며, 이해관계자에 대한 책임과 의무를 규정한다. 윤리규범 실천지침은 조직의 윤리규범을 준수하며 수행해야 하는 업무, 원칙과 절차에 대한 해석과 사례를 제시하는 지침, 원칙, 업무절차를 의미한다. 윤리적 행동원칙은 조직이 제시하는 가치와 목표에 부합하도록 행동하는 기본적 직무윤리, 금지사항, 위반 시의 벌칙을 규정하고 있다.

검사와 시험을 다루는 전문가들의 모임인 교육학회와 심리학회에서는 평가자의 윤리기준을 제시하고 있다. 예컨대, 미국심리학회와 상담학회에서는 전문적 훈련과 역량, 전문적 과학적 책임, 인권과 인간존엄성, 사회적 책임, 그리고 검사의 쟁점 등 5가지 영역(Thorndike, 2005)과 전문적 업무결과에 대한 책임, 전문적 역량의 범위에 대한 인식, 정보의 기밀유지, 전문적 평가기준의 준수, 검사보안 등 5가지 영역(Ysseldyke, 2004)으로 구분하고 있다.

평가자의 윤리기준 가운데 가장 널리 인용되는 것은 교육평가기준 합동위원회(1994)의 프로그램 평가기준과 미국평가학회(1995)의 평가자 윤리 실천지침이다(Fitzpatrick, Sanders, & Worthen, 2004). 즉 프로그램 평가기준에는 유용성(utility), 실행가능성(feasibility), 정당성(propriety), 그리고 정확성(accuracy) 등이 포함되어 있다. 윤리기준은 바로 정당성 기준과 직접 연관이 있다. 정당성 기준에는 서비스 의무, 공식적 합의, 평가대상의 권리옹호, 이해당사자와 상호작용, 공정하고 완벽한 평가, 대중의 알 권리 중시, 재정적 책임 등 하위기준으로 구성되어 있다. 또한 미국평가학회의 평가자 윤리 실천지침에는 체계적 탐구, 전문성, 청렴과 정직, 인간존엄성, 그리고 일반 대중 복지에 대한 책임 등이 포함되어 있다

(American Evaluation Association, 2004).

따라서 평가자는 평가의 준비, 계약, 기획, 실행, 결과보고, 활용 등의 모든 활동에서 윤리의식과 예절을 준수할 필요가 있다. 평가자는 평가과정에 참여하는 모든 이해당사자를 인간적으로 존중하고, 다양한 욕구를 인식하며, 타당한 도구와 체계적 설계를 동원하여 전문적이고 과학적인 책임을 다하면서 부정적인 역효과나 부작용을 최대한 피하도록 노력해야 한다.

2) 교사의 평가 윤리

교사는 학생들을 지도하고 평가하는 과정에서 그들에 대한 많은 정보와 자료를 갖게 된다. 이러한 정보와 자료는 교사 자신만이 알고 처리해야 할 것이 있고 다른 교사와 공유해야 할 것도 있다. 특히 교사는 학생의 평가자로서 역할을 충실히 수행하기 위해서 건전한 가치와 사고체제를 갖춘 평가 전문성이 요구된다. 이러한 교사의 학생평가 전문성의 영역이 바로 평가의 윤리성이다. 평가의 윤리성은 평가활동 전반에 내재되어 있어야 할 학생에 대한 인격 존중의 윤리, 최소한으로 지켜야 할 법적 윤리, 공정성에 대한 인식, 자신의 평가활동을 성찰할 수 있는 자기반성의 윤리 등을 말한다(김수동 외, 2005).

김수동 외(2005)는 평가의 윤리성을 크게 평가활동 전반에서 준수되어야 할 윤리적·법적 책임을 이해하는 능력과 평가활동에서 준수되어야 할 공정성 인식과 자신의 평가활동에 대한 평가능력으로 구분하고 있다. 먼저 교사는 학생의 인격을 존중하며 모든 평가활동 시 윤리적·법적 책임을 준수해야 한다는 기준은 다음과 같다.

- 평가활동 시 학생의 인격과 권리를 최대한 존중하고 보호해야 한다.
- 학생의 성적에 부당한 영향을 주지 않도록 평가도구의 관리에 철저를 기해야 한다.
- 채점 및 성적부여 절차가 합리적이고 공정해야 한다.
- 학생의 권리를 보호하기 위해 평가결과의 보안을 유지해야 한다.
- 학급·학교·교육청·국가수준의 평가 관련지침 및 규정과 법적 책임을 알고 있어야 한다

다음으로 교사는 학생의 특성 및 배경을 고려하여 공정하게 평가를 실시하고, 평가의 적절성을 판단해야 한다는 기준에 대한 하위기준은 다음과 같다.

- 학생의 성·지역·사회문화적 배경·장애정도 등을 고려하여 공정한 평가가 되도록 평가방법을 선정하고 평가도구를 개발해야 한다.
- 평가계획에서부터 도구개발·시행·해석·활용·의사소통에 이르는 평가활동의 전 과정을 반성적으로 고찰하여 적절성을 판단할 수 있어야 한다.

제 8 장
교육평가의 유형

교육평가의 과정을 체계적으로 이해하기 위하여 반드시 알고 있어야 할 유형들은 아주 많고 그것을 분류하는 방식도 다양하다. 상대기준평가와 절대기준평가, 진단·형성·총괄평가, 그리고 주관식 평가와 객관식 평가로 구분하기도 한다(박도순·홍후조, 2006). 또한 평가대상을 비롯하여 평가영역, 성취목표 수준, 평가기능, 평가기준, 평가방법, 그리고 시간제한 여부로 다양하게 세분하기도 한다(김재춘 외, 2005).

학교현장에서 평가에 관련된 용어를 달리 해석하여 동일한 현상을 다르게 해석하기도 하고, 평가 이해당사자들 간의 의사소통에 장애가 일어나기도 한다. 따라서 교육평가의 다양한 유형을 일정한 기준에 따라 개념적으로 교통 정리할 필요가 있다.

이 장에서는 변창진 외(1996)의 분류 가운데 대표적인 평가대상, 평가영역, 평가기능, 평가기준에 의한 유형을 살펴보고, 검사의 유형에 대하여 소개하고자 한다.

1절 평가대상에 따른 유형

평가대상이 무엇이냐에 따라 평가유형은 구분된다. 전통적으로 교육평가의 대상을 학생의 성취도에 국한하였다. 이러한 관점은 미시적인 관점에서 보는 교육평가이다. 최근에 들어와서 학생을 둘러싸고 있는 교사, 프로그램, 학교환경 등에 이르기까지 평가대상이 점차로 확대되고 있다. 이와 같이 교육평가를 거시적 관점에서 볼 수 있다. 이러한 거시적 관점에서 본다면 교육평가란 교육에 관한 모든 내용에 대한 평가를 총칭하는 개념이다. 거시적 평가의 관점에서 평가를 해석할 경우에는 교육이념 평가, 교육과정 평가, 학교시설 평가, 교육정책 평가, 교육행정 평가, 학교운영 평가 등이 포함된다.

여기서는 학생평가, 수업평가, 교육과정 평가, 학교평가, 인사 및 행정가 평가 등에 관해서 간략히 살펴보기로 한다.

1. 학생평가

학생평가(student evaluation)는 학생의 모든 행동, 즉 인지적, 정의적, 심동적 행동의 성취정도를 일정한 기준에 비추어 장점을 판단하는 활동이나 과정을 말한다. 아무리 평가대상이 학생 이외의 대상으로 점차 확대되고 있을지라도 가장 핵심적인 영역이 바로 학생 성취도 평가임에는 틀림없다. 궁극적으로는 학생 성취도의 결과에 따라 교육의 현상에 대한 최종적인 판단이 가능하기 때문이다.

단위학교에서 학생평가는 모든 구성원들의 입장에서 가장 큰 관심사일 것이다. 교사의 학생평가 전문성이 요구되는 분야이기도 하다. 학생평가 전문성의 기준에는 평가방법의 선정, 평가도구의 개발, 평가실시·채점 및 성적 부여, 평가결과의 해석·분석·활용·의사소통, 그리고 평가의 윤리성 등이 포함되어 있다(김수동 외, 2005).

2. 수업평가

수업평가(instruction evaluation)는 교사의 수업 내용과 방법에 대한 질적 개선 정보를 제공하거나 교사 수업의 효율성을 종합적으로 판단하여 성과급이나 재계약의 근거자료로 활용하는 평가를 말한다. 수업관찰평가, 공개수업평가, 강의평가, 코스평가 등이 여기에 해당된다. 수업평가는 한 학기 동안의 수업이 끝나고 설문지를 이용하여 수업에 대한 학생들의 반응을 조사하여 다음 학기에 반영하는 강좌평가(course evaluation)로도 활용되고 있다(변창진 외, 1996).

수업평가의 목적은 수업방법의 개선과 수정에 필요한 정보를 제공하는 형성적 목적과 수업 성과에 대한 책임소재를 비롯하여 승진, 임용, 연봉 결정, 포상 등과 같이 의사결정을 내리도록 도와주는 총괄적 목적으로 구분된다. 수업평가는 평가의 구성요소를 수업의 입력, 과정, 산출의 어느 측면에서 강조하느냐에 따라 다양하게 논의될 수 있다. 수업의 입력 측면을 강조할 경우 교사와 학생의 이전 경험과 사전지식, 학급의 시설이나 규모 등을 기준으로 하여 수업을 평가하게 된다. 수업과정의 요소를 강조할 경우 수업평가의 초점은 교사가 학생에게 요구하는 것이나 가르치는 방법, 학생과의 관계 등이 된다. 즉 학생의 활동보다는 교사활동에 그 중심을 두게 된다. 그리고 산출을 강조할 경우 수업평가의 초점은 학생의 학업성취도이다. 학생이 교수-학습 과정을 통해 획득한 인지적 성과와 정의적 성과는 수업의 질적 수준을 결정하는 기준이므로 수업평가의 주요 대상이 된다.

3. 교육과정 평가

교육과정 평가(curriculum evaluation)는 다양하게 정의될 수 있지만, 학교교육과정의 질적 효과를 판단하기 위하여 의도된 교육과정, 전개된 교육과정, 그리고 실현된 교육과정의 질적 수준과 그 성과를 조사하고 측정하여 의사결정자들이 교육과정의 지속과 개정에 대한 판단을 내릴 수 있도록 정보를 수집하는 일련의 과정으로 정의된다(김진규, 1996). 국가수준 교육과정 평가, 단위학교교육과정 평가, 특별활동 교육과정 평가, 영재교육프로그램 평가 등이 여기에 해당된다.

학교교육과정 평가의 문제점으로는 교육이해 당사자들이 다양함에도 불구하고 교사중심으로만 실시되고 있다는 점을 비롯하여 학교장의 관심 부족, 형식적이고 획일적인 평가시행, 담당자의 전문성 부족, 평가도구의 부족, 질적 평가에 대한 관심 결여, 형식적인 보고, 평가결과 활용도 미흡, 평가모니터링 제도의 미비 등을 열거할 수 있다.

4. 학교평가

학교평가(school evaluation)는 개별학교를 하나의 기능적이며 역동적 실체로 인식하고, 학교의 제반 부문이 교육적 가치를 창출, 성취, 변형하기 위해 올바른 방향으로 기능하고 있는가를 평가하는 것을 말한다(황정규 외, 1997). 초등학교 평가, 중학교 평가, 고등학교 평가 등이 포함된다.

학교평가의 문제점으로는 학교평가의 목적이 단위학교의 특성을 고려하지 못하고 있는 점, 학교평가의 영역과 기준의 타당성과 신뢰성의 부족, 학교 자체평가 결과와 기관평가의 연계성 결여, 객관적 자료의 요구로 과정보다는 결과 중심으로 변질될 가능성, 평가결과에 대한 재투입과 환류 미흡 등이 포함될 수 있다.

학교평가는 단위학교의 의사결정에 도움을 주는 방향으로 실시되어야 하고, 행정가의 행정과 관리능력의 개선을 비롯하여 교사의 교수기능과 수업방법 개선, 교과의 구성과 조직의 개선, 궁극적으로 학생의 학업성취도 향상을 도모해야 한다. 학교평가는 교사로 하여금 학교교육의 목표, 구조, 과정, 결과를 종합적이고 광범위한 관찰과 반성을 할 기회를 제공함으로써 학교현장에서의 전문성을 제고하는 방향으로 추진되어야 한다.

5. 인사 및 행정가평가

인사 및 행정가 평가(personnel & administrator evaluation)는 조직구성원의 능력, 태도, 직무관련 실적에 대한 장점과 가치를 사전에 결정된 목표나 기준에 비추어 체계적으로 판단하는 과정을 말한다. 전통적인 인사평가에는 근무성적평정과 인사고과 등이 포함된다. 최근 새로운 인사평가에는 균형성과표(balanced score card; BSC), 직무성과계약제, 다면평가(360° feedback)방법 등이 포함된다.

직무성과계약제는 그해의 직무성과 계약에 의해 개인성과를 평가하고 평가결과를 성과급, 인사 등에 반영하는 인사관리시스템이고, 균형성과표는 조직의 성과를 다양한 관점에서 균형 있게 실시간으로 측정, 분석, 피드백 할 수 있는 성과관리시스템을 의미한다.

2절 평가영역에 따른 유형

평가영역에 따른 가장 보편적인 분류는 Bloom(1956)의 교육목표 분류이다. 그는 교육목표에 진술되어 있는 학습의 내용과 행동 중에 행동차원을 기준으로 하여 교육목표를 인지적 영역, 정의적 영역, 심동적 영역으로 분류하는 교육목표 분류방법을 제안하였다. 이를 계기로 평가의 영역을 인지적 영역, 정의적 영역, 그리고 심동적 영역 등 세 가지로 구분하기에 이르렀다.

교사는 평가영역과 관련하여 학생을 평가함에 있어서 전인적으로 평가하려는 태도를 지녀야 한다. 전인적 평가란 학생의 인지적 영역과 정의적 영역, 그리고 심동적 영역을 균형 있게 평가하는 것을 말한다. 학교교육이 전인교육을 지향하는 한 각 영역의 평가가 균형 있게 이루어질 필요가 있다.

1. 인지적 영역평가

인지적 영역(cognitive domain)의 평가는 교육목표에 진술되어 있는 학습내용을 기억, 이해, 추론 등과 같은 사고 작용을 통해 획득해야 하는 지적 학습목표의 달성여부와 그 정도를 측정하는 것을 말한다. 어떤 과목에서 사실, 개념, 법칙, 원리 등을 얼마만큼 기억, 이해, 적용하고 있는지를 평가하는 것은 지적 영역의 평가이고, 음악, 미술, 체육 과목에서 지식의 획득 정도를 평가하는 이론시험도 지적 영역의 평가에 해당한다.

인지적 영역에는 지식, 이해, 적용, 분석, 종합, 평가 등의 하위영역으로 구분되며, 각 하위영역은 다시 세분된다. 이들 가운데 가장 고차적 고등사고 능력이 바로 평가력이다. 학생의 평가능력도 관심을 가져볼만한 과제이다. 학생 스스로 다양한 평가의 경험을 가져보는 것이 중요하다. 따라서 교사가 학생을 평가대상으로만 고려하는 것보다는 학생 스스로 평가주체가 되어볼 수 있는 기회를 많이 제공할 필요가 있다. 이를 위해 평가활동 자체를 교육의 방법으로 활용하기 위한 교사의 적극적인 노력이 필요하다(김재춘 외, 2000).

2. 정의적 영역평가

정의적 영역(affective domain)의 평가는 정의적 영역의 학습목표가 달성된 정도를 확인하는 평가를 말한다. 협동성, 책임감, 준법성, 사회성, 자아개념, 흥미, 태도, 가치관 등이 변화되거나 획득된 정도를 평가하는 것이다. 학교생활기록부에 기록하는 행동발달상황 평가는 가장 전형적인 정의적 영역의 평가이고, 학교 또는 교과에 대한 흥미와 태도의 평가도 정의적 영역의 평가라고 할 수 있다.

현재 우리나라에서는 교과관련 정의적 영역의 평가에 대해 그다지 깊은 관심을 기울이지 않고 있다. 예컨대, 과학교과에 대한 흥미와 자신감, 과학의 중요성 인식, 과학에 대한 태도 등이 과학교과 관련 정의적 학습목표이다. 이와 같은 정의적 목표의 달성여부를 확인하는 평가가 정의적 영역평가에 속한다. 이러한 정의적 학습과 평가에 대한 무관심은 수학과 과학 성취도 국제비교 연구의 결과에서 우리나라 학생들의 정의적 특성이 다른 나라의 학생에 비하여 상대적으로 부정적인 경향을 보이고 있다는 사실이 경험적으로 입증되고 있다(김진규, 1998).

3. 심동적 영역평가

심동적 영역(psychomotor domain)의 평가는 손, 발, 다리, 어깨 등과 같은 신체의 일부 또는 전신을 움직여서 성취할 수 있는 학습목표의 달성 여부와 그 정도를 확인하는 평가를 의미한다. 이는 동작을 요구하는 학습 내용에 관한 평가를 말한다.

예체능 교과목에서 노래 부르기, 그림 그리기, 율동 등의 실기평가를 비롯하여 기술교과에서 도구나 기계를 조작하는 능력과 과학과목에서 실험기기를 다루는 능력을 평가하는 것은 모두 심동적 영역의 평가에 해당한다. 영어나 국어과목에서 쓰기 능력을 재는 것이나 수학에서 컴퍼스를 이용하여 선분을 이등분하는 능력을 평가하는 것도 심동적 영역의 평가에 해당한다.

3절 평가기능에 따른 유형

교육과정 또는 프로그램 평가의 기능을 중심으로 Scriven(1967)이 '평가의 방법론'이라는 논문에서 평가의 유형을 형성평가와 총괄평가로 구분하였다. 그 후 Bloom, Hastings, & Madaus(1971)는 프로그램 평가에서 사용되던 형성평가와 총괄평가의 개념을 수업과정에서 학습자의 학업성취도를 평가하는 장면에 적용하였다. 그로 인하여 이 두 개념은 교육평가에서 아주 보편적 개념으로 사용되고 있다(변창진 외, 1996).

평가의 기능을 앞에서 형성평가와 총괄평가로 구분할 수 있으나 학교의 상황을 고려하면 진단평가 또는 출발점 행동의 평가가 빠져 포괄적으로 설명하지 못하게 된다. 엄격히 말하면 진단평가는 형성평가에 포함시킬 수 있으나 평가의 기능을 보다 구체적으로 설명하기 위해서 수업이 진행되는 과정에 따라 진단평가, 형성평가, 총괄평가로 대별하는 것이 타당하다.

1. 진단평가

1) 개념

진단평가(diagnostic evaluation)는 오랫동안 학습장애의 원인을 분석하고 진단하기 위해 실시하는 평가라고 해석되어 왔다. 그러나 최근에는 진단평가가 어떤 단원의 학습을 위해 수업을 실시하기 전에 학습자가 반드시 알고 있어야 할 기초 지식이나 기술을 갖고 있는지를 점검하는 출발점 행동 평가 또는 투입행동 평가를 의미하게 되었다.

진단평가는 효과적이고 능률적으로 교수학습활동을 전개하는 데 필요한 교수전략을 세우기 위하여 수업을 시작하기 전에 학습자가 갖추고 있는 특성, 이전의 학습수행 정도, 적성, 학습준비도, 학습태도, 흥미, 동기유발 등의 출발점 행동을 진단하는 평가이다(강승호 외, 1999). 또한 진단평가는 학습이 시작되기 전에 학생이 소유하고 있는 특성을 체계적으로 관찰, 측정하여 진단하는 평가로서 사전학습 정도, 적성, 흥미, 동기, 지능 등을 분석한다(성태제, 2005).

2) 목적과 특징

일반적으로 교사들이 수업을 시작하려는 시점에서 모든 학생이 똑같은 출발선 상에서 시작한다고 하는 통념을 이른바 가상적 영점(zero point) 상태라고 한다(Bloom, Madaus, & Hastings, 1981). 이와 같이 모든 학생의 교육적 배경이 동일하다는 영점 상태의 기본 가정이 허구라는 사실을 인식하는 것이 바로 진단평가를 실시하는 출발점이 된다. 어떤 학습과제를 학습하든지 거기에는 여러 가지 변수가 작용하고 개인차가 존재한다. 이 개인차의 정보를 정확하게 수집하고 수업 효과를 극대화하기 위한 목표에 활용하는 것이 진단평가의 궁극적인 목적이다. 즉, 진단평가의 가장 중요한 목적은 적절한 수업전략을 동원하기 위한 의사결정에 필요한 정보를 수집하는 데 있다.

수업을 실시하기 전에 수집되어야 할 정보는 다음과 같다(McMillan, 2007).

① 학생들의 이전 학습 성취 결과, 시험점수 등
② 학생들의 자발적 참여 의지 관찰 정보
③ 학생기록, 특수교육담당 교사와의 협의에서 얻은 정보
④ 전반적인 학생들의 강점과 요구, 이전 담당교사의 평가결과
⑤ 학생들의 진전 상태와 이해 수준 등

진단평가는 반드시 수업 전에만 실시되는 것이 아니다. 가령 수업이 실시되는 과정에서 보통의 교정수업으로 치료되지 않는 학습결손 상태나 그 근본 원인을 밝히기 위해서 진단평가가 필요하다. 학습실패의 원인을 분석해보면 수업방법이나 교재 등의 원인에서 비롯된 것이 아니라 학생 자신의 신체적, 정서적, 환경적 또는 문화적 조건 등이 원인일 경우에 진단평가를 실시해야 한다.

또한 진단평가는 학생의 집단 편성을 위한 정치기능(定置機能)을 갖는다. 이러한 기능을 정치평가 또는 배치평가라고 부르기도 한다. 배치평가의 대표적인 사례로는 유치원에서 실시하는 학교 준비도 검사(readiness test)가 있다. 학교에서 매년 학년 초에 성적을 근거로 학급 편성하는 것이나 특정 교과목의 수준별 반편성하는 것 등도 배치평가의 사례라고 할 수 있다.

3) 절차와 방법

진단평가의 절차와 방법에 대하여 구체적인 순서나 종류를 제시하는 것은 쉽지 않다. 그러므로 진단평가를 하는 절차는 교육내용에 따라 다양

하다. 진단평가를 하기 위하여 형식적인 평가를 실시하기가 용이하지 않으므로 일반적으로 자료에 의존하여 평가한다. 전 학년의 성적표나 학교생활기록부를 토대로 학습자의 특성을 파악하고, 교수학습을 투입하기 전에 교사가 간단히 제작한 시험이나 혹은 질문 등을 이용하여 진단평가를 실시할 수도 있다(성태제, 2009).

표준화검사, 교사제작검사, 기타 공식적인 평가도구를 활용하여 진단평가를 실시할 경우에는 교육평가의 일반적 절차를 거치면 된다. 그러나 교사가 수업을 시작하기 전에 비형식적 관찰법으로 학생들의 행동을 관찰하는 절차는 ① 외모나 행동의 관찰, ② 외모나 행동의 해석, ③ 해석의 종합, ④ 특성이나 특징의 명칭 부여 등의 순으로 진행한다(McMillan, 2007).

2. 형성평가

1) 개념

형성평가(formative evaluation)라는 개념을 처음 고안한 사람은 Scriven (1967)이었다. 그는 프로그램 평가의 기능을 중심으로 형성평가와 총괄평가를 개념적으로 구분하기 위해서 형성평가의 개념을 제안하였다. Scriven에 의하면 어떤 교육프로그램을 개발하는 도중에 아직 개선될 가능성이 있는 유동적인 상태에서 그러한 미완성의 프로그램의 질을 평가하는 것을 형성평가라고 규정하였다. 이와 반대로 하나의 완성된 최종 교육프로그램을 계속 사용할 것인지 또는 중단할 것인지를 결정하기 위해서 그 프로그램의 효과를 평가하는 것을 총괄평가라고 불렀다.

프로그램 평가에서 쓰고 있는 형성평가의 개념을 수업에 적용하게 되었다(Bloom, 1969). 수업에서 형성평가는 특정 단원의 수업이 진행되는 도상에서 수업방법을 개선하고 교수학습을 최적화하는 데 필요한 정보를 수집하기 위한 활동으로 정의되고 있다. 1970년대 초반에는 형성평가에 대한 관심이 높았으나, 그 이후로 이러한 열기가 점차로 식어 버렸다. 형성평가의 중요성을 재조명하게 만든 계기는 Black & Wiliam(1998a; 1998b)의 형성평가에 대한 실증적 연구에서 비롯되었다. 그들에 의하면 형성평가를 적용한 교실수업을 받은 학생들이 획득한 효과크기(effect size)의 범위가 0.4에서 0.7인 것으로 분석하였다. 특히 형성평가는 저성취 학생집단의 성취도를 향상시켰으며, 성취도의 편차를 줄였다고 보고하였다(김진규, 2008).

2005년에 OECD에서 회원국 9개 국가가 참여하여 형성평가 활용방안을 연구하였다. 2006년에 미국의 전국교육감연합회에서 평가와 학생기준에 관한 협력관 협의회를 구성하였다. 2006년 10월에 미국 텍사스 주 오스틴에서 평가협력관협의회의 첫 회의를 개최하여 형성평가에 관한 공식적인 개념정의를 확정하였다. 이 회의에서 확정된 형성평가의 개념정의는 다음과 같다.

> 형성평가란 수업 중에 교사와 학생들이 의도된 수업성과에 대한 학생들의 성취도를 개선하기 위하여 피드백을 제공하여 현재 진행 중인 교수학습을 조정하도록 하는 과정이다(김진규, 2008).

2) 목적과 특징

형성평가의 궁극적인 목적은 학생들에게 즉각적인 피드백을 제공하여 그들의 학습을 성공적으로 이끄는 데 있다. 형성평가를 통한 학생들의 학습을 개선하기 위해서는 적어도 세 가지 요건이 충족되어야 한다. 첫째, 학생들에게 효과적인 피드백을 제공해야 한다. 다음으로 학생들이 학습에 적극적으로 참여하도록 유도해야 한다. 그리고 형성평가 결과에 따라 수업방법을 조정해야 한다.

따라서 형성평가는 프로그램이나 교육과정을 개선하기 위해서 처음 사용되던 개념이 교사의 수업을 개선하기 위해서 널리 활용되다가, 학생의 학습을 촉진하는 중요한 도구로 더욱더 확대 적용되고 있다. 궁극적으로 형성평가의 결과는 교사에 의한 외부적 피드백의 형태로 주어지는 것보다는 학생 스스로 내부적 피드백을 더 강조하는 경향을 보이고 있다.

이러한 형성평가의 주요한 특징은 주기적인 평가, 학습결손의 교정, 교수활동에의 활용, 그리고 절대기준 평가 등으로 열거하고 있다(허형, 1978). 또한 황정규(1998)는 형성평가의 특징을 네 가지로 요약하고 있다.

① 형성평가는 학습정보의 송환(feedback)과 교정에 있다.
② 형성평가는 교수학습이 아직 유동적으로 진행되고 있는 시기에 교과내용, 교수학습의 개선을 의도하기 위해 실시하는 평가이다.
③ 형성평가는 교수학습 과정을 일차적으로 이끌어 가고 개선해 가야 할 교사가 제작하는 것이 원칙이다.
④ 형성평가는 수업목표에 기초한 목표지향평가를 실시한다.

3) 절차와 방법

형성평가를 실시하는 절차는 학자에 따라 다양하게 제시되고 있다. 허형(1978)은 형성평가의 절차를 학습단위의 구분, 학습단위의 세분화, 수업목표 진술, 수업목표 조직, 그리고 검사도구의 제작 순으로 제안하고 있다. Bloom, Madaus, & Hastings(1981)는 학습단원의 분석, 형성검사의 제작, 학생의 결과 활용, 그리고 교사의 결과 활용 등으로 구분하고 있다. 황정규(1998)는 학습과제의 세분화, 목표의 진술방법, 목표의 위계화, 그리고 평가도구의 제작 순으로 구분하고 있다. 형성평가의 일반적 절차는 다음과 같다(김진규, 2008).

① 학습과제를 세분화한다.
② 학습목표를 진술한다.
③ 학습목표를 위계적으로 조직한다.
④ 평가도구를 제작한다.
⑤ 자료를 수집하고 실시한다.
⑥ 결과를 분석하고 활용한다.

일반적으로 형성평가라고 하면 쪽지시험이나 퀴즈를 연상하지만, 수업의 질을 개선하기 위하여 100가지 이상의 다양한 형성평가 기법이 사용되고 있다(김진규, 2013). 수업시간에서 교사가 학생들의 비언어적 행동을 관찰하여 즉각적 피드백을 주는 것도 형성평가이다. 질문활용 형성평가기법에는 반응카드 활용방법, 수신호 활용방법, 자동응답시스템 활용방법, 상호질문 활용방법, 그리고 소크라테스식 세미나 활용방법 등이 있다. 지필검사의 활용방법에는 진위형 문항을 비롯하여, 쪽지시험, 격자표 기법, 유사 유추기법 등이 있다. 피드백 활용에는 구두 언어, 질문, 학생자기평가, 학생동료평가 등과 같은 다양한 유형 등이 포함되어 있다(김진규, 2008; 2010; 2013).

3. 총괄평가

1) 개념

총괄평가(summative evaluation)는 형성평가를 통해 수정, 보완을 되풀이한 다음 최종적으로 완성된 교육과정이나 프로그램의 종합적인 성과 및 효율성을 다각적으로 판단하기 위해 실시하는 최종 종합평가이다. 그런 의미에서 총괄평가를 총합평가로 번역하는 학자들도 있다.

실제로 학교현장에서 교원들 가운데 일부가 형성평가와 총괄평가를 명확하게 구분하여 적용하지 못하고 있다. 형성평가와 총괄평가의 개념을 정확하게 구분하지 못하고 형성평가의 결과를 최종 성적에 반영해도 된다는 교원이 일부 있다는 것이 현실이다. 특히 학교행정가의 22.5%가 형성평가 결과를 최종 성적에 반영한다고 오해를 하고 있는 것으로 분석되었다(김진규, 2000a).

2) 목적과 특징

총괄평가를 수업에 확대 적용하면, 수업의 설계와 전개에 대한 형성평가를 실시해서 수업방법을 개선, 보완하여 수업방법에는 아무런 문제점이 없고 최상의 방법으로 수업이 이루어졌다는 것을 확인한 다음 학습자의 성취도를 평가하는 것이 총괄평가에 해당된다. 그러므로 총괄평가의 결과는 학생과 학부모에게 알려주는 교육 자료와 입학시험의 사정 자료로 활용될 수 있다.

총괄평가의 목적은 ① 성취수준의 도달여부를 판정하여 서열 부여, ② 자격증 부여의 역할 수행, ③ 집단 간 비교, ④ 학생들에게 송환 작용, ⑤ 프로그램 시행 여부 결정, ⑥ 책무성 부여 등으로 요약된다. 이러한 목적을 지닌 총괄평가의 특징은 다음과 같다(성태제, 2005).

① 교수학습이 끝난 뒤에 의사결정을 위한 평가
② 교사보다도 교육평가전문가에 의해서 제작된 검사 도구를 사용
③ 준거참조검사와 규준참조검사를 혼용

3) 절차와 방법

총괄평가 도구를 제작할 경우 가장 중요한 것은 상대적 서열을 중요시하는 규준참조평가를 할 것인가 또는 목표달성의 여부만을 판단하는 준거참조평가를 실시할 것인가를 결정하는 일이다. 평가의 목적이 결정되었다면 평가내용은 가르치고 배운 내용을 모두 포함하여야 한다. 총괄평가 도구를 제작하는 절차는 다음과 같다(성태제, 2005).

① 교육목표를 재확인, 진술한다.
② 교수학습의 전반적인 내용을 포함한다.
③ 다양한 정신 능력을 측정하기 위해 다양한 문항 형태를 이용한다.
④ **규준참조평가** : 다양한 난이도의 문항을 제작한다.
　준거참조평가 : 최저 준거에 부합하는 난이도의 문항을 제작한다.
⑤ **규준참조평가** : 규준을 만들고 서열을 부여한다.
　준거참조평가 : 준거에 따라 통과와 미통과를 판정한다.

일반적으로 총괄평가는 중간시험과 기말시험 형태로 실시된다. 수업이 진행되는 과정에서 실시되는 쪽지시험이나 수행평가도 최종 성적의 일부로 반영하는 경우 총괄평가로 간주된다.

4절 평가기준에 따른 유형

교육성과를 평가하는 기준을 목표로 하느냐 또는 평가를 실시해서 학습자들이 받은 점수의 평균으로 하느냐에 따라 교육평가는 규준참조평가(norm-referenced evaluation)와 준거참조평가(criterion-referenced evaluation)로 구분할 수 있다. 최근에 거론되고 있는 능력참조평가(ability-referenced evaluation)와 성장참조평가(growth-referenced evaluation)를 간략하게 소개하고자 한다.

1. 규준참조평가

1) 개념

규준참조평가는 개인 얻은 점수나 측정치를 비교집단의 규준에 비추어 상대적 위치나 서열에 비추어 판단하고 해석하는 평가방식을 말한다. 규준참조평가는 규준지향평가로 번역되기도 한다. 규준(norm)은 규준집단의 점수분포에서 계산된 통계치로 표시되며, 가장 많이 사용되는 규준은 평균이다.

규준참조평가에서는 절대적인 기준이 없고 학생들이 획득한 점수의 평균 또는 미리 정해 놓은 비율에 따라 개개 학생들이 시험에서 받은 점수의 가치가 상대적으로 결정된다고 해서 상대평가라고도 한다. 일단의 학생들이 획득한 평균값을 기준으로 개개 학생들의 성취도가 어디에 위치하는가에 따라 결정된다. 그래서 평가할 때의 평균은 평가의 규준이라 하고, 수, 우, 미, 양, 가를 주는 비율을 각각 상위 5%, 15%, 60%, 15%, 그리고 하위 5%로 사전에 정해 놓고 그 비율을 기준으로 성취도를 평가하면 그것도 평가의 규준이다.

2) 선발적 교육관과 규준

규준참조평가는 진화론에 입각하여 학생들 간에 현저한 개인차가 있고 그것은 교육의 힘으로 극복할 수 없다고 믿는다. 따라서 평가는 성취도를 최대한 정밀하게 변별하여 특정 교육과정을 이수할 수 있는 학생들을 선정한 다음 각자의 능력에 맞는 내용 또는 수준의 교육을 해야 한다는 선발적 교육관에 기초를 두고 있다. 그래서 규준참조평가에서는 학습자의 능력 또는 성취도를 세밀하게 측정하기 위해 100점 만점으로 하는 10진법 또는 5진법(수, 우, 미, 양, 가)을 이용하여 성취도를 변별적으로 평가한다.

3) 장·단점

규준참조평가의 장점과 단점은 다음과 같다(김대현·김석우, 2005). 먼저 규준지향평가의 장점은 ① 개인차의 변별 가능, ② 교사의 편견을 배제, ③ 동기유발에 유리 등 세 가지로 요약된다. 한편, 규준참조평가의 단점은 ① 수업활동의 개선 및 보완에 부적절, ② 참다운 의미의 학력평가가 불가능, ③ 과다한 경쟁 심리 조장, ④ 다른 집단과의 비교 불가능 등 네 가지로 요약된다.

2. 준거참조평가

1) 개념

준거참조평가는 준거지향 또는 준거기준으로 번역하기도 한다. 준거참조평가는 1963년에 Glaser가 처음으로 사용하였으며, 학습목표를 평가기준으로 하여 목표달성 여부 또는 그 정도를 확인하는 평가방식이다. 이는 학습목표를 기준으로 개개 학생들이 알아야 할 것을 알고 있느냐(목표 도달), 모르고 있느냐(목표 미달)를 판정한다고 해서 절대평가라고 부르기도 한다.

우리나라에서는 1976년에 목표지향평가라는 이름으로 준거지향평가(일명 절대평가)를 공식적으로 도입하였지만 제대로 실행되지 않았다. 1996학년도 1학기에 종합생활기록부제도를 도입하면서 준거지향평가를 도입하기로 결정하였으나 일선 학교의 점수 부풀리기가 문제시되어 1996년 8월에 학교생활기록부로 개칭하고 시행을 연기한 바 있다. 1998년 10월에 발표된 2002학년도 대학입학제도 개선안에 따라 1999년 3월부터 수행평가의 적용과 더불어 절대평가가 전면적으로 시행되었다. 고등학교 내신성적을 대학입학의 전형기준으로 사용하고 있기 때문에 점수 부풀리기 현상이 문제시되어 2008학년도 대학입시 개선안에 따라 2005년 9월에 상대평가체제로 환원되었다. 2012년 3월 학기부터 중학교 1학년과 전문계 고등학교 1학년에 적용하기 시작한 현행 성취평가제는 준거참조평가라고 할 수 있다.

2) 발달적 교육관과 준거

준거참조평가는 종래의 선발적 교육관과는 달리 충분한 학습시간과 학습조건을 제공하면 거의 모든 학습자가 주어진 학습목표에 도달할 수 있고 그것이 바로 교육의 목적이라는 발달적 교육관에 기초를 두고 있다. 이는 완전학습이론과 맥락을 같이 한다.

여기서 준거는 학습목표를 의미한다. 준거참조평가에서는 성취도 분산은 아주 작고 그것을 최대한 줄이는 것이 교육이라고 생각하여 목표의 도달-미달이라는 2진법적인 평가결과 보고방식을 사용한다. 도달-미달 분류 보고방식 이외에 정답률, 5단계 절대평가방식, 문장 서술 방식 등도 사용되고 있다. 준거참조평가에서는 목표의 수가 중요한 의미를 갖는다. 목표의 수가 너무 많아도 문제가 되고 너무 적어도 문제가 된다.

3) 장·단점

준거참조평가의 장점과 단점은 다음과 같다(김대현·김석우, 2005). 먼저 준거참조평가의 장점은 ① 교수-학습활동의 개선에 적합, ② 교육활동 전반의 개선이 용이, ③ 고등정신 능력의 배양에 적합 등 세 가지로 요약된다. 한편, 준거참조평가의 단점은 ① 개인차의 변별에 부적합, ② 준거설정의 문제, ③ 점수의 통계적 활용이 불가능 등 세 가지로 요약된다.

3. 능력참조평가

능력참조평가는 학생이 지니고 있는 능력에 비추어 얼마나 최선을 다하였느냐(maximum performance)에 초점을 두는 평가다. 학생 개인이 지니고 있는 능력을 얼마나 발휘하였느냐에 관심을 두므로 개인 위주로 하는 평가방법이라 할 수 있다. 예컨대 우수한 능력을 지녔음에도 불구하고 최선을 다하지 않은 학생과 능력이 낮더라도 최선을 다한 학생이 있을 때 후자의 성취수준이 낮더라도 더 좋은 평가결과를 얻을 수 있다. 이와 같이 능력참조평가는 각 학생의 능력과 노력에 의하여 평가되는 특징을 지닌다(성태제, 2002).

4. 성장참조평가

성장참조평가는 교육과정을 통하여 얼마나 성장하였느냐에 관심을 두는 평가다. 최종 성취수준에 대한 관심보다는 초기 능력 수준에 비추어 얼마만큼 능력의 향상을 보였느냐를 강조하는 평가다. 즉, 이는 사전 능력 수준과 관찰된 시점의 측정된 능력 수준 간의 차이에 관심을 둔다. 그러므로 성장참조평가는 학생들에게 학업 증진의 기회를 부여하고 개인화를 강조하는 특징을 지니고 있다(성태제, 2002).

5절 평가도구(검사)에 따른 유형

검사는 인간의 행동 특성을 측정하는 도구로서 매우 다양하다. 인간의 행동특성을 분류하는 기준에 따라 인지적 행동특성을 측정하는 검사, 정의적 행동특성을 측정하는 검사, 그리고 심동적 행동특성을 측정하는 검사로 분류할 수 있다. 인간의 행동특성을 측정하는 검사의 종류는 다양한 기준에 따라 분류될 수 있다. 검사의 유형은 표준화 여부, 표현양식, 측정내용, 실시방식, 측정단위, 응답형식, 준거기준에 따라 분류된다(변창진 외, 1996). 여기서는 대표적인 인지능력을 측정하는 검사, 표준화검사, 그리고 교사제작검사를 중심으로 소개하고자 한다.

1. 인지능력 측정 검사

학교 현장에서 인지적 행동의 평가는 두 가지 관점에서 나눌 수 있는데, 하나는 '학교교육과정의 습득정도'를 측정하는 학업성취도 평가인 반면에, 다른 하나는 학교교육과정에는 포함되어 있지 않지만 학생의 '지적 능력'을 평가하는 지능검사를 말한다. 인지적 능력을 측정하는 검사의 종류에는 학업성취도검사, 학업적성검사, 그리고 지능검사로 대별된다.

1) 학업성취도검사

일반적으로 학업성취도검사(academic achievement test)란 어떤 특정 영역에서 피험자의 지식, 기술, 성취의 현재 수준을 측정하기 위한 검사이다. 즉 일련의 훈련이나 학습을 받은 후에 학습자가 무엇을 얼마나 학습했는가를 평가하는 검사이다. 피험자가 특정 활동을 한 후, 개인이 지니고 있는 지식이나 수행능력의 정도를 측정하는 검사를 말한다(한국교육평가학회, 2004). 한국교육심리학회(2000)는 학업성취도검사를 일련의 교육활동이 이루어진 뒤 학습자가 무엇을 얼마나 학습했는가를 평가하는 검사로 규정하고 있다. 구체적인 교육활동에 대한 결과적 성과를 평가한다는 면에서, 미래 학업성취에 대한 잠재력을 평가하는 학업적성검사와는 구별된다. 검사의 타당도는 일반적으로 검사문항들이 평가하려는 내용을 적절하게 반영하고 있는지를 점검하는 내용타당도에 근거하여 판단된다.

2) 학업적성검사

학업적성검사(scholastic aptitude test)는 교육과 관련된 활동을 성공적으로 수행할 수 있는 능력의 소유 정도를 예언하기 위한 검사를 말한다. 인간 활동의 여러 영역에서 피험자가 어느 정도의 능력을 갖고 있는지를 측정하여 장래 활동분야에서의 성공도를 예측하려고 하는 검사로서, 검사방법으로는 축소검사(miniature test), 지필검사 등 여러 종류가 사용되며 요인분석법(factor analysis method)을 통해서 발견한 적성의 기본요인을 변별적으로 측정하는 검사가 많다. 검사의 측정 내용은 대체로 언어추리능력, 수량능력, 추상적 추리능력, 공간지각능력, 기계추리능력, 지각속도 및 정확성 등으로 구성된다. 적성검사는 교육효과를 높이고 생산성을 올리기 위한 자료로서 또한 각 개인의 능력이나 인격특성에 알맞은 진로를 선택할 수 있도록 지도·조언하기 위한 자료로서 사용된다. 직업적성을 그 예로 들어보면, 특정 직업에 종사하여 그것을 효과적으로 수행할 수 있을 만한 능력이나 성격특성이 그 직업에 종사하기 이전이나 특별한 훈련을 받기 이전에 잠재적으로 존재하고 있는 상태를 직업에 대한 적성이라고 한다(한국교육평가학회, 2004).

3) 지능검사

지능검사(intelligence test)는 개인의 지적 능력수준을 파악하기 위해서 지적 능력을 측정하는 문제들로 구성된 검사이다. 1905년 지능검사의 효시라고 할 수 있는 프랑스의 심리학자인 Binet와 동료 Simon이 저능 아동 식별을 위해 만든 최초의 Binet-Simon 검사를, 1916년 Terman이 미국 문화권에 맞게 표준화하여 Stanford-Binet 검사를 만든 이후 전 세계 다양한 문화권의 지능검사가 만들어졌다. 지능검사는 분류의 목적에 따라 여러 가지로 나눌 수 있는데 측정대상에 따라 일반지능검사와 집단검사로, 그리고 문제양식에 따라 동작검사와 지필검사로 나눌 수 있다(한국교육심리학회, 2000).

2. 표준화검사

표준화검사는 전문가들에 의하여 검사의 실시와 채점, 그리고 결과의 해석이 동일하도록 모든 절차와 방법을 일정하게 만들어 놓은 검사이다. 표준화검사는 표본 집단의 점수를 기초로 규준이 만들어진 검사이므로 개인의 점수를 규준에 맞추어 해석, 비교하는 것이 가능하다. 표준화검사는 대규모로 제작되고, 내용의 표집이 광범위하며, 전문적이고 체계적인 절차를 거치므로 신뢰성과 타당성이 높다.

한 개인의 성취도 또는 특성이 비교하려는 집단에서 어떤 위치에 속하는가를 알아보기 위해서 표준화검사는 규준을 가지고 있어야 한다. 규준이란 비교하려는 집단의 검사점수의 분포를 말한다. 검사에서 획득한 원점수는 그 자체로는 아무런 의미가 없다. 원점수는 규준이라는 잣대에 비추어 상대적 위치를 비교하고 해석할 수 있다. 규준은 백분위, 학년규준점수, 표준점수 등으로 표시되며, 특정 학생의 점수를 다른 학생들의 점수와 비교하기 위한 근거로 사용된다.

표준화검사는 측정결과를 교육현장에 의미 있게 활용하는 데 목적이 있다. 표준화검사의 구체적 활용방법으로는 ① 학습지도에 필요한 정보를 제공함으로써 학력진단에 활용, ② 학습자의 생활지도에 필요한 자료 제공, 교육적 배치를 위한 자료 제공, 교육연구와 교사의 자질향상에 기여 등이 있다(김대현·김석우, 2005).

3. 교사제작검사

교사제작검사는 교사가 학생들의 성취도나 행동특성을 측정하기 위해 비공식적으로 제작한 검사를 말하며, 비표준화검사 또는 학급검사(classroom test)라고 부른다. 교사가 출제한 중간시험, 기말시험, 또는 학생들의 만족도를 측정하는 설문지, 학생들의 교우관계를 측정하기 위한 설문지 등이 교사제작검사에 해당된다. 교사제작검사는 출제범위, 문항형식, 배점, 검사실시조건, 채점기준 및 방식이 교사마다 다르다. 일반적으로 교사제작검사는 규준이 없고 신뢰도나 타당도와 같은 정보를 제공하지 않으므로 검사의 질을 판단하기 어렵다.

표준화학력검사와 교사제작검사의 특징을 비교하면 다음 <표 8-1>과 같다(권대훈, 2008).

〈표 8-1〉 표준화학력검사와 교사제작검사의 비교

구분 \ 검사	표준화 학력검사	교사제작검사
제작자	전문가	교사
목표의 일반성	모든 학생들에게 공통적이고 일반성이 높은 목표	특정 학급에 한정되는 목표
출제범위	모든 학생들이 공통으로 학습한 내용	특정 학급에서 학습한 내용
문항	문항이 고정되어 있어 임의로 추가·삭제·수정할 수 없음	필요시 문항을 추가·삭제·수정할 수 있음
실시 및 채점	전문가가 결정하며, 검사요강에 제시된 방식을 엄격히 준수해야 함	교사가 결정하며 필요할 경우 조정할 수 있음
규준	전문가가 제작한 규준이 있음	규준이 없음. 교사가 학급 내에서 규준을 작성할 수는 있음
검사의 질	신뢰도와 타당도와 같이 검사의 질을 판단할 수 있는 정보가 있음	교사가 검사의 질을 판단함

제 9 장
지필 평가 방법

평가문항과 도구를 작성하는 일은 간단한 작업이 아니다. 좋은 문항을 제작하기 위하여 문항작성자는 교과의 교육과정을 충분히 이해해야 하고, 피험자 집단의 심리적 특성을 파악해야 하며, 문항작성방법과 최신 검사이론과 학습이론에 정통해야 한다. 문항작성에 요구되는 기본 역량뿐만 아니라, 자신이 작성한 문항에 대한 동료나 타인의 비판을 겸허히 받아들일 수 있는 허용적인 태도를 취해야 한다.

교사들은 수업의 목적에 적합한 평가방법이나 도구를 선택할 수 있는 평가전문능력을 가지고 있어야 한다. 또한 교사 자신의 수업에 적합한 평가도구를 개발할 수 있는 평가전문능력을 가지고 있어야 한다. 수업에 적합한 평가도구를 개발한다는 것은 정확하고 타당하며 신뢰로운 도구를 제작한다는 의미이다.

이 장에서는 먼저 문항제작의 기초 개념을 살펴 본 다음, 선택형 문항, 그리고 서답형 문항 등의 유형과 제작 원리를 구체적으로 논의하고자 한다.

1절 평가 문항 제작의 기초

1. 문항의 기본 특성

1) 문항의 개념

보통 문항은 피험자(또는 수검자)의 반응을 유도하는 진술문이며, 수검자의 반응은 여러 가지 방식으로 채점할 수 있다. 예컨대 시험이나 검사에서 한 문항의 답을 맞히면 1점을 주고 틀리면 0점으로 처리한다. 또한 수검자의 반응은 낮은 점수에서부터 높은 점수로 된 척도에 따라 점수를 부여할 수 있다(Hyladya, 1994).

문항에 대한 개념을 체계적으로 정의하려는 시도는 Osterlind(1989)의 주장에서 비롯된다. 그에 의하면 어떤 정신적 속성을 조사하기 위한 검사 문항은 자극과 응답 형식을 갖춘 측정단위이다. 또한 문항은 지식, 능력, 경향성, 그리고 특성 등과 같은 피험자의 심리적 구인(construct)의 수행을 추론할 수 있는 반응을 유도한다(Osterlind, 1998).

이 정의에서는 세 가지 중요한 하위 요소를 포함하고 있다.

① 문항은 하나의 측정단위이다.

② 문항은 자극과 응답 형식으로 구성되어 있다.

③ 문항은 심리적 구인을 추론하는 기능을 한다.

2) 문항의 구조

문항을 구성하는 용어로는 지시사항(또는 지시문), 지문, 그래픽, 문두, 답지, 정답지, 오답지, 교란지 등이 있다. 문항의 대표적인 구성요소는 지시사항(direction), 문두(stem), 그리고 답지(alternatives or options) 등이다(권대훈, 2008).

지시사항 또는 지시문은 문항에 대해 어떻게 반응할 것인지를 명시한 문장을 말한다. 지시문은 문항 하나하나에 별도로 사용되는 개별 지시문과 일련의 문항에 공통적으로 사용되는 공통 지시문으로 구분된다. 문항에 대한 지시문은 특정 문항이나 지문을 공유하는 일련의 문항에만 적용되는 지시문이다.

문두는 피검사자의 반응을 유도하기 위해 질문을 제시하거나 상황을 설정하는 부분을 가리킨다. 문두는 반응을 유발하기 위한 자극의 기능을 한다. 문두는 질문과 다르다. 왜냐하면 문두는 의문문으로 진술할 수도 있고, 평서문이나 명령문으로 진술할 수 있기 때문이다.

선택지는 선택형 문항의 문두에 제시해 놓은 답지를 의미한다. 따라서 서답형 문항은 지시문과 문두만으로 구성된다. 선택지는 정답으로 채점되는 정답지와 오답으로 채점되는 오답지로 구성된다. 오답지는 정반응을 확실하게 모르는 피검사자를 헷갈리게 하는 기능을 한다는 의미에서 교란지(distractor, 영국에서는 foils)라고 부르기도 한다. 선택지를 보기라고 부르는 사람도 있으나, 양자는 전혀 다르다.

2. 문항유형의 분류

1) 응답자의 반응형식에 따른 분류

가) 선택형 문항

선택형 문항(selection type item)은 지시문이나 문두(item stem)와 함께 여러 개의 답지 또는 선택지(alternatives or options) 중에서 적합한 답지를 선택하도록 하는 문항 형식이다. 이 형식은 답을 찾는 데 필요한 정보를 제시하고 거기에서 정답을 골라내는 재인 과정을 요구하기 때문에 재인형(recognition type) 문항이라고도 한다. 선택형 문항은 다시 진위형, 선다형, 결합형(배합형 또는 연결형)으로 나누어진다.

선택형 문항은 객관적이고 신속한 채점이 가능하며, 내용표집의 대표성이 높다는 장점이 있다. 그러나 문항제작에 특별히 유의하지 않으면 단편적인 사실에 대한 기계적인 기억을 측정하는 문항이 출제될 가능성이 높아진다는 단점이 있다.

나) 서답형 문항

서답형 문항(supply type item)은 문두만을 제시하여 응답자로 하여금 답을 생각해서 쓰도록 하는 형식의 문항이다. 이 형식은 응답자로 하여금 답을 스스로 생성하는 재생과정을 요구한다는 점에서 회상형 문항이라 한다. 서답형 문항은 단답형, 완성형, 논문형으로 분류된다.

서답형 문항은 선택형 문항에 비하여 고차적인 학습 성과를 측정할 수 있으며, 추측으로 정답을 맞힐 가능성을 최소화할 수 있다는 장점이 있으나, 채점이 어려울 뿐만 아니라 객관도가 낮다는 단점이 있다.

2) 채점방식에 따른 분류

가) 객관식 문항

객관식 또는 객관형 문항(objective-type item)은 채점과정에 채점자의 주관이 개입될 소지가 없는 문항형식을 말한다. 일반적으로 채점과정에서 주관성의 개입수준으로 볼 때, 진위형, 결합형, 선다형, 단답형, 완성형은 객관식 문항에 해당된다. 단답형과 완성형 문항은 정답 이외에도 유사정답이 나타날 여지가 있고, 채점과정에서 채점자의 주관이 개입될 소지가 있다고 해서 주관식 문항으로 분류한 경우도 있다(중앙교육평가원, 1987).

선택형 문항의 경우 객관성이 가장 높고, 완성형과 단답형 문항은 객관성이 비교적 높은 편이나, 논문형은 주관성이 가장 많이 작용하는 것으로 본다. 단답형과 완성형을 객관식 서답형 문항으로 분류하기도 한다. 일반적으로 단답형과 완성형을 객관식 문항으로 간주한다(권대훈, 2008).

나) 주관식 문항

주관식 문항(subjective-type item)은 피험자가 구성한 답안에 대하여 채점자가 주관적으로 판단하고 채점하는 문항형식을 말한다. 논문형이 대표적인 주관식 문항에 해당된다. 논문형 문항은 채점자가 채점할 때 주관이 개입되어 동일한 답안에 대하여 여러 사람이 채점하거나 같은 답안을 한 사람이 여러 번 채점할 때 점수가 달라질 수 있다.

3) 평가 상황의 구조화 정도에 따른 분류

수행평가의 등장으로 문항 유형의 분류에 대한 논의가 진행되고 있다. 먼저 수행평가는 선택형과 서답형 문항의 연속선상에 놓여 있는 개념으로 이해될 수 있다(성태제, 1998). 수행평가와 선택형 문항 간의 차이는 평가 상황의 실재성과 구조화의 정도에서 나타난다. 선택형 문항은 인공적이고 가공적이며 인위적인 평가 상황을 제시하는 반면에, 수행평가는 실제적이고 자연적인 현실적인 평가 상황을 묘사한다. 또한 선택형 문항은 구조화된 상황을 제시함으로써 응답자의 반응을 엄격히 제한시키고 있는 반면에, 수행평가는 비구조화된 상황에서 응답자가 자유롭게 반응할 수 있는 여지를 제공하고 있다.

평가 상황의 실재성과 문항의 구조화 정도에 따라서 선택형, 서답형, 그리고 수행평가 간의 관계를 나타내면 다음 [그림 9-1]과 같다(김진규, 2002a).

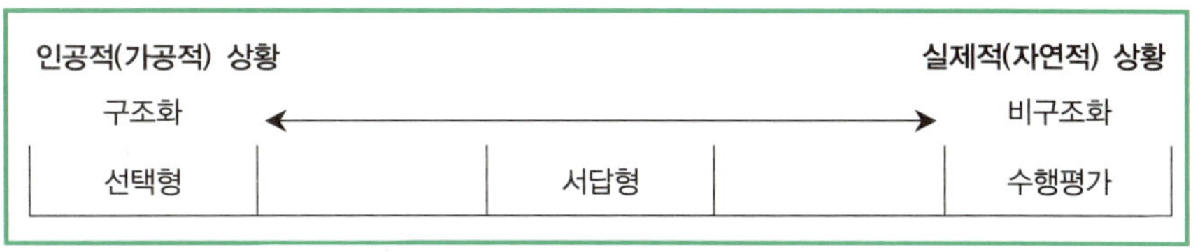

[그림 9-1] 평가 상황의 구조화에 따른 문항 분류

3. 평가문항의 제작 절차

문항제작 절차는 측정의 내용, 검사의 목적, 검사의 종류에 따라 다소 다를 수 있다. 여기서 일반적인 검사 문항제작 절차는 검사목적의 확인, 출제계획서의 작성, 출제문항의 작성, 문항의 예비편집, 예비검사 실시 및 수정 보완, 그리고 최종 문항의 편집과 인쇄 등으로 구분할 수 있다.

1) 검사목적의 확인

먼저 검사의 목적을 구체화하여야 한다. 진단, 형성, 총괄평가 중 어떤 평가를 할 것인지 또는 규준지향평가와 준거지향평가 중 어떤 목적으로 평가할 것인지를 결정해야 한다. 문항제작을 위한 평가목표는 보다 구체적으로 분석되고 관찰가능하고 측정 가능한 행위동사를 사용하여야 한다.

2) 출제계획서의 작성

문항 제작을 위한 청사진인 출제계획서를 작성한다. 출제계획서는 검사 제작을 위한 청사진이다. 여기에는 이원목적분류표를 비롯하여 검사 소요시간, 문항 수, 문항유형, 문항난이도 수준, 지시사항, 시행절차, 채점방법 등이 포함된다. 이원목적분류표 작성방법에 관하여 제3장에서 논의한 바 있다.

3) 출제 문항의 제작

문항작성을 위한 각종 기법을 최대한 활용하고 창의적인 아이디어를 발휘하여 평가목표에 적절한 문항을 제작해야 한다.

4) 문항의 예비 편집

일반적으로 같은 결과를 측정하는 문항은 같이 배열하고, 같은 문항 유형은 같이 배열하고 적당한 지시사항으로 표시한다. 난이도가 낮은 문제에서 높은 문제 순서로 배열한다.

5) 예비검사 실시 및 수정 보완

개발된 문항은 평가대상 집단에 대하여 소규모 예비검사를 실시하여 문제점을 수정하고 이를 검토하여 보완한다. 보통 학급에서 실시하는 교사 자작검사는 예비검사를 생략하고 교사 상호간의 검토와 수정으로 대신할 수 있다.

6) 최종 문항의 편집과 인쇄

문항의 개발이 완료된 검사문항들은 검사의 전반적인 통일을 기하고 합리적인 배열과 편집의 과정을 거쳐 최종 인쇄하게 된다. 검사의 편집에는 문항계열의 결정, 문항배열, 그리고 검사지 인쇄와 보관으로 구분된다(권대훈, 2005).

4. 평가목표의 진술 방법

1) 평가목표의 개념

평가목표는 평가의 준거로 사용할 목적으로 학습자를 주어로 하여 내용과 행동을 구체적으로 하여 내용과 행동을 구체적으로 적시한 진술문이다. 학습목표가 아주 구체적으로 진술되어 있으면 별도로 평가목표를 진술할 필요가 없다. 그러나 학습목표가 충분히 명세적으로 진술되어 있지 않으면 평가준거로 사용될 수 있는 평가목표를 진술해야 한다. 이러한 경우에 학습목표와 평가목표를 구분할 목적으로 평가목표라는 개념이 사용되고 있다(변창진 외, 1996).

평가목표의 구성요소는 다음과 같다(Gerlach, 1967).

① A(audience) : 진술문의 주어

② B(behavior) : 학습을 통해 변화 또는 획득되기를 바라는 학습자의 행동

③ C(condition) : 학습의 결과로 획득된 학습자의 행동이 일어나게 하는 상황

④ D(degree) : 학습을 통해 획득된 내용과 행동의 양적·질적 수준을 판단하는 준거

Gerlach가 제시한 학습목표의 진술 요건 중에서 내용과 행동을 모든 학습목표에 반드시 진술되어야 할 필수요건이며, 청중, 조건, 준거는 목표 진술의 부수적 요건이다.

2) 목표진술의 방식

학습 또는 평가목표의 진술방식은 매우 다양하다. 현재 가장 많이 사용되고 있는 대표적인 진술방식은 Tyler(1950), Mager(1962), Gagné(1965), Gronlund(1972)의 진술방식이다(변창진 외, 1996). 평가목표를 진술할 경우 평가목적과 내용에 비추어 네 가지 진술방식 중에서 어떤 진술방식을 택할지를 결정하면 된다. 이 네 가지 진술방식을 요약하여 비교하면 다음 <표 9-1>과 같다.

〈표 9-1〉 목표 진술방식의 비교

진술방식	청 중	행 동	준 거	조 건	내 용	비 고
Tyler	학습자	도달점 행동			내용	
Mager	학습자	도달점 행동	준거	조건	내용	조건에 내용포함
Gagné	학습자	도달점 행동 (보조동사+핵심동사)		조건	내용	조건에 내용포함 보조동사(과정적 동작) 핵심동사(최종 도달점 행동)
Gronlund	학습자	도달점 행동 (내현적 행동)			내용	일반적 목표(주목표)
	학습자	도달점 행동 (외현적 행동)			내용	명세적 목표(하위목표)

3) 목표 진술방식의 예시

위의 표에서 제시된 네 가지 진술방식을 예시하면 다음과 같다.

가) Tyler의 진술방식

<u>학습자는</u> <u>삼각형의 합동조건을</u> <u>열거할 수 있다.</u>

① 학습자 ② 학습내용 ③ 도달점 행동

나) Mager의 진술방식

<u>십단위 수를 두 개씩 무작위로 뽑아 만든 20개의 덧셈문제를 주면, 수판을 사용하지 않고,</u>(③) <u>학습자는</u>(①) <u>20개의 문제 가운데 적어도 18개는 정확히</u>(④) <u>계산할 수 있다.</u>(②)

다) Gagné의 진술방식

어미가 se로 끝나는 한 쌍의 낱말을 주면 교재나 사전을 보지 않고 학습자는
③ ①
그것을 소리 내어 읽어가면서 is와 iz로 발음하는 낱말을 구분한다.
② ②

라) Gronlund의 진술방식

1.0 조선시대의 중요한 역사적 사실을 알기(일반적 교수목표)
1.1 날짜, 사건, 관련인물을 확인하기(명세적 교수목표)
1.2 특정 역사적 사건의 특징을 기술하기(명세적 교수목표)
1.3 중요 역사적 사건을 시대 순으로 열거하기(명세적 교수목표)
1.4 역사적 사건과 그 원인을 관련짓기(명세적 교수목표)

4) 이원목적분류표 작성

평가목표가 어떤 성질의 목표로 구성되어 있는지를 확인하고 점검하는 절차가 교육목표 분류작업이다. 전통적인 방법은 내용과 행동으로 구성된 목표 이원분류체계이다. 이원목적분류표는 세로에는 내용 요소, 가로에는 행동 요소(지식, 이해, 적용 등)를 교차시켜 목표를 이원적으로 분류하는 방법이다. 이원목적분류표는 학습목표 설정의 타당성, 포괄성, 위계성을 점검할 수 있다는 점에서 효율적이다. 그러나 내용차원의 요소가 결정되었을 때 그 요소를 통합하는 문항을 추출하기가 곤란해진다. 또한 행동차원에서 오직 각 요소에만 해당하는 문항을 만들기가 어렵다는 점도 있다.

이원목적분류표의 작성은 학습결과를 평가하기 위한 청사진이 되며, 문항작성의 구체적인 지침이 된다. 또한 교과나 단원의 학습목표와 평가활동을 연결시켜 주는 교량적 역할을 수행한다. 이원목적분류표를 작성하는 절차는 다음과 같다.

① 1단계 : 교육과정, 교과용 지도서, 교과서를 참고하여 결정한 내용 분류 유목을 종축에 차례로 기입한다.

② 2단계 : 지적 영역, 정의적 영역, 심동적 영역의 행동을 분류하는 유목을 빠짐없이 횡축에 기입한다.

③ 3단계 : 학습목표를 하나씩 읽고 내용×행동이 교차되는 여러 개의 칸 중에 어느 한 칸이 속하는지를 판정하여 그 칸에 빈도를 표시한다.

④ 4단계 : 빈도 표시를 숫자로 바꾸어 쓰고 합계란에는 빈도의 합을 구하여 기록한다.

⑤ 5단계 : 단 한 칸에도 빈도가 없는 종렬과 횡렬은 지워버린다.

⑥ 6단계 : 총 문항수를 분모로 하고 칸마다 빈도를 분자로 하는 백분율을 구해서 괄호 속에 기입한다.

5) 이원목적분류표의 예시

이원목적분류표는 교과의 성격에 따라 다양하게 사용되고 있다. 이원분류가 가장 보편적으로 사용되고 있으나 경우에 따라서는 3원 분류를 해야 할 때도 있다. 국어 또는 외국어 교과의 평가에서 내용을 현대문, 어휘, 고어, 문법으로 구분한 다음 기능적 측면을 읽기, 듣기, 쓰기, 말하기로 나누고 행동을 지식, 이해, 적용, 분석, 종합으로 구분해서 평가하려고 한다면 3원 분류를 해야 한다.

또한 내용과 행동의 분류 유목을 어느 정도 세분할 것인지를 검토해야 한다. 2012년 3월 학기부터 중학교 1학년에 성취평가제를 도입함에 따라 이원목적분류표에 각 문항별 성취기준을 추가적으로 진술하도록 요구하고 있다. 참고로 과학과 지필평가의 이원목적분류표를 제시하면 다음 <표 9-2>와 같다(교육과학기술부·한국교육과정 평가원, 2012).

〈표 9-2〉 과학과 지필평가의 이원목적분류표 예시

2012년 1학기 (1회) 고사 (1) 학년 총 문항 수 ( )문항										
고사일시 2012년 ( )월 ( )일 ( )교시			공동출제자 :							
총점( )			선택형 (72)점 서술형 (28)점							
선택형 문항										
문항번호	내용영역	성취기준	행동영역			난이도			배점	정답
			지식	이해	적용	어려움	보통	쉬움		
1	물질의 상태	물질의 상태에 따라 분자 배열의 차이를 비교할 수 있다.		○				○	3	4
2	기체의 온도와 부피	기체의 온도에 따른 부피 변화를 모형을 사용하여 설명할 수 있다.			○		○		4	5
…	…	…								
19	지표의 변화	암석의 풍화작용과 토양의 생성과정을 이해하며 토양의 중요성을 설명할 수 있다.			○	○			5	4
20	정전기	정전기 유도 현상이 일어나는 과정을 설명할 수 있다.		○			○		4	3
서술형 문항										
문항번호	내용영역	성취기준	행동영역			난이도			배점	정답
			지식	이해	적용	어려움	보통	쉬움		
1	온도에 따른 기체의 부피	기체의 온도에 따른 부피 변화를 모형을 사용하여 설명할 수 있다.			○	○			8	별도관리
2	상태변화와 열에너지	상태변화에서의 에너지의 출입을 분자의 운동과 관련지어 설명할 수 있다.			○		○		6	
3	암석의 순환	암석은 그 생성과정에 따라 화성암, 퇴적암, 변성암으로 구분되며, 서로 순환할 수 있다는 것을 이해한다.		○		○			8	
4	잎의 역할	광합성 결과 생긴 양분의 전환 및 이동을 설명할 수 있다.		○			○		6	
총합계			7	9	8	7	10	7	100	-
비율(%)			29	38	33	29	42	29	100	-

2절 선택형 문항의 제작

선택형 문항은 다시 진위형, 선다형, 결합형(배합형 또는 연결형)으로 나누어진다. 일반적으로 선택형 문항이 적합한 상황은 다음과 같다.

① 평가받을 학생 수가 많다거나 동일한 평가문항을 재사용할 가능성이 있을 경우
② 보다 신뢰 있는 평가문항을 원할 경우
③ 평가의 공정성, 객관성, 다른 불필요한 요인이 점수에 영향을 미칠 가능성을 가능한 한 제거하고자 할 경우
④ 비판적으로 답안지를 채점할 능력이 부족한 대신 객관적 평가문항을 제작하는 데 더 자신이 있다고 생각할 경우
⑤ 평가문항보다도 평가실시 후에 그 결과를 시급히 보고해야 하는 경우

선택형 문항은 객관적이고 신속한 채점이 가능하며, 내용표집의 대표성이 높다는 장점이 있다. 그러나 문항제작에 특별히 유의하지 않으면 단편적인 사실에 대한 기계적인 기억을 측정하는 문항이 출제될 가능성이 높아진다는 단점이 있다.

1. 진위형 문항

진위형 문항(true-false type item)은 응답자에게 진술문을 제시한 다음 그것의 진위, 정오, 또는 긍정-부정에 대한 이분적인 판단을 요구하는 문항형식이다. 진위형은 특정사실의 진술, 용어의 정의, 원리의 서술 등의 진위여부를 판별하는 능력을 측정하기 위해 사용된다. 진위형 문항의 기본형식은 진위형, 정오형, 긍정-부정형으로 구분될 수 있다. 기본형의 예문은 다음과 같다.

예문

다음 글을 읽고 그 내용이 맞으면 ( )에 O표를, 틀리면 ×표를 하시오.

( ) 1. 온도가 높아지면 기체의 부피는 증가한다.

( ) 2. 삼각형의 내각의 합은 360도이다.

진위형 문항에는 여러 가지 변형이 있지만, 오류지적형(identification variety), 오류수정형(correction variety), 군집형(cluster variety), 자료제시형(material presentation variety), 삼지 택일형(triple options variety), 확률적 반응형(probabilistic variety), 자신감 표시형(confidence weighting variety) 등이 대표적인 유형이다(변창진 외, 1996).

진위형의 장점으로는 문항제작이 용이하며, 실시 시간이 짧아서 많은 내용을 신속하게 다룰 수 있으며, 채점을 빠르고 객관적으로 할 수 있다는 것 등이다. 그러나 지엽적이고 단편적인 내용에 대한 기계적인 기억을 평가하는 문항이 출제될 가능성이 높고, 추측으로 답을 맞힐 가능성이 높으며, 잘못 진술하면 모호한 진술문이 되기 쉬운 단점이 있다.

2. 선다형 문항

선다형 문항(multiple-choice item)은 문두와 여러 개의 답지(또는 선택지)를 같이 제시해 놓고 응답자로 하여금 정답지를 고르도록 하는 형식이다. 문두는 의문문이나 불완전문으로 진술되며, 답지는 정답지와 오답지로 구성된다. 기본형의 예문은 다음과 같다.

예문

소설의 구성단계에서 등장인물 간의 갈등과 긴장이 해소되는 단계는?

① 발단 ② 전개

③ 위기 ④ 결말

선다형 문항의 변형 중에 가장 많이 사용되고 있는 형식은 정답형(correct answer variety), 최선답형(best answer variety), 다답형(multiple response variety), 불완전 문장형(incomplete variety), 합답형(combined response variety), 부정형(negative variety), 대입형(substitution variety), 유추형(analogy variety), 군집형(cluster variety), 포괄-제외형(inclusive-excluded variety) 등이다(변창진 외, 1996).

1) 일반적 제작원리

① 작성된 검사의 이원분류표에 의거하여 문항이 제작되어야 한다.
② 문항은 사소한 내용을 피하고, 중요한 학습내용을 포함해야 한다.
③ 하나의 문항은 하나의 내용(개념, 원리, 사실)만 묻도록 제작되어야 한다.
④ 교재에 있는 문장은 다른 말로 바꾸어서 사용하거나 새로운 상황과 보기를 사용해서 출제해야 한다.
⑤ 다양한 수준의 지적 능력을 측정할 수 있는 문항을 제작해야 한다.
⑥ 문항에는 정답의 단서가 될 수 있는 말을 배제한다.
⑦ 문항의 난이도는 피험자 집단에 적절한 것이어야 한다.
⑧ 문항의 난이도를 조정하려면 문두를 복잡하게 만들거나 답지의 내용과 표현을 아주 비슷하게 만들어 동질성을 높여야 한다.

2) 문두의 제작원리

① 문두에는 핵심적인 내용과 조건, 제한사항 등을 포함시켜 진술해야 한다.
② 정답에 대한 조건이나 기준을 문두에 명시해야 한다.
③ 용어나 개념의 정의를 묻는 문항일 때는 용어 또는 개념을 문두로 하고, 그에 대한 설명을 답지로 사용해야 한다.
④ 답지에서 똑같은 말이 반복되지 않도록 물음의 내용과 답을 선택하는 준거를 모두 문두에 포함시켜 지면을 절약하고 응답자가 문제를

읽는 시간을 줄이도록 해야 한다.
⑤ 문항의 질문형태는 가능하면 긍정문이어야 한다.

3) 답지의 제작원리

① 답지를 제작할 때는 오답의 매력도가 높도록 작성해야 한다.
② 같은 문항에서는 답지의 의미나 범위가 서로 중복 또는 중첩되지 않도록 해야 한다.
③ 답지는 응답자가 한 눈에 쉽게 알아 볼 수 있도록 한 줄 또는 두 줄로 배열해야 한다.
④ 답지는 가능하면 논리적 순서에 따라 배열해야 한다.
⑤ '위의 것이 모두 정답', '정답 없음'과 같은 답지를 사용할 수 있지만 특별한 경우가 아니면 사용하지 않는 것이 좋다.
⑥ 정답과 오답지의 위치는 골고루 배치되도록 해야 한다.
⑦ 답지의 길이를 가능하면 비슷하게 하고, 다소 상이할 때는 짧은 길이의 답지부터 배열하는 것이 타당하다.

4) 장·단점

가) 장점

① 학습영역의 많은 내용을 골고루 출제할 수 있다.
② 내용타당도를 증진시킬 수 있다.
③ 신속하고 객관적인 채점이 가능하며 채점의 객관도가 높다.
④ 양질의 문항은 고등정신 능력을 측정할 수 있다.
⑤ 다른 선택형 문항에 비하여 추측요인이 적게 작용한다.

나) 단점

① 주어진 답지에서 하나를 선택하게 하므로 복합적 인지구조의 발달을 제한할 수 있다.
② 문항제작에 시간이 많이 소요된다.

③ 정답을 모른 상태에서 추측에 의하여 정답을 맞힐 수 있다.
④ 그럴듯하고 매력적인 오답지를 만들기 어렵다.

3. 결합형 문항

결합형 문항(matching item)은 일련의 용어, 구, 개념, 또는 불완전 문장으로 구성된 자극군인 전제와, 내용 또는 항목으로 이루어진 반응군인 답지에서 서로 관계되는 것을 찾아 연결하도록 하는 형식이다. 이 형식은 배합형 또는 연결형이라 부르기도 한다. 결합형의 자극군은 선다형의 문두에 해당하고 반응군은 선택지에 해당된다는 점에서 보면 이를 선다형의 특수한 형식으로 간주할 수 있다. 기본형의 예문은 다음과 같다.

예 문

다음 〈A군〉에 있는 사람과 관계되는 사항을 〈B군〉에 골라 그 기호를 (   )에 써 넣으시오.

〈A군〉	〈B군〉
( ) 1. 칸트	가. 이데아
( ) 2. 데카르트	나. 정언명령
( ) 3. 플라톤	다. 방법적 회의
( ) 4. 소크라테스	라. 산파술
	마. 변증법

결합형의 변형에는 복합결합형(compound matching variety), 분류결합형(classification matching variety), 결합완성형(completion variety), 관계분석형(relation analysis variety), 양단분류형(both-neither classifi- cation variety), 공변관계형(variation relationship variety), 수량비교형(quantity comparison variety), 충분조건형(sufficient condition variety) 등이 있다(변창진 외, 1996).

결합형의 장점으로는 답지 사용이 경제적이고 많은 수의 문항을 쉽게 출제할 수 있으며, 복잡한 내용들을 서로 관련시켜 학습했는지를 분석적으로 평가할 수 있다는 것 등을 들 수 있다. 단점으로는 일련의 동질적인 자극군과 반응군을 제작하기 어렵고, 답지의 연결을 추측으로 결합시킬 확률이 점차 높아지기 때문에 추측의 영향을 통제하기 어려운 것 등을 지적할 수 있다.

3절 서답형 문항의 제작

서답형 문항은 문두만을 제시하여 응답자로 하여금 답을 생각해서 쓰도록 하는 형식의 문항이다. 이 형식은 응답자로 하여금 답을 스스로 생성하는 재생과정을 요구한다는 점에서 회상형(recall type) 문항이라 한다. 서답형 문항은 단답형, 완성형, 논문형으로 분류된다. 일반적으로 서답형 문항이 적합한 상황은 다음과 같다.

① 평가대상 학생 수가 적고 또한 같은 평가문항을 다시 사용할 필요가 없을 경우
② 학생들의 문장 구성력이나 표현 능력을 아울러 평가해보고자 할 경우
③ 학업성취도보다는 학생들의 태도나 의견에 더 많은 관심이 있을 경우
④ 채점자가 답안지를 비판적으로 채점하는 데에 더 자신이 있을 경우
⑤ 답안지를 채점할 시간보다는 평가문항을 작성할 시간적 여유가 없는 경우

서답형 문항은 선택형 문항에 비하여 고차적인 학습 성과를 측정할 수 있으며, 추측으로 정답을 맞힐 가능성을 최소화할 수 있다는 장점이 있으나, 채점이 어려울 뿐만 아니라 객관도가 낮다는 단점이 있다.

1. 단답형 문항

단답형 문항(short answer type item)은 문제를 의문문이나 명령문으로

제시한 다음 한두 개의 단어, 숫자, 기호, 짧은 구, 문장으로 답하도록 하는 문항형식이다. 기본형의 예문은 다음과 같다.

예 문

다음 물음에 알맞은 답을 밑줄 친 부분에 기입하시오.

1. 삼국사기를 지은 사람은 누구인가? ____________
2. 수학시험의 평균이 50, 표준편차가 10이라고 할 때 70점을 받은 김군의 점수를 Z점수로 바꾸면 얼마인가? ________

단답형 문항에는 여러 가지 변형이 있지만, 대표적인 문항유형은 연합형(association variety), 확인형(identification variety), 대입형(substitution variety)을 열거할 수 있다(변창진 외, 1996).

단답형 문항의 장점으로는 문두만 진술하고 답지를 작성하지 않아도 되므로 문항 작성이 용이하고, 단시간 내에 많은 문항을 출제할 수 있으므로 폭넓은 영역의 학습결과를 평가할 수 있으며, 응답자가 추측해서 정답을 맞힐 확률이 적으므로 선택형 문항에 비하여 더 정확하게 평가할 수 있다. 단점으로는 간단하게 답을 할 수 있는 내용을 출제하기 때문에 고차적 학습능력을 평가할 수 있는 문항을 제작하기 어렵고, 문항 작성이 비교적 용이하지만 정답이 하나만 되도록 출제하기 어려운 점 등을 열거할 수 있다.

2. 완성형 문항

완성형 문항(completion item)은 문장의 일부분을 비워 놓고 빈자리에 단어, 구, 숫자, 기호 등을 써넣어 불완전문을 완성하도록 하는 형식이다. 괄호형 문항은 질문을 위한 문장에 여백을 두어 응답을 유도하는 문항 형태를 말한다. 괄호형 문항이나 완성형 문항은 모두 질문을 위한 문장에 여백을 두어 질문하는 형태로 정의할 수 있다. 그러므로 완성형 문항은 괄호형 문항의 특수한 예로 볼 수 있다(성태제, 2009). 기본형의 예문은 다음과 같다.

예 문

다음 문장의 괄호 속에 적당한 말을 써 넣으시오.

1. 집합 A의 원소의 개수가 n일 때, A의 부분집합의 개수는 (　　)이다.

완성형 문항의 변형 중에 가장 많이 사용되고 있는 형식은 답란제시형(blank presentation variety), 단서제시형(cue presentation variety), 단어완성형(word completion variety), 기호완성형(sign completion variety), 그림완성형(picture completion variety), 계산완성형(computation completion variety), 유추형(analogy variety), 불완전 도표형(incomplete figure variety), 제한완성형(restricted completion variety) 등이다(변창진 외, 1996).

완성형의 장점으로는 단답형에 비해 채점의 객관성이 높고, 출제하기가 용이하며, 추측요인을 배제할 수 있다. 단점으로는 단답형에 비하여 문항 속에 정답의 단서가 포함될 가능성이 높고, 고차적 정신 능력을 요구하는 학습 성과를 측정하기 곤란한 점 등을 열거할 수 있다.

3. 논문(논술)형 문항

논문형 문항(essay item)은 하나 또는 여러 개의 문장으로 구성된 문제 상황을 제시하여 놓고 응답자에게 몇 개의 문장을 또는 여러 페이지에 걸쳐 논술식으로 답을 쓰게 하는 문항형식이다. 그래서 논문형 문항은 논술식으로 쓴다고 해서 논술형 문항이라고도 한다. 논문형 문항은 주사(subject)와 빈사(predicate)로 구성된다. 논리학에서 판단 또는 명제의 주제가 되며 그것에 대하여 긍정 또는 부정의 주장을 할 수 있는 명사를 주사라고 하고, 주사에 대하여 설명하는 술어가 되는 명사 또는 개념을 빈사라고 한다. 흔히 작문교육과 교육평가 분야에서는 주사와 빈사를 합쳐서 논제(prompt)라고 하지만 엄격하게 말하면 주사만을 논제라고 해야 한다(변창진 외, 1996).

논문형의 용도는 다음과 같다(변창진 외, 1996).

① 종합력, 조직력, 창의력, 표현력, 비판력, 논증력 등과 같이 고차적인 사고 능력을 요구하는 학습결과를 평가해야 할 경우 사용하기 적합하다.

② 응시자의 수가 적고, 한 번 출제한 문항을 다시 사용하지 않으려고 할 때 적합한 형식의 문항이다.

③ 학습태도를 측정하고자 할 때, 그리고 작문력과 의사소통능력을 측정하고자 할 때 적합한 형식이다.

기본형의 예문은 다음과 같다.

예 문 일상생활에서 컴퓨터의 필요성에 대해서 100자 이내로 쓰시오.

논문형 문항의 변형은 제한반응형, 확대반응형, 단독과제형, 자료제시형, 밑줄표시 요구형, 선택·평가적 재생 요구형, 조건제시적 비교 요구형, 조건제외적 비교 요구형, 판단·결정적 재생 요구형, 원인·결과제시 요구형, 설명 요구형, 요약 요구형, 분석 요구형, 관계설명 요구형, 예시 요구형, 분류 요구형, 적용 요구형, 목적제시 요구형, 비판 요구형, 개괄 요구형, 문제제기 요구형, 방법제시 요구형, 도해 요구형으로 분류할 수 있다(변창진 외, 1996).

서답형 문항 가운데 보편적으로 사용되고 있는 논문형 문항의 제작 원리와 채점방법을 제시하고자 한다(변창진 외, 1996; 성태제, 1996).

1) 논문형 문항의 제작원리

① 폭넓고 고차적인 능력을 측정할 수 있도록 해야 한다.

② 요구하는 응답의 범위와 답을 작성 또는 표현하는 방식을 구체적으로 제시해야 한다.

③ 지시문을 '비교분석하라', '이유를 설명하라', '견해를 논하라' 등으로 하라.
④ 어느 한편의 견해를 지지하는 입장에서 논하도록 지시하지 말고 피험자의 견해를 밝히고 그의 견해를 논리적으로 전개할 수 있도록 유도하여야 한다.
⑤ 여러 문항을 주고 일부를 선택하여 응답하는 방식은 피하라.
⑥ 문항마다 배점, 채점기준, 채점 시 고려해야 할 사항들을 제시해야 하고 채점할 때도 것을 활용해야 한다.
⑦ 문항제작 시 반드시 모범답안과 채점기준을 함께 작성해야 한다.

2) 채점기준 작성방법

논문형 채점방법은 분석적 배점법과 총괄적 평정법으로 대별된다. 분석적 배점법은 모범답안의 내용을 몇 개의 요소로 분석하여 요소별 배점을 정해 놓고, 요소별로 채점한 후에 요소별 득점을 합산하는 방법이다. 이 방법은 채점의 객관성과 폭넓은 점수분포가 요구되는 선발시험의 채점방식으로 적합하다.

총괄적 평정법은 답안 전체를 하나의 채점 단위로 보아 질적으로 채점할 경우(상, 중, 하)에 유용한 방법이다. 이 방법은 응답자유 논문형과 같이 반응의 자유가 아주 커서 분석적 배점법에 의한 채점기준을 만들기가 어려운 경우에 사용되며 응시자 수가 비교적 적은 경우에 적합하다.

3) 장·단점

가) 장점

① 조직력, 창의력, 표현력, 비판력 등과 같은 고등정신 능력을 평가할 수 있다.
② 선택형 문항에 비해 적은 시간과 노력으로 좋은 문항을 작성할 수 있다.

③ 출제자가 요구하는 답을 응답자가 정확히 알 수 있도록 문제 진술에 여러 가지 조건이나 문제 상황을 자세히 제시할 수 있다.

나) 단점

① 채점자의 주관이 개입될 소지가 있어 채점의 객관성과 신뢰도가 낮다.
② 출제 문항 수가 제한되므로 학습내용을 광범위하게 측정하기 어렵다.
③ 문장력이 작용하여 채점에 영향을 줄 수 있다.
④ 채점하는 데 시간과 노력이 많이 든다.

제10장 수행 평가 방법

선택형 평가방법은 20세기의 시대정신을 반영하여 경제적 효율성을 극대화시킨 점에서 교육발전에 크게 기여하였다. 최근에는 선택형 검사는 비판의 대상이 되고 있다. 지식사회에서는 정보의 탐색, 수집, 분석, 비판, 종합, 창출 능력, 효율적 의사소통능력 등이 더 중시되고 있다. 이러한 고차적 사고 능력을 평가하기 위한 새로운 평가기법이 요구되고 있다.

새로운 대안적인 평가방식으로 수행평가 방법이 거론되고 있다. 수행평가는 선택형 문항의 간접적 평가와 인공적 평가 상황을 극복하기 위한 대안으로 충분한 가치가 있다. 수행평가 역시 특유의 장점에도 불구하고 여러 가지 문제점을 안고 있다.

이 장에서는 수행평가의 개념과 특징을 중심으로 기본 성격을 규명하며, 수행평가의 다양한 방법을 요약하여 제시한다. 또한 수행평가 과제의 제작 절차를 소개하고 마지막으로 수행평가의 장점과 단점을 논의하고자 한다.

1절 수행평가의 성격

1. 개념

수행평가 방법은 실제 상황이나 그와 유사한 상황으로 구성된 과제를 제시하여 응답자로 하여금 실제적 수행을 하도록 유도하는 형식의 문항을 말한다. 원래 수행평가의 assessment라는 말의 assess는 라틴어의 assidere에서 유래되며 영어의 'sit beside'라는 뜻을 지니고 있다. 따라서 수행평가의 본래적인 의미는 교사가 학생들의 옆에 앉아서 그들의 학습과정을 체계적으로 관찰하여 학습과제를 잘 수행할 경우에는 격려하고 잘못 수행할 경우에는 즉각 고쳐주는 활동을 의미한다. 이러한 각도에서 보면 수행평가의 과제를 매개로 해서 수업과 자연스럽게 통합함으로써 학습효과의 극대화를 이룩할 수 있다는 것이다(김진규, 1999a).

교육부(1999)는 수행평가를 "평가자가 학습자들의 학습과제 수행과정 및 결과를 직접 관찰하고, 그 관찰 결과를 전문적으로 판단하는 평가방법, 즉 선택형 지필평가 이외 다른 모든 평가방법이다."라고 정의한 바 있다. 수행평가 과제는 가능한 현실상황에서 고차적 사고과정을 측정하기 위하여 응답자의 유의미한 수행을 나타낼 수 있는 여러 지식의 통합을 요구하는 문제 상황이어야 한다.

2. 주요 특징

일반적으로 수행평가 문항이 적합한 상황은 서답형 문항의 경우와 유사하다. 특히 지적 영역의 고차적 사고 능력을 평가할 경우, 학생들의 평소 일과 행동을 평가할 경우, 학생이 만들어낸 산출물을 평가할 경우, 그리고 학습과정을 평가할 경우에 수행평가 문항을 사용해야 한다.

대안적 평가방법으로 강조되어온 수행평가는 학습관, 학습자관, 평가형태, 평가시점, 평가내용, 평가대상 등에서 전통적인 평가방법과 다른 특징을 지니고 있다. Herman, Aschbacher, & Winters(1992)는 주로 선택형 문항으로 제작되어 왔던 전통적인 평가방법과 그 대안으로 제기되고 있는 수행평가를 학습관과 평가방법의 측면에서 다음 <표 10-1>과 같이 비교하고 있다(성태제, 1998).

〈표 10-1〉 전통적 평가와 대안적 평가의 비교

	전통적 평가	대안적 평가
학습관	학습결과에 관심 분리된 지식과 기술을 평가	학습과정과 결과에 관심 통합된 지식과 기술을 평가
학습자관	수동적 개체로 인식	능동적 주체로 인식
평가형태	지필검사	수행평가, 참평가, 포트폴리오
평가시점	일회적	지속적
평가내용	단일 속성	다원적 속성
평가대상	개인평가 강조	집단평가 강조(협동)

교실 수업장면에 주로 적용될 수 있는 수행평가 방법의 공통적인 주요 특징은 다음과 같이 요약된다(OTA, 1992; 백순근, 1995).

① 수행평가는 학생이 문제의 정답을 선택하게 하는 것이 아니라, 스스로 답을 작성하게 하는 평가방식이다.

② 수행평가는 실현하고자 하는 교육목표가 가능한 한 '실제상황'하에서 직접 달성되었는지 평가한다.

③ 수행평가는 작품이나 수행 행동의 질뿐만 아니라 학습과정도 함께 강조하는 평가방식이다.

④ 수행평가는 단편적인 영역을 일시적으로 실시하는 평가라기보다는 학생 개개인의 변화·발달과정을 지속적으로 평가하는 방식이다.

⑤ 수행평가는 개인 성적이나 개개인을 단위로 평가하기도 하지만, 집단 활동을 평가하는 데 역점을 두고 있다.

⑥ 수행평가는 다른 사람이나 집단과 비교해서 평가하는 규준지향평가라기보다는 준거에 근거하여 평가하는 준거지향평가의 형태를 취하고 있다.

3. 수행평가 관련 용어의 정의

수행평가는 기존의 선택형 문항을 비판하면서 시작되었다. 그래서 선택형 문항의 문제점을 보완하기 위한 대안적인 방법이 다양하게 제시되었다. 따라서 수행평가와 비슷한 의미로 사용되는 용어가 아주 많다. 수행평가와 더불어 사용되는 용어를 요약해서 정리하면 다음과 같다(김찬종·김진규·임형, 2001; 박도순 외, 2007).

1) 대안적 평가

① 한 시대의 주류를 이루는 평가체제와 성질을 달리하는 평가체제
② 선택형 문항을 사용하는 표준화된 검사의 대안적인 평가(선택형이 아닌 서술형이나 논술형 문항 강조)
③ 수행평가는 대안적 평가의 한 사례임

2) 실제적 평가

① 평가 상황이 실제 상황과 동일해야 함을 강조
② 자연스러운 실제 상황을 중시한다는 측면에서 참평가(진정한 평가; true assessment), 상황지향적 평가(assessment in context), 자연주의적 평가(naturalistic assessment)
③ 이 방식은 수행평가 방식 중의 한 특수한 사례라고 볼 수 있음

3) 직접적인 평가

① 간접적인 방법보다는 직접적인 방법을 중시
② 도덕성은 지필시험이나 구두시험보다는 학생의 행동을 관찰함으로써 평가하려고 함

4) 실기평가

① 지필식 시험보다는 실기시험 중시
② 단순히 아는(기억하는) 것보다 실제로 할 줄 아는 것이 중요

5) 포트폴리오 평가

① 학생의 발달과 학습에 대한 기록과 증거물들을 일정한 기간 동안 시간의 흐름에 따라 구체적인 목적을 가지고 의도적으로 모아 놓은 것을 이용한 평가
② 최종적인 결과도 중요하지만 그러한 결과를 낳게 된 과정도 중요
③ 성취도 자체도 중요하지만 학생의 노력이나 향상도 중요
④ 일회적이고 단절적인 평가가 아니라 지속적이면서도 통합적인 평가 중시

2절 수행평가의 방법

수행평가는 선택형 문항의 대안적인 방법으로 다양하게 제시되고 있다. 수행평가는 다양한 기준에 따라 분류되고 있다. 먼저 평가하려고 하는 수행의 성질에 따라 과정평가와 작품(산출물)평가로 구분할 수 있다. 평가과제를 제시하는 장면의 성질에 따라 모의평가와 실제장면평가로 나누기도 한다. 그리고 평가과제에서 수행을 제한하는 정도에 따라 비구조화평가와 구조화평가로 구분할 수 있다(권대훈, 2008).

또한 한국교육과정 평가원(1999)에서는 수행평가의 본질을 구현하는 정도에 따라 다음 <표 10-2>와 같이 구분하여 제시하고 있다.

〈표 10-2〉 수행평가의 본질을 구현하는 정도에 따른 평가방법의 분류

수행평가 본질의 구현정도	평가방법	비고
매우 높음 ↑	실제상황에서의 평가	널리 사용되고 있는 수행평가 방법들
	실기시험, 실험·실습법, 관찰법	
	면접법, 구두시험, 토론법	
	자기평가 및 동료평가보고서법	
	포트폴리오	
	연구보고서	
	논술형	
	서술형	보통 수행평가 방법에 포함시키지 않음
	단답형	
	완성형(괄호형)	
	선다형	
↓ 매우 낮음	연결형(줄긋기형)	
	진위형(○×형)	

* 특정의 평가방법이 어떤 상황에서 어떠한 방식으로 시행되느냐에 따라 위치가 달라질 수 있음

수행평가에서는 근본적으로 학습자가 수행한 모든 자료(예: 일기장, 연습장 등)를 평가 자료로 활용할 수 있다. 위에서 제시한 수행평가의 방법은 체계적인 기준에 따라 분류하기보다는 대표적인 수행평가 방법을 나열하는 데 그치고 있다. 수행평가 방법을 보다 체계적으로 이해하기 위해서 나열된 수행평가 방법을 체계적인 기준에 따라 범주화하려는 시도가 있다. 예컨대, 시험이나 검사 형태로 사용 가능한 수행평가를 하나의 유목으로 묶고, 그 외의 수행평가 방법을 미시적 학습활동 과제중심의 수행평가와 거시적 장기 연구과제 중심의 수행평가로 구분한 바 있다(김찬종·김진규·임형, 2001; 김진규, 2002b).

여기에서는 McMillan(2007)이 수행과제를 산출물(product)과 기능(skill)으로 구분한 것을 참고로 하여 세 가지 유목으로 재분류하였다. 먼저 시험과 검사 중심의 수행평가는 독립된 유목으로 분리하였다. 과제해결에 소요되는 시간변수와 수행과제의 성질(산출물과 기능)을 고려하여 단시간

학습활동과 장시간 연구 활동으로 구분할 수 있다. 따라서 시험과 검사 중심의 수행평가, 단시간 학습활동 기능중심의 수행평가, 그리고 장시간 연구 활동 산출물중심의 수행평가로 구분하여 제시하고자 한다(김진규, 2009).

1. 시험과 검사 중심의 수행평가

시험이나 검사의 형태로 실시되고 있는 수행평가는 논술형 검사, 구술시험, 실기시험, 그리고 면접시험(법) 등이 포함된다.

1) 논술형 검사

논술형 검사는 일종의 서술형 검사이기는 하지만 개인 나름의 생각이나 주장을 창의적이고 논리적이면서도 설득력 있게 조직하여 작성해야 함을 강조한다는 점에서 일반 서술형과 구별하기도 한다.

가) 예시 평가과제 : 개성신장과 인격 도야(이명준 외, 1999)

우리의 현재 학교교육이 학생들의 개성신장이라는 면에서 어떤 문제점을 가지고 있는지에 대해 설명하고, 개성신장을 위해서는 학교교육이 어떻게 바뀌어야 하는가에 대해 논술하시오(300자 이내).

나) 모범답안 예시

개성은 다른 사람과 구분할 수 있는 개인만이 지니고 있는 고유한 특성으로서 자신의 독자적인 삶을 가능하게 한다. 그러나 오늘날의 학교는 자기 자신을 자유롭게 표현할 수 있는 기회를 감소시켜 점점 획일화되어 가고 있다. 학생들 모두가 정해진 과정에 따라 교육을 받으며, 하는 일도 자신의 성격이나 취향 등에 맞지 않고, 반복적인 경우가 많다. 이러한 생활은 학생들의 생각이나 행동이 비슷해지고, 개인의 고유한 특성을 사라지게 한다. 따라서 개성신장을 위해서는 자신의 특성과 소질이 무엇인지 파악하고, 계발하는 적극적인 자세를 길러 주는 교육으로 바뀌어져야 한다.

다) 채점기준

상(2점)	학교제도가 학생의 개성신장이라는 면에서 어떤 문제점이 있는가를 지적하고 있으며, 이를 개선할 수 있는 구체적인 방안을 제시하고 있다.
중(1점)	학교제도가 학생의 개성신장이라는 면에서 어떤 문제점이 있는가를 지적하고 있으나, 이를 개선할 수 있는 구체적인 방안을 미흡하게 제시하고 있다.
하(0점)	학교제도가 학생의 개성신장이라는 면에서 어떤 문제점이 있는가를 지적하지 못하며, 이를 개선할 수 있는 구체적인 방안을 거의 제시하지 못한다.

2) 구술시험

구술시험은 가장 오래된 수행평가의 한 형태로서 학생으로 하여금 특정 교육내용이나 주제에 대해서 자신의 의견이나 생각을 발표하도록 하여 학생의 준비도, 이해력, 표현력, 판단력, 의사소통능력 등을 직접 평가하기 위한 방법이다. 구술시험은 학생에게 특정 주제나 질문을 제시하고 학생으로 하여금 응답하도록 한다는 점에서 면접과 유사하나, 면접이 정의적 영역(인성 및 태도)을 중심으로 이루어지는 평가인 반면 구술시험은 개별적인 대면 상황에서뿐만 아니라 교실 수업상황에서 교사 및 학생들에게 자신의 의견이나 생각을 발표하는 것까지 포함한다. 구술시험을 위한 평가기준표를 제시하면 다음 <표 10-3>과 같다(박도순 외, 2007).

〈표 10-3〉 구술시험을 위한 평가기준표

평가 요소	점수			비고
	상	중	하	
준비도 : 구술시험을 위해 관련 자료 등 준비를 제대로 하였는가?	2	1	0	
이해력 : 질의한 내용을 제대로 이해하고 발표하는가?	2	1	0	
조직력 : 발표한 내용을 제대로 조직하여 체계적으로 발표하는가?	2	1	0	
표현력 : 자신의 의견을 제대로 표현하는가?	2	1	0	
판단력 : 주어진 시간 안에 적절히 발표하는가?	2	1	0	
의사소통능력 : 다른 사람들의 시선을 끌면서 설득력 있게 발표하는가?	2	1	0	
발표태도 : 다른 사람 앞에서 발표태도는 바람직한가?	2	1	0	
계				

3) 실기시험

실기시험은 예체능 분야에서 주로 사용되어 오던 방법으로, 최근 예체능 이외의 분야에서도 많이 시도되고 있다. 예컨대, 말하기, 읽기, 듣기, 쓰기 등의 분야에서 직접 학생들에게 말하거나 읽거나 듣거나 쓰게 한 후에 보통 두 명 이상의 교사나 채점자가 평가하는 방식이다.

수행평가에서 언급되는 실기시험과 기존의 실기시험의 가장 큰 차이점은 실기를 하는 상황의 성격이 다른 것이다. 기존의 농구 실기시험에서는 평가가 이루어지는 상황이 통제되거나 강요되는 경우가 대부분인 반면에, 수행평가의 실기시험에서는 학급 또는 학교 대항 농구시합에서(자연스러운 상황에서) 실제로 하는 것을 여러 번 관찰하여 실제 수행 능력을 평가하는 것이다.

가) 예시 평가과제 : 피아노 / 건반악기의 평가 기준(장기범, 1998)

① 평가내용 : 즐거운 봄(기악 : 피아노 독주) 중 1 수준

② 평가방법 : 제재곡을 평가관점에 유의하여 연주하여 본 후, 독주로 연주하게 하며 교사와 학생이 함께 평가한다.

나) 평가기준

평가 관점		평가 기준		
		우수하다	보통이다	미흡하다
주법	피아노	• 손 모양이 바르다. • 소리가 좋다. • 페달사용이 바르다. • 세 가지가 모두 바르다.	• 손 모양, 소리, 페달 사용이 보통이다. • 세 가지 중 한 가지가 결여된다.	• 손 모양, 소리, 페달 사용이 보통 이하이다. • 세 가지 중 두 가지가 결여된다.
음악요소	리듬	• 악곡에 특징적으로 제시된 세 가지 리듬군을 바르게 표시한다.	• 악곡에 특징적으로 제시된 세 가지 리듬군을 바르게 표시하는 정도가 보통이다.	• 악곡에 특징적으로 제시된 세 가지 리듬군을 바르게 표시하는 정도가 보통 이하이다.
		• 세 가지 리듬군을 모두 바르게 표현한다.	• 세 가지 리듬군 중 두 가지가 보통이다.	• 세 가지 리듬군 중 한 가지가 바르다.
	음정	• 악곡에 특징적으로 제시된 음정군 을 바르게 표시한다.	• 악곡에 특징적으로 제시된 세 가지 음정군을 바르게 표시하는 정도가 보통이다.	• 악곡에 특징적으로 제시된 세 가지 음정군을 바르게 표시하는 정도가 보통 이하이다.
		• 세 가지 음정군을 모두 바르게 표현한다.	• 음정군 세 곳 중 두 곳이 바르다.	• 음정군 세 곳 중 한 곳이 바르다.
	악상	• 악곡의 빠르기, 셈여림, 나타냄 말의 표현이 바르다.	• 악곡의 빠르기, 셈여림, 나타냄 말의 표현이 보통이다.	• 악곡의 빠르기, 셈여림, 나타냄 말의 표현이 보통 이하이다.
		• 세 가지 요소가 모두 바르다.	• 세 가지 요소 중 두 가지가 바르다.	• 세 가지 요소 중 한 가지가 바르다.

4) 면접시험

면접시험이란 기업이나 학교에서 신입사원이나 신입생을 선발하기 위하여 실시하는 시험이다. 기업의 면접시험은 우수인력을 모집, 선발, 확보하기 위하여 기업체측 면접자가 지원자와 직무관련 정보를 면대면 교환하는 것으로 정의되고 있다(이도형, 1997). 수행평가에서 사용되는 면접법은 평가자와 학생이 서로 대화를 통해서 얻고자 하는 자료나 정보를 수집하여 평가하는 방법이다(백순근, 1998). 기업에서 사용하고 있는 면접 평가항목과 평가표를 제시하면 다음 <표 10-4>와 같다(이도형, 1997).

〈표 10-4〉 기업의 면접 평가항목 및 평가표

평가 항목	세부 요소	착안점	평가
용모 태도 건강	외모, 인상, 복장 태도(인사성, 활발성, 안정감) 건강(젊음, 혈색, 체형 등)	입실순간의 전반적 인상 보행모습, 앉는 자세, 응답태도 인사성, 안정성, 활발성 특이사항 확인(병역면제, 지병 등)	A B C D
전문 지식	전공지식 외국어, 시사상식	전공 관련 지식 외국어 구사 정도 시사용어, 이슈에 대한 지식	A B C D
성실성	가정환경 및 학교생활 가치관, 생활태도	성장과정, 가풍, 학교서클활동, 아르바이트, 여가활동, 생활신조, 좌우명, 신앙생활, 직업의식, 주량, 흡연정도, 취미생활 등	A B C D
조직 적응력	사고방식의 긍정성 적극성, 리더십, 협조성	친구관계, 리더경험, 희망직무 학생운동, 노사관계에 대한 태도 입사 후 포부	A B C D
창의력	문제의식 유연한 사고 종합적 판단	창의적 문제해결 경험 독창적인 아이디어 제시 능력 관심 분야에 대한 열정 등	A B C D
종합 평가	A+, A, B, C, D		

* 항목별 평가기준 : A(항목별 세부요소 각 부문에서 탁월함), B(대체로 우수함), C(세부 요소별로 부족한 부분이 있음), D(전반적으로 심하게 부족함)

* 종합 판정기준 : A+(매우 우수하므로 반드시 합격시켜야 함 : 100.0점), A(우수하므로 합격시켜야 함 : 90.0점), B(보통 수준이나 합격시키기에는 무난함 : 80.0점), C(미흡하나 경우에 따라서 합격시킬 수도 있음 : 70.0), D(매우 부족하므로 반드시 배제하여야 함 : 60.0점)

2. 단시간 학습활동 기능중심의 수행평가

단시간 학습활동 기능중심의 수행평가는 비교적 단시간에 걸쳐 학습을 진행하면서 학습활동 과정에서 실제로 표현되는 기능(skill)을 주된 평가대상으로 삼는 수행평가의 유형을 말한다. 이 범주에는 토론법, 발표법, 관찰법, 실험·실습법 등이 포함된다.

1) 토론법

토론법은 특정 주제에 대해 학생들이 서로 토론하는 것을 보고 평가하는 방식이다.

가) 예시 평가과제 : 아마존 강의 개발 문제에 관한 찬·반 토론하기 (김정호 외, 1999)

① 개발 찬성 : 브라질은 외국에 막대한 빚이 있다. 우리는 국토의 60%를 차지하는 아마존을 개발해서 경제문제를 해결할 수 있기를 원한다. 지구 환경을 보호할 책임이 우리에게만 있는가?(중략)

② 개발 반대 : 아마존 횡단 고속도로를 건설하려는 브라질 정부의 계획에 대하여 환경론자들은 아마존을 죽이는 '지옥의 고속도로'라고 비난하고 있다. 이미 지난 35년간 약 1,700만 명이 아마존 강 유역으로 이주하여 도로 및 가옥을 건설했으며, 삼림이 파괴되고 생태계의 균형이 깨졌다.(중략)

- 브라질 정부가 아마존의 열대 우림을 개발하려는 이유는 무엇인가?
- 환경론자들이 아마존의 열대우림 개발을 반대하는 이유는 무엇인가?
- '개발보다는 지구 환경 보전'이라는 선진국의 입장과 '가난 극복을 위한 개발 우선' 개발도상국의 입장 중 어느 쪽을 지지하는 지 자신의 의견을 밝히고 토론해 보자.

나) 채점기준표

항목	배점	요소	체크
주장전개의 논리성과 근거의 타당성	5	주장 전개가 논리적이고 근거가 타당하다.	
	3	주장 전개의 논리성은 미흡하나 근거가 타당하다.	
	1	주장 전개의 논리성과 근거의 타당성이 미흡하나 나름대로 설득력이 있다.	
	0	주장 전개가 비논리적이며, 지나치게 비약되어 있다.	
토론 참여도	2	의견 발표에 적극적으로 참여하고 듣는 태도도 양호하다.	
	1	의견 발표는 소극적이나 토론규칙을 잘 지킨다.	
	-2	산만하고 토론 참여에 비협조적이다.	

2) 발표법

발표법(presentation)은 학생으로 하여금 특정한 주제에 대해서 자료를 수집하고 재구성한 내용과 요약한 결과를 유인물이나 다양한 매체를 통해 발표하도록 하여 학생의 준비도, 발표 내용, 발표 능력, 발표 태도를 평가하는 방식이다.

가) 예시 평가과제 : 일본 만화를 주제로 한 조사 발표법(차우규, 1998)

최근 우리나라 학생들의 일본 만화 수용 실태에 대해 조사하고, 이를 토대로 일본 만화 수용 문제에 대한 앞으로의 바람직한 방향을 제시해 보시오.

나) 채점기준표

평가 요소	점수			비고
	상	중	하	
조사내용의 충실성과 적절성	3	2	1	
일본 만화를 즐겨 찾는 이유에 대한 타당한 근거 제시	3	2	1	
일본 만화 수용에 대한 바람직한 방향 제시	3	2	1	
발표 능력	3	2	1	
타인의 의견 존중 자세	3	2	1	
계				

3) 관찰법

과학적 탐구방법으로서의 관찰은 일정한 목적 하에 감각기관을 통하여 사물 또는 그 속성을 주의 깊게 지각하는 의식 활동을 의미하며, 그에 관한 이론과 방법을 총칭해서 관찰법이라 부른다(변창진 외, 1996). 수행평가에서의 관찰 평가는 학생들의 활동을 방해하지 않으면서 평가 상황을 강요하지 않도록 주로 교사가 자연스럽게 관찰하는 것을 통해 이루어진다는 점을 강조하고 있다. 관찰 평가는 개별 학생 단위 또는 집단 단위로 이루어진다. 평정척도와 체크리스트에 의한 관찰법의 예시는 다음 <표 10-5>와 같다(장기범, 1998).

〈표 10-5〉 평정척도와 체크리스트에 의한 관찰법 예시

문항	이따금	자주	항상
1. 정확하게 가락 패턴(vocal pattern)을 노래한다.	______	______	______
2. 수준에 맞게 가락 패턴을 읽는다.	______	______	______
3. 가창 기술을 응용한다.	______	______	______
4. 정확하게 리듬 패턴을 따라한다.	______	______	______
5. 수준에 맞게 리듬을 읽는다.	______	______	______
6. 리듬 기술을 응용한다.	______	______	______

4) 실험·실습법

실험·실습법은 어떤 과제에 대해서 학생들로 하여금 직접 실험·실습을 하게 한 후 실험 실습과정을 직접 관찰함과 아울러 제출된 결과보고서를 동시에 고려하여 평가하는 방법이다.

가) 예시 평가과제 : 광합성에 관한 실험설계하기(이선경, 1998)

다음은 식물의 잎에서 일어나는 광합성 작용을 나타낸 식이다.

$$CO_2 + H_2O \rightarrow \text{포도당(녹말)} + O_2 \uparrow$$

식물의 광합성에 필요한 물질이 무엇인지를 알아보기 위한 실험을 설계하여 수행해 보자.

나) 채점기준표

구분	평가 기준	점수
실험설계 (3점)	• 실험설계를 전혀 하지 못한다. • 실험설계는 하나 특정 변인을 통제하지 못한다. • 특정 변인(이산화탄소, 빛)의 요인을 적절히 통제하면서 실험을 설계한다.	1 2 3
실험수행 (3점)	• 실험을 스스로 수행하지 못한다. • 실험순서가 부정확하다. • BTB 용액에 입김을 불어넣어 용액의 색을 변화시킨 후 빛을 비추어 광합성이 일어나게 하는 등 순서에 맞게 실험을 진행한다.	1 2 3
실험결과 정리(3점)	• 실험결과를 기록, 정리하지 않는다. • 실험결과를 일정한 시간간격에 따라 구분하지 않고 간단히 기록한다. • 실험결과를 일정한 시간간격에 따라 적절하게 나누어 기록한다.	1 2 3

3. 장시간 연구 활동 산출물중심의 수행평가

장시간 연구 활동 산출물중심의 수행평가는 평가 자료를 수집하는 과정을 고려하지만, 비교적 장시간이 소요되며 학습과정이나 결과 또는 산출물을 주된 평가대상으로 삼고 있는 수행평가의 유형으로 분류된다. 이 범주에는 자기평가 보고서법, 동료평가 보고서법, 연구보고서법, 포트폴리오법 등이 포함된다.

1) 자기평가 보고서법

자기평가 보고서법이란 특정 주제나 수업 영역에 대하여 자기 스스로 학습과정이나 학습 결과에 대한 자세한 평가보고서를 작성·제출하도록 하여 평가하는 것을 말한다(백순근, 1998). 이는 학습을 통해 얻은 기능과 지식을 학습자가 스스로 평가하는 과정으로 학습자 중심교육이며 학생들이 학습에 적극적이고 반성적으로 참여함으로써 학습방법을 개선하고 조정하는 일련의 과정을 포함하고 있다(이재우, 2002).

가) 예시 평가과제 : 표현활동 후 자기평가보고서 작성하기(박소영, 1998)

완성된 자신의 작품에 대한 생각과 느낌을 다음의 자기평가보고서 양식에 기록하여 제출한다.

제재 : 학년 반 이름 :

1. 이번 과제를 제작하는 동안
   재미있었다 ----- ----- ----- ----- ----- 재미없었다
   열심히 했다 ----- ----- ----- ----- ----- 열심히 하지 못했다

2. 이번 과제 제작은
   쉬웠다 ----- ----- ----- ----- ----- 어려웠다

3. 이번 과제 제작을 통해 배운 점이
   많았다 ----- ----- ----- ----- ----- 적었다

4. 이번 과제는
   잘한 과제 ----- ----- ----- ----- ----- 못한 과제

5. 이번 과제를 통해 얻은 가장 중요한 것은?

나) 채점기준표

평가 관점	평가내용	점수
관심 및 성실성	관심을 가지고 성실하게 노력하였는가?	5 4 3 2 1
제작 능력	과제를 수행하는 데 있어 자신의 능력은 어느 정도였는가?	5 4 3 2 1
이해	과제를 수행하는 데 필요한 학습내용에 대한 이해는 어느 정도였는가?	5 4 3 2 1
성취감 및 만족도	과제 수행 정도가 만족스러운가?	5 4 3 2 1
총평	이 과제를 수행하는 동안 변화된 것이 있는가?	5 4 3 2 1

2) 동료평가 보고서법

동료평가 보고서법이란 자기평가 보고서와 마찬가지로 학습과정이나 학습결과에 대하여 동료 학생들이 상대방을 서로 평가하도록 하는 것이다.

가) 예시 평가과제 : 친구의 작품 평가하기(박소영, 1998)

① 관련단원 : 보고 나타내기, 느낌과 상상 나타내기, 꾸미기와 만들기, 붓글씨로 나타내기, 작품 감상
② 수행목표 : 자기 자신의 비평 능력을 평가할 수 있다.
③ 예시 평가과제 : 친구들의 작품을 보고 자신의 생각과 느낌을 다음의 동료평가보고서 양식에 기록하여 제출한다.

〈동료평가 보고서〉 평가자 : (　　)학년 (　　)반 (　　)번 이름 :

1. 친구들의 작품 중에서 가장 좋은 작품이라고 생각되는 것 하나를 고르세요.
   친구이름 : 　　　　작품제목 :

2. 그 작품을 고른 이유는 무엇인가요?

3. 그 작품의 장점과 단점은 무엇인가요?
   장점 :
   단점 :

4. 그 작품을 수정하거나 보완한다면 어떤 부분인가요?

5. 그 작품에서 배울 점은 무엇인가요?

나) 채점기준표

평가 관점	평가 내용	점수
작품 선정의 근거	작품을 선택하는 데 타당한 근거가 있는가?	5 4 3 2 1
분석 능력	작품의 특징을 파악하고 있는가?	5 4 3 2 1
기록내용의 적절성	주어진 질문에 대한 답변 내용이 적절하며 논리적인가?	5 4 3 2 1

3) 연구보고서법

연구보고서법이란 각 교과별로나 통합교과적으로 여러 가지 연구 주제 중에서 학생의 능력이나 흥미에 적합한 주제를 선택하되 그 주제에 대해서 자기 나름대로 자료를 수집하고 분석·종합하여 연구보고서를 작성·제출하도록 하여 평가하는 것이다.

가) 예시 평가과제 : 조사보고서법의 예시(이명준 외, 1999)

세계 속의 자랑스러운 한국인의 사례를 조사하여 발표해 봅시다.

① 세계적으로 이름을 날리고 있는 유명한 한국인의 사례 조사
② 유명하지 않지만 한국인의 명예를 드높이고 있는 사람의 사례 조사(예, 뜨거운 사막에서 어려운 공사를 불굴의 의지로 이끌고 있는 사람)
③ 보고서 형식과 분량은 자유
④ 보고서의 내용과 관련된 각종 자료도 보고서 뒤에 함께 첨부할 것

나) 채점기준표

평가 요소	보고서						보고서 내용의 발표 태도			만점
	사례의 적절성			자료의 수집						
배점	상	중	하	상	중	하	상	중	하	6
	2	1	0	2	1	0	2	1	0	

4) 포트폴리오법

포트폴리오(portfolio)는 ‘운반하다’(carry)의 의미를 갖는 ‘port’와 ‘종이(paper)’를 뜻하는 ‘folio’에서 파생되었다. 포트폴리오란 원래 폴더나 보관함에 들어 있는 서류 또는 수집한 작품을 의미하거나 타인의 눈에 비친 특정인의 모습이라는 개념으로 활용되었으며, 점차 경제계에서는 특정인이 소유하고 있는 주식, 채권 등의 투자를 수합한 모든 거래 목록의 개념으로 사용되어 왔다. 특히 예술분야에서는 대표적이고 가장 잘된 것으로 인정되는 작품을 질서정연하게 수집한 일종의 모음집을 의미하는 것으로 사용되고 있다(박도순 외, 2007).

교육 분야에서 포트폴리오는 하나 이상의 분야에서 학습자의 관심, 능력, 진도, 성취, 노력, 성장 등의 증거를 보여 주는 학생들의 작품(결과물)을 의도적으로 모아 놓은 작품집인데, 교사에게 평가받기 위해 학생들이 제출하는 자료라 서류철이나 서류가방의 형태를 취하기 때문에 붙여진 이름이다. 이 서류철에는 학생의 개인적 지식과 기능, 학습경험, 성장, 진전도 등의 증거가 될 수 있는 학생들의 작품, 수행결과물, 다양한 형태의 기록물 등이 스크랩북처럼 누가기록철의 형태로 담겨지게 된다. 따라서 학생들이 무엇을 배우고 무엇을 할 수 있는가에 대한 적합하고 상세한 설명을 해 줄 수 있는 참조체제로 활용할 수 있다(Herman & Winters, 1994).

가) 예시 평가과제 : 미술과 감상자료집 포트폴리오(박소영, 1998)

관심 있는 작가의 작품과 관련 자료를 수집하고 편집하여 감상 자료집을 만든다. 감상 자료집에 다음의 내용을 반드시 기록한다.

표지 : 제목(작가명), 학년, 반, 번호, 이름
내용 : 작가 소개, 작품 소개(작품명, 재료, 크기, 제작 연도), 기타 자료 등

나) 채점기준표

평가 관점	평가 내용	점수		
		우수함	보 통	미흡함
자료수집 능력	수집된 작가의 작품, 관련 자료가 다양하고 충분한가?			
자료편집	수집한 자료를 적절히 분류하고 편집하였는가?			
내용구성	작가에 대한 소개, 작품에 대한 설명이 잘 되어 있는가?			
호응도	다른 사람들이 흥미를 느낄 수 있도록 제작되었는가?			
합계				

3절 평가 과제의 제작 절차

수행평가의 종류에 따라 과제를 개발하는 절차는 다르다. Airasian(1991)은 수행평가 과제를 개발할 경우에 평가목적의 명시, 수행 준거의 설정, 평가 장면의 제시, 채점절차의 확정 등 4단계를 제안하였다. Brualdi (1998)는 교실에서 교사가 수행평가를 실시할 경우에 평가목적의 명시, 활동의 선정, 준거의 설정, 채점기준의 작성 등의 절차를 거쳐 수행평가 과제를 실시할 것을 제안하였다. Stiggins(1987)도 수행평가 과제를 개발하는 일반적인 절차로 평가실시 목적의 확인, 수행준거의 설정, 평가문제의 설계, 채점계획의 수립 등의 4단계를 제안한 바 있다(김찬종·김진규·임형, 2001).

1. 평가실시 목적의 확인

일반적으로 수행평가 과제를 개발하기에 앞서 평가목적을 구체적으로 서술하고, 평가대상을 상세하게 서술하고, 평가결과를 활용할 사람과 용도를 명확히 밝혀야 한다.

평가목적은 학생의 장·단점을 파악하기 위한 진단평가, 수업이 진행 도중에 학생의 수업이해 정도를 확인하기 위한 형성평가, 개인의 성적에 순위나 학점을 부여하거나 자격을 부여하기 위한 총괄평가에 이르기까지 다양하다. 평가의 목적이 분명하게 규명되면 그 목적에 적절한 평가내용과 형태의 문항이 개발될 수 있을 것이다.

2. 수행준거의 설정

평가할 수행의 유형을 선정하고, 수행준거(performance criteria)를 설정해야 한다. 수행평가에서는 실제로 성취행동이 일어나는 과정에서 행동을 관찰하거나 성취행동의 결과물을 보고 판단한다. 수행준거는 채점기준,

평정척도, 평가기준 등과 같은 일종의 채점도구를 의미한다. 이러한 수행준거는 교사들에게 학생들의 행동을 관찰하거나 채점하는 지침을 제공한다. 모든 종류의 수행평가에서는 수행준거를 분명히 제시해야 교사가 학생의 행동을 지도할 수 있고 수준을 정확하게 평가할 수 있다.

3. 평가과제와 문제의 작성

수행평가에서 피험자의 수행을 관찰하거나 수행이 일어날 수 있는 문제 상황을 구상해야 한다. 수행평가 과제는 가능한 현실상황에서 고차적 사고과정을 측정하기 위하여 피험자의 유의미하고 진정한 수행을 나타낼 수 있어야 하고, 단순한 지식의 반복적 연습을 요구하는 것이 아니라 여러 지식의 통합을 요구하는 문제 상황이어야 한다.

수행평가 과제를 선정할 때, 과제의 수업목적과 일치하는 정도, 학생이 획득해야 할 내용과 기능을 정확히 표현하는 정도, 학생들의 진전 사항과 능력을 충분히 나타낼 수 있는 정도, 실제상황과 유사한 상황에서 일어날 수 있는 정도, 학문 간 접근방법을 동원하여 해결 가능성 등을 검토해야 한다(Herman, Aschbacher, & Winters, 1992).

실제 수행평가 과제는 대체로 여러 개의 개념, 원리, 문제해결 과정 등으로 구성되어 있어 하나의 논제로 다룰 수 없기 때문에 여러 개의 세부 문제로 나누어 제시되고 있다. 또한 학생들이 수행평가 과제를 수행하는데 필요한 준비물이나 다양한 자료 원천을 제시해야 한다.

4. 채점계획의 수립

문제 상황이 결정되면 채점방법, 채점자, 채점결과를 기록하는 방법을 결정해야 한다. 무엇보다도 타당하고 신뢰로운 수행과제와 준거의 개발이 수행평가의 성패를 결정짓는 척도가 된다.

5. 검토와 반성

수행평가 문항을 제작하는 각 단계별로 검토와 평가를 수시로 실시하여 수정하고 보완해야 한다. 특히 모범답안을 작성하거나 채점기준을 작성하는 과정에서 평가과제나 조건을 수정하고 보완해야 할 필요가 있다.

4절 수행평가의 장·단점

1. 장점

수행평가는 학습의 결과로 나타나는 단순한 지식을 평가하는 것이 아니라 고차적인 사고기능을 평가할 수 있으며, 동료 학생들과 협동학습을 통해서 건전한 인간관계의 형성과 공동의 문제해결 능력을 신장시키는 등과 같은 여러 가지 장점이 있다(김찬종·김진규·임형, 2001). 수행평가의 장점은 다음과 같다(성태제, 2005).

① 인지적 능력, 정의적 특성, 심동적 특성을 모두 평가할 수 있는 총체적 접근이다.

② 개방형 형태의 평가방법은 다양한 사고 능력을 함양시킨다.

③ 수행평가는 과제의 성격상 협동학습을 유도하므로 전인교육도 도모한다.

④ 검사결과뿐 아니라 문제해결과정도 분석할 수 있다.

⑤ 학습동기와 흥미를 유발한다.

⑥ 행정적 기능이 강조되지 않을 때 수행평가가 실시되므로 검사 불안이 적은 편이다.

2. 단점

수행평가는 선택형 검사에 비하여 여러 가지 문제점이 있는 것으로 지적되고 있다. 미국 의회의 OTA(1992)에서는 수행평가의 문제점을 채점의 객관성 부족, 수행평가 과제의 타당성 부족, 고비용의 문제, 공정성의 결여, 교사의 전문성 부족, 연구와 개발의 낙후성, 학부모와 사회의 인식 부족 등의 문제를 제기하고 있다. Wolfe & Miller(1997)는 미국의 16개 중등학교 교사들이 포트폴리오 방법을 사용하는 데 나타나는 가장 큰 문제점은 시간과 점수화 과정이라고 밝히고 있다. 포트폴리오 평가방법 설계와 적용, 채점에 소요되는 많은 시간, 점수화 기준, 점수부여 방법, 학생과 학부모에게 통보, 그리고 점수 사용 등에 어려운 점이 있다고 보고하고 있다. 국립교육평가원(1996)은 비용 문제, 대규모 실시의 어려움, 시간적·공간적 제약, 평정자의 오류 가능성, 내적 일치도의 부족 등을 열거하고 있으며, 최연희·권오남·성태제(1998)는 높은 비용, 평가결과의 객관성 유지의 어려움, 그리고 타당도와 신뢰도의 문제 등을 지적하고 있다. 김진규(2000a)는 수행평가가 우리 학교현장에서 시행된 이후에 가장 심각한 문제점으로 수행평가의 개념적 혼란을 비롯하여 수행평가 정책에 대한 오해와 잘못된 인식, 수행평가의 확대실시와 유보 논란, 그리고 수행평가의 효과에 대한 불신과 불만 등을 제시하였다.

수행평가의 단점 또는 문제점은 다음과 같다(성태제, 2005).

① 수행평가 도구 개발에 어려움이 있다.

② 채점기준, 즉 점수부여 기준 설정이 용이하지 않다.

③ 채점자 내 신뢰도와 채점자 간 신뢰도 확보에 어려움이 있다.

④ 시간이 많이 소요된다.

⑤ 비용이 많이 든다.

⑥ 점수결과 활용에 어려움이 있다.

제11장 정의적 특성 평가 방법

2014년 12월에 인성교육진흥법이 제정됨에 따라 국가 및 시·도 교육청에서 인성교육 종합계획을 수립하여 시행해야 하는 것과 더불어 국가와 사회적 차원에서 인성교육이 크게 강조되고 있다. 또한 학생의 인지적 특성에 못지 않게 정의적 특성이 학습에 미치는 효과가 크다는 사실이 경험적으로 입증되고 있다. 그래서 교사들은 학생의 정의적 특성에 대한 교육과 평가에 더 많은 관심을 가져야 할 것이다. 그러나 정의적 특성은 개념이 모호하고 종류가 다양하여 그 실체를 파악하기 어려운 단점을 지니고 있다.

이 장에서는 정의적 특성의 기본 성격을 살펴본 다음, 정의적 특성의 다양한 유형을 소개한다. 이어서 정의적 특성의 측정 절차와 평가방법을 구체적으로 논의하고자 한다.

1절 정의적 특성의 성격

1. 개념

정의(情意, affect) 또는 정의적 특성은 인간의 다양한 특성 가운데 전형적인 감정의 방식을 나타내는 특성을 말한다(Anderson, 1981). 정의적 특성은 정의적 영역(affective domain), 정의적 특성(affective characteristics), 정의적 행동(affective behavior) 등과 같이 다양하게 사용되고 있다.

우리나라 교육계에서 정의라는 용어를 공식적으로 사용한 것은 Krathwohl, Bloom, Masia(1964)의 『교육목표분류학, 편람 2: 정의적 영역』이 우리말로 번역된 1967년 이후였다(진위교·임의도·고종렬, 1967). 여기에서 정과 의는 Herbart가 주장한 인간의 능력 중에 지(知)를 제외한 정(情)과 의(意)를 단순히 합친 조합이 아니다. 오히려 거기에 Spencer가 분류한 지(知), 덕(德), 체(體)중에 덕(德)을 포함시켜 정의(情意)로 규정하고 있다. 왜냐하면 교육의 목표를 지, 덕, 체 또는 지, 정, 의로 나누는 것과 동시에 이를 조화롭게 발달시키는 전인교육의 목표로 삼아온 것이 교육학의 오랜 전통으로 강조되어 왔기 때문이다. 그래서 덕성의 요소를 포함한 정과 의라는 요소를 정의(情意)라고 번역하게 된 것으로 해석된다(김진규, 2007).

2. 주요 특징

인간의 정의적 특성은 인지적 특성과 심동적 특성과 구별될 수 있으나 다분히 인위적인 구분에 지나지 않는다. 즉 정의적 특성은 실체적인 개념이라기보다는 인간에 의해서 인위적으로 구성된 구성개념이라고 보아야 할 것이다. 인간의 어떤 속성이 정의적 특성으로 범주화되기 위해서는 적어도 두 가지 준거에 부합되어야 한다. 하나는 인간의 속성이 사람의 정서나 감정을 포함해야 한다는 것이다. 다른 하나는 그 속성이 사람의 행동이나 사고에 대해서 전형적(typical)이 되어야 한다는 것이다. 사람의 정서는 시시각각으로 변할 수 있다. 그러나 이러한 정서 상태가 변화함에도 불구하고 인간은 전형적인 감정을 가지려는 경향성을 보인다. 여기서 전형적인 감정이란 그 감정이 경향성을 보이는 것을 의미한다(박도순·홍후조, 1999). 모든 정의적 특성은 다음과 같은 세 가지 구체적인 기준 강도(intensity), 방향(direction), 그리고 대상(target)이 포함되어야 한다(Anderson, 1981).

1) 강도

강도란 감정의 세기 또는 정도를 말한다. 어떤 감정은 다른 감정보다 전형적으로 강도가 더 높다. 예컨대 사랑은 좋아하는 것보다 강도가 더 높은 감정이라고 할 수 있다.

2) 방향

방향이란 감정의 적극적 또는 소극적 방위와 관련되어 있다. 어떤 감정이 좋은지 나쁜지를 의미하지만, 어떤 것은 근원적으로 좋거나 나쁜 것처럼 보인다. 예컨대 고통은 나쁜 것이고 즐거움은 좋은 것이다. 또 어떤 것은 한 문화 속에서 어떻게 정의하는가에 따라서 달라진다. 또한 적극적인 감정과 소극적인 감정은 상대성을 가지고 있다. 즉 학교를 좋아하는 것은 학교를 싫어하는 것의 반대이고, 휴식하는 것은 긴장하는 것과 반대가 된다.

3) 대상

대상이란 감정이 지향하는 목표물, 활동 또는 아이디어 등을 말한다. 예컨대 불안이 정의적 특성이라면 불안에도 여러 가지 대상이 있을 수 있다. 사람은 학교, 수학과목, 사회적인 상황, 또는 수업 등에 반응을 하게 되며 이들 각각이 불안의 대상이 될 수 있다. 때로는 불안의 대상이 무엇인지도 모르는 채 불안한 정서를 갖는 경우도 있다.

3. 정의적 특성 평가의 중요성

인간교육, 전인교육, 사람됨의 교육을 지향해야 한다는 대전제를 충족시키기 위해서는 정의 교육과 평가를 도외시할 수 없을 것이다. 학교에서 정의적 특성을 평가하는 이유는 다음과 같이 요약된다(Anderson, 1981).

① 교실수업을 효과적으로 실시하기 위해서 교사는 학생들의 정의적 특성을 개발해야 한다.
② 학교가 사회를 대표하여 학생들의 정의적 특성을 개발해야 한다.
③ 정의적 특성이 개인적인 문제인 동시에 공적인 문제라는 점에서 정의적 특성을 평가하는 것이 필요하다.

정의적 특성의 평가는 다음과 같은 점에서 그 중요성을 찾을 수 있다(김진규, 1987).

① 국가 사회적 차원에서 지적 교육의 평가에 못지않게 정의적 교육의 평가가 중시되어야 할 것이다.
② 개인의 전인적 발달을 도모하는 전인교육의 관점에서 학교는 정의적 특성이 성장·발달·형성되고 있는가를 평가할 책임을 지니고 있다.
③ 수업의 과정에서 정의적 특성은 학습의 촉진제 역할을 수행하고 있다.
④ 학생들에게 정의적 특성의 객관적인 정보를 제공함으로써 문제 행동을 치료·교정하게 할 수 있다.
⑤ 정의적 교육평가이론의 개발이라는 측면에서 정의적 특성 평가의 중요성이 강조되어야 한다.

4. 정의적 특성 평가의 한계

정의적 특성의 교육이 중요함에도 불구하고 학교교육에서 현실적으로 정의적 특성에 대한 평가는 원활히 이루어지지 않고 있다. 최근에 교육학자들이 제시한 정의적 특성을 평가하기 어려운 이유는 다음과 같다(김진규, 1987; 황정규, 1998; 성태제, 2005).

① 정의적 특성 자체가 안고 있는 개념적 모호성으로 인하여 정의적 특성의 평가를 기피하고 있다.
② 정의적 특성에 대한 학교교육과정, 교실수업, 그리고 학교생활기록부로 이어지는 연계 구조가 단절된 현상이 정의적 특성의 평가를 어렵게 하는 중요한 원천이 된다.
③ 정의적 특성의 평가는 개인의 사생활을 침해할 소지가 있다는 우려가 존재한다.
④ 정의적 특성의 평가에서 솔직하게 나타내지 않고 사회적 바람직성이나 허위 반응을 할 가능성이 높다.
⑤ 정의적 특성에 대한 교육이해 당사자들의 관심이 매우 낮다.

2절 정의적 특성의 유형

실제 학교학습에 영향을 미치는 학습자 특성의 투입변인으로서 뿐만 아니라 학습 성과로 나타나는 대표적인 정의적 특성에 대한 개념적 정의는 다양하게 제시되고 있다(Bloom, 1976; Anderson, 1981; 김진규, 1987; 강승호 외, 1996; 황정규, 1998). 이 절에서는 선행연구에서 제시된 학교학습과 밀접한 정의적 특성을 참고하여 태도, 흥미, 가치, 자아개념, 불안, 학습동기, 인성, 그리고 행동발달특성 등에 대한 개념적 정의를 제시한다(김진규, 2007; 박도순 외, 2007).

1. 태도

태도(attitude)는 학자들에 의하여 다양하게 정의되고 있다. Thurstone (1946)은 "어떤 심리적 대상에 대하여 갖는 정적 및 부적 정서의 강도를 의미한다."고 정의하였다. Fishbein & Ajzen(1975)은 태도를 주어진 대상에 대하여 일관성 있게 호의적 또는 비호의적으로 반응하게 하는 학습된 기질이라고 정의하고 있다. Anderson(1981)은 태도는 일반적으로 적당한 강도를 지니고 있고 방향에 있어서는 호의적 또는 비호의적일 수 있으며, 전형적으로 어떤 대상을 향하는 감정이라고 정의하고 있다.

2. 흥미

흥미(interest)는 어떤 현상이나 사물에 대한 관심 또는 어떤 특정한 활동에 참여하려는 경향성을 의미한다. Getzels(1966)는 개인으로 하여금 주의 또는 획득을 위해 어떤 특정한 대상물, 활동, 이해, 기술, 또는 목표를 추구하도록 충동해 주는 경험을 통하여 조직된 기질이라고 정의하고 있다. Anderson(1981)은 흥미를 사람들로 하여금 어떤 대상을 추구하도록 하는 것으로서 일반적으로 높은 강도를 지닌 감정이며, 무흥미로부터 높은 흥미에 이르기까지의 넓은 범위를 지니고 있다.

3. 가치

가치(values)는 일종의 '좋다' 또는 '나쁘다'라는 평가적 요소를 가지며 행동의 방향과 동기에 영향을 주는 심리학적 개념으로 간주되고 있다. Tyler(1973)는 가치를 흥미, 태도, 만족 등을 규제한다는 점에서 교육적 중요성을 지니고 있는 것으로서 개인이 간직하고 있는 어떤 대상물, 활동, 또는 아이디어라고 정의하고 있다.

4. 자아개념

자아개념(self-concept)은 학자에 따라 자아존중(self-esteem), 자기관심(self regard), 자신감(self confidence) 등 다양하게 사용하고 있으나 보다 포괄적인 용어로 자아개념(self-concept)이 많이 사용되고 있다. 자아개념은 개인이 가지고 있는 자신에 대한 견해를 말한다. 자아개념은 자신을 좋게 평가하느냐 나쁘게 평가하느냐에 따라 각각 긍정적 자아개념과 부정적 자아개념으로 대별된다. 자아개념도 내용에 따라 신체적 자아개념, 사회적 자아개념, 학업적 자아개념 등 여러 측면으로 구분해 볼 수 있다. 자아개념은 자신이 한 행위에 대한 타인의 피드백 정보를 토대로 형성되며, 업무수행, 학업수행 등에 영향을 미친다(한국교육심리학회, 2000).

5. 불안

불안(anxiety)은 개인의 정서 수준을 나타내는 것으로 개인이 경험한 고통과 고민의 감정을 말한다. Hall과 Lindzey(1970)는 불안이란 자신의 안전에 어떤 실제적 위협이나 상상적 위협을 느끼게 될 때 생겨나는 긴장된 경험이라고 정의하고 있다.

6. 학습동기

학습동기(learning motivation)는 동기의 일종으로 특정 과제를 학습하려는 추진력을 말한다. 이에 비해 보다 넓은 개념인 동기는 개인의 활동과 행동의 활발성을 증가시키기도 하고 감소시키기도 하는 요인으로서 개인의 행동수준 또는 강도를 결정하는 심리적 구조이며 과정이다(정원식 외, 1975). 구체적으로 학습동기란 학습자가 학습 동인(drive)을 가지고 일정한 학습활동을 전개하는 것이다. 학습동기는 내적·외적 조건에 의해 유발될 수 있다. 내적 학습동기는 학습과정 그 자체를 학습자 스스로 해결함으로써 긴장이 해결되는 활동 그 자체가 만족감이나 쾌감을 제공해 준다. 외적 학습동기는 교사나 부모로부터 칭찬을 받거나 물질적 보상을 활용해서 일어나는 동기를 말한다.

7. 성격

성격(personality)에 대한 개념정의는 다양하다. 최근에 인성교육을 강조하면서 인성과 성격이라는 용어를 명확하게 구분하기 위하여 character를 인성으로 번역하는 경향이 있다. 대부분의 심리학 교과서에서는 성격을 비지적 특성으로 분류하고 비교적 좁게 정의하고 있다. Guilford(1959)는 특성이론의 입장에서 성격을 "한 개인이 갖고 있는 특성들의 패턴"이라고 해서 한 개인의 구체적 행동들로부터 개념화, 일반화된 내면적 수준에서 정의하고 있다. 성격을 행동주의적 입장을 취하는 Mischel(1986)은 "각 개인이 생활장면에 적응하는 것을 특정짓는 행동(사고와 정서를 포함한)의 뚜렷한 패턴"이라고 정의하여 주로 외형적 행동의 측면을 강조하였다. 그리고 여러 성격이론을 종합하려고 노력했던 Allport(1961)는 성격을 "한 개인의 특징적 행동과 사고를 결정하는 개인 내의 심체적 체계(psychophysical systems)의 역동적 조직"으로 정의함으로써 성격을 어떤 행동이나 특성의 수준을 넘어서 역동적 조직의 수준에서 개념화하였다.

8. 행동발달특성

행동발달 특성은 민주사회에서 요구되는 바람직한 행동과 한국인으로서 특히 필요로 하는 행동의 발달 상태를 말한다. 이러한 행동은 가정, 학교, 사회에서 강조되어 길러져야 할 인간상을 구체적으로 실현되어야 할 행동특성을 의미한다. 학교에서 공식적으로 교과학습발달과 더불어 행동발달상황을 평가하도록 규정하고 있다. 행동발달 특성은 가정, 학교, 사회 전체 생활 장면에서의 특정한 대상에 대한 개인의 감정과 정서를 수반하는 전형적인 행동특성이 바람직하고 일관성 있게 표현되는 발달상태라고 정의하고 있다(김진규, 2000b). 최근에 학교에서 널리 쓰고 있는 인성교육에 대한 개념은 기존의 행동발달특성의 정의와 유사하게 사용되고 있다.

3절 정의적 특성의 측정 절차

1. 정의적 특성에 대한 조작적 정의

정의적 특성을 측정하기 위해서는 두 가지 형식의 정의, 즉 개념적 정의와 조작적 정의가 필요하다. 개념적 정의는 특성의 추상적인 의미와 관련된 정의이다. 예컨대 지능을 개념적으로 정의한다면 대상, 활동 및 아이디어 간의 관계를 발견하는 능력으로 정의될는지 모른다. 개념적 정의란 한 정의적 특성에 어떤 의미를 부여해 주는 것이라고 할 수 있다. 조작적 정의는 한 정의적 특성이 있을 때 그 특성에 관한 추론을 할 수 있게 만드는 데 활용될 수 있는 일련의 행동에 관련된 정의이다. 정의적 특성은 직접적으로 관찰하는 것이 어렵기 때문에 그 특성은 어떤 종류의 행동(예컨대 쓰기, 말하기, 행동하기 등)으로부터 추론되어야 한다(박도순·홍후조, 1999).

어떤 정의적 특성을 조작적으로 정의하는 목적은 정의적 특성의 존재에 대한 추론을 위해 사용될 수 있는 행동들을 보다 구체적으로 기술해서 측정을 용이하게 하려는 데 있다. 이러한 추론은 개개인들의 구두반응, 필답반응, 또는 외현적 행동을 바탕으로 해서 만들어질 수 있다. 그러나 어떤 정의적 특성에 대한 유용한 정보를 제공하기 위해서는 그 특성에 대한 개념적 정의와 조작적 정의 간에 밀접한 관계가 있어야만 한다. 다시 말해, 의미 있는 정보를 얻기 위해서는 반응자로부터 이끌어 낸 반응이 이와 관련된 인간의 특성에 대한 개념적 정의와 서로 아주 깊게 관련이 되어야 한다는 것이다. 정의적 특성에 대한 조작적 정의를 내리는 방법으로는 영역기준 접근법(domain-referenced approach, Hively, 1974)과 문장도 접근법(mapping sentence approach, Fiske, 1971) 등이 사용되고 있다(Anderson, 1981; 박도순·홍후조, 1999).

2. 정의적 특성의 측정 절차

정의적 특성의 개념과 유형이 매우 다양하고 복잡하므로 각 특성에 맞는 평가방법을 효과적으로 적용하는 것이 중요하다. 정의적 특성을 정확히 측정할 수 있는 평가도구를 개발하는 것은 아주 어렵다. 정의적 특성을 측정하기 위해서 먼저 정의적 특성을 일반적인 구인으로 규명해야 한다. 그리고 일반적인 구인을 보다 구체화시킨 요소적인 구인을 행위동사로 진술해야 한다. 이어서 요소적인 구인의 행위가 나타날 수 있는 구체적 상황이나 그것을 측정할 수 있는 문항을 제작해야 한다(Bloom, Madaus, & Hasting, 1981).

정의적 특성의 측정 절차는 크게 5단계로 나눌 수 있다(성태제, 2002).

① **1단계** : 측정 영역이나 내용을 설정한다.

② **2단계** : 규명된 정의적 특성을 소유하고 있는 사람이 어떻게 행위를 할 것인가를 구상하여야 한다. 반면 그 특성을 갖고 있지 않은 사람은 어떤 행위를 할 것인가도 구상하면 더 바람직하다.

③ **3단계** : 측정하고자 하는 특성을 소유하고 있는 사람과 소유하고 있지 않은 사람 즉 대비되는 두 개인의 자연적이거나 인위적 상황에서 어떻게 반응을 하는지를 고려해야 한다.

④ **4단계** : 3단계를 기초로 해서 실제적이고 타당한 상황을 선택한다.

⑤ **5단계** : 중다측정도구를 고안한다. 단일한 측정도구로 개인의 특성을 측정할 수 있으나 보다 타당하고 신뢰롭게 정의적 특성을 평가하기 위하여 여러 가지 평가도구를 구안한다.

정의적 특성을 평가하는 데 있어서 유의할 사항은 다음과 같다(McMillan, 2007).

① 아동과 청소년기 학생들의 감정과 정서는 재빨리 변한다. 개별 학생의 감정과 정서는 일정 기간에 걸쳐 여러 번 측정하는 것이 필요하다는 것을 시사하고 있다.

② 정의적 특성을 측정하기 위해서는 가능한 여러 가지 방법을 사용해야 한다. 어느 한 방법에 의존할 경우에 그 방법이 지니고 있는 제한점을 극복하지 못하는 경향이 있다.

③ 개별 학생의 결과와 집단의 결과 중 어느 것이 필요한가를 결정해야 한다. 평가목적과 용도에 따라서 평가방법이 달라져야 한다.

4절 정의적 특성 평가 방법

학교 현장에서 정의적 특성을 가장 편리하게 평가하는 방법은 크게 교사관찰, 자기보고, 그리고 동료 평정 등 세 가지로 분류할 수 있다(MacMillan, 2007). 정의적 특성은 직접 관찰할 수 없기 때문에 교사의 관찰에 의존하거나 학생 스스로 반응하거나 동료의 평정으로부터 행동이 추론됨에 틀림없다. 아주 정교한 심리측정도구로 정의적 특성을 평가하는 전문가도 있지만, 대부분 현장 교사들은 이러한 도구를 자주 사용하지 못한다. 여기서는 교사들이 현장에서 비교적 쉽게 활용할 수 있는 관찰법, 질문지법, 그리고 사회성 측정법에 국한하여 소개하고자 한다.

1. 관찰법

1) 개념

관찰법은 과학적 연구에서 가장 오랜 역사를 가진 방법으로서 인간 행동을 이해하는 기본적인 측정절차를 말한다. 관찰하지 않고서는 사실을 규명하거나 법칙을 발견하기 위한 자료를 수집할 수 없다. 관찰법은 사건이 일어난 시간에 현장에서 관찰자가 직접 자료를 수집하는 방법을 말한다.

일반적으로 평가에서 지필검사, 면접고사, 심리검사, 설문조사 등이 강조되는 것에 비하면 관찰법은 상대적으로 경시되고 있다. 실제로 실험,

실습, 실기 등을 평가할 경우에 직접 보지 않고 또는 듣지 않고서는 평가가 전혀 불가능하다. 교육평가에서 간접적으로 서류점검이나 실태조사로 그치지 않고 직접 확인하고 점검하는 절차가 수반되어야 할 경우에 관찰이 반드시 필요하다(변창진 외, 1996).

2) 유형

관찰법은 분류기준에 따라 여러 가지로 구분할 수 있다. 관찰 장면의 통제 여하에 따라 통제적 관찰과 비통제적 관찰로 나눈다. 관찰자와 피관찰자의 참여 여하에 따라 참여적 관찰과 비참여 관찰로 구분하기도 한다. 관찰의 조직성 여부에 따라 자연관찰과 조직적 관찰로 나눌 수 있다(김진규·윤길근, 2003).

통제적 관찰은 대부분 실험연구에서 관찰자가 관찰의 목적에 맞게 관찰 장면과 조건을 인위적으로 조작해 놓고 그 조건에 따른 반응이나 영향을 관찰하는 방법이며 실험적 관찰이라 한다. 비통제적 관찰은 전혀 처치를 가하지 않는 상태에서 관찰하는 연구를 말한다. 인류학에서의 관찰연구의 대부분은 비통제적 관찰이다. 인위적인 처치 또는 제한을 가하지 않고 자연스럽게 관찰하는 방법을 의미한다.

조직적 관찰은 관찰의 내용이 제한적이어서 관찰내용, 관찰방법, 기록방법 등이 사전에 규명되어 있는 관찰이며 일반적으로 점검표에 의하여 관찰할 경우 관찰방법이 구조화되어 있다고 할 수 있다. 자연 관찰은 조직적 관찰과 반대되는 관찰방법으로 관찰내용, 시기, 방법 등을 규명하지 않고 자연스럽게 관찰하는 방법이다.

참여적 관찰은 관찰자가 관찰대상의 조직에 동참하여 구성원의 일원이 된 다음 그들과 공동생활을 하면서 관찰 대상을 자연 그대로 관찰하는 방법을 말한다. 완전참여관찰은 관찰자가 역할을 숨기고 연구 상황에 참여하여 관찰하는 방법이다. 이 경우 연구대상들이 관찰자에 의하여 영향을 받지 않는다는 장점이 있지만 연구자가 신분을 감추고 연구대상을 기만하는 것이 윤리적 문제가 제기될 소지가 있다. 비참여 관찰은 참여적 관찰과 반대적인 형태의 관찰로 연구대상과의 상호작용을 극소화하기 위하여 관찰자가 관찰 상황에 참여하지 않고 관찰하는 방법이다. 비디오를 사용하여 촬영한 후에 관찰하는 방법과 일방경이 있는 관찰실을 이용하는 방법이 있다.

3) 장·단점

가) 장점

① 비언어적 행동에 대한 자료를 수집함에 있어서 조사나 실험보다 더욱 유용한 방법이다.
② 어떤 문제의 사태나 관찰대상의 행동에 대한 생생한 많은 정보를 수집할 수 있으므로, 보다 체계적인 실험연구를 위한 연구가설 설정의 기초를 제공한다.
③ 관찰법은 관찰대상의 고의적인 방해를 받지 않는다.
④ 관찰대상의 능력이나 교육 정도에 제한 받지 않는다.
⑤ 관찰대상과의 친밀성을 유지할 수 있어 심층적인 자료 수집이 가능하다.

나) 단점

① 관찰자의 주관, 편견, 선입견이 개입하기 쉽고 이를 통제하기 어렵다.
② 관찰의 대상이 되는 행동이 일어날 때까지 기다려야 한다는 어려움이 있다.
③ 수집된 자료를 분류하고 유목화 하는 과정에서 관찰자의 주관적 판단에 의존한다.
④ 관찰자에 의해 관찰 상황이 변화될 수 있다.
⑤ 다른 방법에 비해서 시간과 경비가 많이 든다.

2. 질문지법

1) 개념

자기보고법은 흔히 일련의 진술문, 질문, 부사의 형태를 취해 그것을 대상자가 읽고 답하게 하는 방법이다. 여기에는 질문지법, 면담법, 척도법, 형용사검목표, Q 분류방법, 검사법 등이 모두 이에 포함된다. 질문지(questionnaire)란 용어와 조사표(schedule)라는 용어는 대개 같은 뜻으로 쓰이고 있다. 즉 질문지란 조사자의 감독 아래 답을 기입하게 하거나 우송에 의해 그 반응을 수집하는 방법이며 조사표란 조사자가 면접에 의해 기입하는 방법이다. 질문지는 많은 아동이나 학생을 대상으로 해서 단시간에 일제히 실시할 수 있을 뿐만 아니라, 그 결과를 비교적 신속하게 기계적으로 처리할 수 있고 면밀한 정의적 특성의 측정을 하기 위한 예비적 탐색으로서의 이점이 있기 때문에 널리 사용되고 있다.

2) 유형

질문지의 종류를 분류하는 방법은 응답형식에 따라 구조적 질문지(structured questionnaire)와 비구조적 질문지(unstructured questionnaire)로 나누고 있다. 구조적 질문지는 미리 구체적이고 제한된 선택지를 주기 때문에 결과의 처리가 쉽다는 장점이 있어서 많이 사용되고 있다. 비구조적 혹은 자유반응형 질문지는 반응자가 제한 없이 자유롭게 그리고 창의적으로 반응할 수 있다. 여기서는 자유반응형을 비롯하여 선택형, 체크리스트형, 유목분류형, 등위형, 평정척도형, 조합비교형으로 구분하여 간단히 소개하고자 한다.

자유반응형은 극단적으로 말하면 어떤 문제에 대해 '아무 것이나 마음대로 쓰라'는 형식이다. 이 방법은 반응자의 응답능력, 표현능력을 믿을 수 있을 때 가능하다. 이 방법에 의해 얻은 자료는 질적 분석이 선행되어야 하며, 그러기 위해서는 조사자의 특별한 훈련과 능력이 갖추어져 있어야 한다.

선택형은 두 개 이상의 선택지 중에서 가장 적절한 선택지 혹은 좋은 선택지를 택하게 하는 방법이다. 선택지는 한 개로 하는 것이 원칙이나 때에 따라서는 2지 선택, 다지 선택을 할 수도 있다. 대답하는 아동에게 비교적 부담을 덜 주기 때문에 가볍게 대할 수 있어 무응답의 수가 적어질 수 있다.

체크리스트형은 상당한 실험적 절차를 거쳐 제작되는 질문지 형식이다. 어떤 문제에 대해 자유반응형식으로 반응자의 반응내용을 탐구해서 그것을 기초로 완전한 목록을 제작한다. 체크리스트형은 대개 한 문제나 행동영역에 대해 적어도 20~30개의 문항을 제작해서 실시해야 의의가 있다. 결과는 체크한 것의 총체로서 수량화시켜 비교하면 된다.

유목분류형은 같은 종류의 여러 가지 문항을 일정한 표준 혹은 준거에 따라 몇 개의 유목으로 분류시키는 방법이다. 이것은 분류된 결과에 따라 반응자의 잠재적인 혐오, 찬반, 가치방향, 태도 등을 알 수 있다는 특징이 있다.

등위형은 서열법이라고도 하는데, 같은 성질을 띤 일군의 항목을 중요성이나 기초, 가치에 따라 최상위에서 최하위까지 순위를 정하는 방법이다. 이 방법에서 주의할 것은 순위를 매겨야 할 항목이 너무 많으면 신뢰성이 낮아진다는 점이다. 대개 7~8개가 적당하다.

평정척도형은 미리 정해 둔 3, 5, 7, 9단계의 척도에 따라 평정하도록 하는 방법으로 대개 실험적 절차를 거친 척도나 표준화검사에서 많이 사용된다. 조합비교형은 짝지어진 두개 혹은 세 개의 항목을 서로 비교해서 어느 한쪽을 선택하게 하는 방법이다. 일종의 강제선택형인데, 비교적 신뢰성이 높은 방법이기는 하나 그 제작에 훈련, 기술, 시간을 많이 요한다는 것이 문제이다.

3) 장·단점

가) 장점

① 적은 인적 자원으로 많은 자료를 단시간에 얻을 수 있다.

② 질문자와 응답자의 관계가 비교적 원만히 이루어질 수 있다.

③ 피험자의 의견, 태도, 감정, 가치관 등과 같은 자아관여(ego involvement)가 되어 있는 정의적 특성은 다른 방법에 의하는 것보다는 질문지가 효과적이다.
④ 개인의 생활경험이나 묘한 심리적 경험을 쉽게 수집할 수 있다.

나) 단점

① 아동의 언어능력, 표현능력에 의존하는 바가 크기 때문에 그러한 능력이 신뢰롭지 않으면 질문지의 결과도 믿을 수 없다.
② 질문지에 나타난 의견이 거짓인지 또 사실에 관한 질문에 기억의 착오가 있는지 어떤지를 전혀 확인할 수 없다.
③ 질문을 확실히 통제할 수 없고 자료를 엄격하게 다룰 수 없다.
④ 질문지는 그 회수율이 낮을 가능성이 많다.

3. 사회성측정법

1) 개념

사회성측정법(sociometric technique)은 한 학생이 어떤 한 집단에서 그 집단 구성원들에 의해서 어떻게 지각되고 받아들여지고 있는가를 평가하는 데 사용되는 방법을 말한다. 사회성 측정법은 집단 구성원들 사이에 형성된 사회적 인간관계를 측정하는 방법이다. 1934년 J. L. Moreno의 사회도(sociogram) 분석법에서 시작되었다. 이 방법은 또래 집단의 형성, 인기 학생이나 소외 학생을 포함하는 집단의 역동을 파악하기 위하여 구성원 상호간에 반응을 끌어내어 집단의 성질, 구조, 역동성, 상호간의 관계를 분석하고자 한다. 이 방법은 어느 특정한 집단 내에서 개인의 사회적 위치나 비형식적인 집단의 구조를 파악할 경우에 자주 활용된다.

학교에서는 교우관계조사라는 이름으로 시행되고 있다. 학급 분단을 편성하거나 학생들 상호간의 좋아하는 친구와 싫어하는 친구를 파악할 목적으로 자주 사용되고 있다. 집단 따돌림의 대상이 되는 학생을 찾아내고 이를 예방하거나 지도할 목적으로 활용될 수도 있다.

2) 유형

집단구성원 간에 상호 수용하거나 배척하는 관계는 동료평정법, 추인법, 지명법, 사회도, 사회적 거리 추정방법 등이 있다(김진규, 2000b). 동료평정법은 동료들의 판단에 의존하여 평가하는 방법을 말한다. 동료평정법은 교사나 부모의 눈이 아닌 자기 동료에 의해서 피평가자가 어떻게 인식되고 판단되고 있는가를 토대로 하여 그의 사회적 인성을 평가하는데 사용되는 방법들을 말한다(강승호 외, 1996).

추인법(guess who technique)은 Hartshome과 May(1929)가 처음으로 사용한 것으로 한 학급에 있는 학생 상호간에 어떤 특성에 비추어 기명으로 평정하게 하는 방법이다. 학생들로 하여금 기입하게 하는 방법이지만 의외로 신뢰도 및 타당도가 높다는 것이 특징이다. 추인법은 인성의 여러 특성, 사회적 기술 등을 평가하는 데 특히 유용하다. 그러나 이 방법은 학생들 눈에 띄지 않는 수줍은 학생에 대한 정보를 수집하여 이들을 평가하는 데에는 부적절하다는 제한점을 안고 있다(강승호 외, 1996).

지명법(nominating method)은 특정 상황이나 활동에서 함께 하기를 원하는 다른 학생의 이름을 적도록 하는 방법이다. 지명법을 사회성 측정법이라고 부르는 경우도 많다. 지명법은 질문 양식에 있어서 다소 차이가 있지만 추인법과 아주 유사한 방법이다. 가장 많이 사용하는 질문은 공부시간에 옆자리에 같이 앉고 싶은 친구, 같이 공부하고 싶은 친구, 그리고 쉬는 시간에 같이 놀고 싶은 친구 등이다.

사회도에 의한 분석방법은 1934년 J. L. Moreno가 개발한 방법이다. 지명법과 동일한 특징을 지닌 방법이며 단지 그 자료를 도식에 의한 그림으로 나타내는 것이 다르다. 사회도는 구성원의 이름들이 화살표로 연결된 형태이다. 화살표가 누구와 누구를 연결하고 있는지와 누가 누구를 좋아하고 있는지를 나타내고 있어서 인기 학생과 외톨박이 학생을 쉽게 판별할 수 있다. 사회도는 한 집단 내의 역동적 관계를 이해하는 데 유용하지만 학생 수가 많을 경우에 사회도를 작성하는 것은 아주 복잡한 작업이 요구된다.

사회적 거리 추정 방법은 주어진 일련의 질문에 대해서 한 학생이 모든 학생에게 반응할 수 있도록 하는 방법이다. 이 방법은 한 학생이 주어진 집단을 어떻게 받아들이고 있는 것뿐만 아니라 그 집단이 그 학생을 어느 정도 인정하고 배척하느냐의 정도를 분석할 수 있으므로 사회도 분석방법보다 집단의 사회적 역동성을 더 효과적으로 파악하는 데 유용한 방법으로 평가된다.

3) 장·단점

가) 장점

① 사회적 적응이 어려운 개인을 가려내어 부모나 상담자의 도움을 받게 한다.
② 집단을 조직하거나 재조직하는 데 활용할 수 있다.
③ 집단의 사회적 구조를 개선하는 데 도움이 된다.
④ 학교의 구체적인 특수 활동이 학생의 사회성에 주는 영향을 알 수 있다.

나) 단점

① 사회성 측정검사는 검사 자체가 갖고 있는 한계가 있다. 좋은 검사도구가 갖추어야 할 신뢰도와 타당도에 문제가 있다.
② 사회성 측정검사의 제작과 시행, 결과의 해석과 적용하는 데 한계가 있다.
③ 누가 누구를 선택하였는지는 밝혀 주지만 왜 그러한 선택을 하게 되었는지, 그리고 왜 그러한 특정한 사회적 구조가 형성되었는지를 알려 주지 않는다.
④ 상호선택이나 파벌의 형성 등이 반드시 이들이 선호되거나 받아들여진다는 것을 의미하지 않는 경우도 있다.
⑤ 어떤 학생이 선택되고 선택되지 않는가의 여부는 질문에 제시된 상황에 따라서 바뀔 수 있다.
⑥ 집단 성원의 수(20~30명이상)가 많을 때는 이러한 사회도를 작성하는 작업이 너무 복잡하고 시간을 많이 소비하게 되어 활용하기 어렵다.

제12장 평가결과의 분석과 활용

평가결과를 분석하기 위해 필요한 기본적인 통계를 처리하고 점수를 보고할 경우에 검사점수의 표시방법을 이해해야 한다. 또한 평가도구의 구비조건을 제대로 갖추고 있는가를 점검하는 것이 평가에서 중요한 과제이다. 일반적으로 평가도구의 구비조건으로는 신뢰도, 타당도, 객관도, 그리고 실용도 등을 들 수 있다.

평가결과의 보고는 일정한 서식에 맞추어 문서로 작성하고 기록하고 보관하는 일도 포함된다. 학교현장에서는 성적일람표를 작성하고 학생의 평가결과를 학교생활기록부에 기록해야 한다.

이 장에서는 먼저 평가결과 처리방법과 점수 표시방법을 설명한다. 타당도와 신뢰도에 국한하여 개념, 산출방법, 장·단점을 중심으로 간략하게 살펴보고자 한다. 학교생활기록부의 작성 절차를 소개하고 평가결과의 보고와 활용 방법에 대하여 논의하고자 한다.

1절 평가결과의 통계 분석

1. 기술통계 방법

수집된 자료를 처리하는 통계 방법은 두 가지로 대별된다. 평가를 실시하여 얻은 자료를 정리하고 요약하여 자료의 특성을 쉽고 편리하게 서술하려는 기술통계(descriptive statistics)가 있고, 수집된 표본의 자료를 사용하여 모집단의 현상이나 특징을 추정, 예견, 일반화하려는 추리통계(inferential statistics)가 있다. 여기서는 가장 많이 활용되고 있는 기술통계 가운데 빈도분포표와 그래프의 작성, 집중경향치, 변산도, 상관계수로 나누어 간략히 논의하고자 한다.

1) 빈도분포표와 그래프의 작성

빈도분포표(frequency table)는 적당한 크기의 급간(점수대)으로 묶어 그 점수대에 있는 점수를 받은 인원수를 헤아려 만든 표를 말한다. 이 표를 시각적으로 표시한 그림이 그래프이다. 그래프는 자료가 지닌 속성을 왜곡하지 않고 독자에게 쉽고 빠르게 제시하는 장점을 갖고 있다.

일반적으로 독립변수와 종속변수가 있는 자료를 그래프로 표시할 경우에 X축에는 독립변수를, Y축에는 종속변수를 각각 일정한 단위로 나누어 표시한다. 그래프의 종류는 막대그래프, 선그래프, 히스토그램, 절선도표, 누가백분율표 등이 있다.

2) 집중경향치

집중경향치(central tendency)는 어떤 빈도분포에 있는 득점을 하나의 수치로 설명할 수 있는 가장 대표적인 수치를 말한다. 집중경향을 나타내는 지수에는 최빈치, 중앙치, 평균치가 있다.

최빈치(mode)는 빈도분포에서 빈도가 가장 많은 점수 또는 급간의 중앙치를 뜻한다. 중앙치(median)는 빈도분포에서 총 사례수의 중간(N/2)에 해당하는 자가 받은 점수를 말한다. 평균치(mean)에는 산술평균, 기하평균, 조화평균이 있고 가장 널리 사용되는 산술평균은 빈도분포에 있는 모든 점수의 합을 총 사례수로 나눈 값을 의미한다.

3) 변산도

변산도(variability)란 어떤 분포에서 측정치가 흩어져 있는 정도를 나타내는 지수를 말한다. 이는 분산도라고 부르기도 하며 자료의 집중경향치가 같다고 하더라도 자료의 분포가 넓게 또는 좁게 퍼져있을 수 있으므로 자료의 성질을 이해하는 데 있어서 중요한 수치이다. 변산도를 나타내는 지수에는 범위, 사분편차, 변량, 표준편차 등이 있다.

범위(range)는 빈도분포에서 최고점과 최하점 간의 간격을 또는 차이를 말한다. 사분편차(semi-interquatile range)는 PR=75에 해당하는 점수에서 PR=25에 해당하는 점수를 뺀 점수를 2로 나눈 값을 의미한다. 변량(variance)은 한 분포에 있는 모든 개개 측정치(X_i)와 평균치(M)와의 차이를 각각 제곱해서 합한 것을 총 사례 수(N)로 나눈 값을 말한다. 변량(s^2)을 계산하는 공식을 기호로 나타내면 다음과 같다.

$$s^2 = \sum(X_i - M)^2/N$$

표준편차(standard deviation)는 변량의 제곱근에 해당하는 값이다. 변량이 점수가 흩어진 정도를 넓이의 개념으로 나타낸 값인 반면에, 표준편차는 점수가 흩어진 정도를 길이의 개념으로 나타낸 값으로서 두 개념은 근본적으로 같은 성질의 통계치이다.

4) 상관계수

상관계수(correlation coefficient)는 변수 또는 측정치간의 일치도, 공통성, 동질성의 정도를 양적으로 나타낸 지수를 의미한다. 상관은 두 변수

간의 관계를 나타내지만 두 변수가 왜 관련되어 있는가를 설명하지 않기 때문에 인과관계의 증거로 해석해서는 안 된다. 상관계수는 +1.00에서 −1.00까지의 값을 취한다. +와 −는 상관의 방향을 나타내고 0에서 1까지의 값은 상관의 강도를 나타낸다. 상관관계는 두 변수가 선형관계를 만족해야 한다는 가정과 두 변수의 분산이 같다는 가정을 기본으로 한다. 연속적인 양적 변수가 아닌 경우의 상관계수로는 등위상관계수, 양류상관계수, 양분상관계수, 파이계수 등이 있다.

2. 점수 표시 방법

평가결과의 보고는 평가를 실시해서 자료를 수집하고 분석한 결과를 통보하는 일뿐만 아니라 일정한 서식에 맞추어 문서로 작성하고 기록, 보관하는 일도 포함된다. 결과보고를 할 때 평가결과를 점수로 표시하는 방법에는 원점수, 평점, 백분위, 표준점수 등이 있다.

1) 원점수

원점수(raw score)는 소점이라고 부르기도 하며, 검사도구 또는 척도기준에 따라 직접 얻은 점수를 의미한다. 준거집단과 비교하기 위하여 점수를 변환하거나 재척도화 하기 이전의 점수이어서 원점수 자체만으로 얼마나 우수한 성적인지를 정확하게 파악할 수 없다.

2) 평 점

평점은 원점수를 일정한 기준에 비추어 여러 개의 등급으로 구분하여 수치를 부여하는 점수표시방법이다. 평어는 수치 대신에 문자(수, 우, 미, 양, 가 또는 A, B, C, D, F)를 부여하는 점수표기방법이다. 우리 교육계에서는 평점과 평어가 아주 간단하고 정확하며 객관적인 방법으로 인식되어 왔다. 그러나 이는 정보가 지나치게 수량화 또는 단순화되어 설명이 부족하다는 단점 때문에 평가결과의 핵심적인 내용을 요약해서 기술하는 서술적 표현방법을 권장하고 있다.

3) 백분위

백분위(percentile rank)는 어떤 점수분포에서 최고점부터 최하점까지 순서대로 배열하였을 때, 어떤 학생의 원점수 아래에 전체 학생의 몇 %가 분포되어 있는가를 나타내는 것이다. 예컨대 A학생이 수리영역에서 39.0점을 받았는데, 백분위가 63.0이었다고 하면 전체 학생의 63.0%가 A학생보다 낮은 성적을 받았다는 것을 의미한다. A학생은 100명 중 약 37등에 해당한다. 따라서 백분위는 집단의 크기가 다르더라도 상대적 위치를 서로 비교해 볼 수 있다.

4) 표준점수

표준점수(standard score)는 어떤 점수분포에서 평균을 중심으로 하여 원점수를 표준편차 단위로 나타낸 전환점수이다. 표준점수는 Z점수로 나타내며 Z = (원점수 − 평균)/표준편차의 공식으로 값을 계산한다. Z점수를 기초로 하여 평균과 표준편차를 일정하게 고정시킨 여러 가지 표준점수를 만들 수 있다. 예컨대 T점수는 평균이 50, 편차가 10인 분포로 전환시킨 표준점수이다(T = 10Z + 50). 표준점수는 개인 간 및 개인 내 상대적 비교를 가능하게 하고, 난이도나 응시집단의 능력수준이 다른 선택과목 간의 점수를 공평하게 비교할 수 있다.

스테나인(stanine) 점수는 아홉 개 범주를 가진 표준점수로 평균을 5, 표준편차를 2로 표준화한 점수이다. 스테나인 점수는 원점수의 분포를 정상분포로 가정하고 가장 낮은 점수부터 높은 점수로 배열한 후, 일정한 구간마다 점수를 부여하게 된다. 맨 아래의 4%에 1을, 그다음 7%에 2를, 그다음 12%에 3을, 그다음 17%에 4를, 그다음 20%에 5를 부여하며, 상위 4%에 만점인 9를 부여한다.

2절 타당도의 개념과 종류

1. 타당도의 기초

1) 타당도의 개념

타당도(validity)는 검사 또는 시험이 평가하려고 하는 내용을 충실하게 재고 있는 정도를 의미한다(변창진 외, 1996). 타당도는 측정하려고 하는 내용만을 재고 측정하려고 하는 내용과 관계없는 불순물을 측정하지 않는 정도를 나타내는 지수이다. 다시 말하자면 측정하고자 하는 특성을 검사가 제대로 측정하였느냐의 정도를 나타내는 개념으로 사용되었다.

최근에는 타당도의 개념이 검사도구의 목적에 대한 적합성을 의미하는 개념으로 변화되고 있다(성태제, 1996). 타당도는 검사를 통해 획득한 점수가 목적을 위해 얼마나 적합하게 활용될 수 있는 정도를 의미하고 검사가 본래 재고자 하는 것을 잘 재고 있는 정도를 보여주는 지표를 의미한다. 그래서 타당도는 평가도구의 양호도를 판단하는 가장 핵심적인 개념이다.

타당도는 검사점수의 해석과 결과 활용의 적합성을 의미하는 개념이다. 평가도구나 검사 자체가 타당도를 가지는 것이 아니라 평가도구의 결과가 타당도를 가진다는 것을 인식해야 한다. 즉, 타당도란 검사의 특성이 아니라 검사점수의 특성이라는 것이다. 검사자체가 아니라 검사점수에 대한 해석이 합리적인가? 검사점수가 의도하는 용도로 잘 활용될 수 있는가? 검사점수의 해석이 얼마나 건전한가? 등과 같은 질문이 타당도를 확인하는 기준이다.

예컨대 교사가 학생들의 시험 점수를 근거로 재이수 여부를 결정하고자 할 경우에 검사의 목적에 비추어 검사점수가 충분한 타당도를 가지고 있는가의 문제가 관건이 된다. 만일 검사점수가 충분한 타당도를 가지고 있다는 것을 증명하지 못한다면, 이러한 목적을 위해서 검사점수를 함부로 사용할 수 없다. 왜냐하면 목적에 부합되지 않을 경우에 점수를 사용하는 것은 오히려 사용하지 않는 경우보다 더 심각한 부작용을 초래할 가능성이 높기 때문이다.

항상 검사를 실시하는 상황에서는 검사점수의 의미를 왜곡시킬 수 있는 다양한 요인이 존재한다. 검사점수의 의미가 왜곡되면 검사점수가 의도하는 목적으로 사용하는 것은 부적합하다. 그래서 타당도는 측정하려고 의도하는 것을 측정하고 있으며, 관련이 없는 요인들의 영향을 받지 않는 정도를 나타낸다(권대훈, 2008).

2) 타당도 개념의 변화

전통적으로 미국심리학회(APA)에서는 타당도를 내용타당도, 예측타당도, 공인타당도, 구인타당도 네 종류로 구분하였다. 타당도에 대한 개념에도 변화가 있어, 타당도는 검사가 갖는 고유한 속성이라기보다 검사에서 얻는 결과를 가지고 검사의 타당성의 근거를 제시하는 것이라는 주장이 최근의 견해이다. 또한 타당도는 타당성의 근거를 수집하는 과정으로 본다. 타당도의 개념은 'validity'에서 '~ related evidence of validity'로, 그리고 'evidence based on ~'로 변화되고 있다. 여기서 타당도보다 타당도 증거라는 표현을 선호하는 이유는 검사점수가 충분히 높은 타당도를 가지고 있다는 것을 입증하기 위해서 여러 가지 증거를 제시해야 하기 때문이다. 지금까지 대부분 타당도라고 하면 내용타당도, 준거타당도, 구인타당도로 부르고 있지만, 엄격한 의미에서 타당도는 하나의 단일 개념이고 타당도가 충분히 높다는 것을 보이기 위해 제시하는 타당도 증거라고 칭하는 것이 정확할 것이다. 미국교육학회(AERA), 미국심리학회(APA), 미국평가학회(NCME) 등이 공동으로 편집한 지침에 의하면, 타당도의 다양한 종류가 제안되고 있다. 타당도의 변화 과정을 요약하면 다음 <표 12-1>과 같다.

▶ 〈표 12-1〉 AERA, APA, NCME에서 제시한 타당도

APA(1966)	AERA, APA, NCME(1985)	AERA, APA, NCME(1999)
내용타당도	내용관련 타당도 증거	검사내용에 기초한 증거
구인타당도	구인관련 타당도 증거	내적 구조에 기초한 증거
준거관련타당도	준거관련 타당도 증거	• 다른 변수와의 관계에 기초한 증거 - 수렴과 변별 증거 - 검사-준거 관련성 - 타당도 일반화
		• 반응과정에 기초한 증거 • 검사결과에 기초한 증거

3) 타당도와 신뢰도의 관계

신뢰도는 타당도의 필요조건이지만 충분조건은 아니다. 그러므로 높은 타당도를 확보하려면 반드시 신뢰도가 높아야 하지만, 신뢰도가 높다고 하더라도 반드시 타당도가 높은 것은 아니다. 신뢰도는 타당도의 충분조건이 아님을 기억해야 한다. 아무리 오차가 없고 일관성 있는 검사점수라도 목적에 적합하지 않는 것을 재고 있다면 아무런 의미가 없는 것이 되고 만다. 신뢰도와 타당도의 관계를 나타내면 다음 [그림 12-1]과 같다.

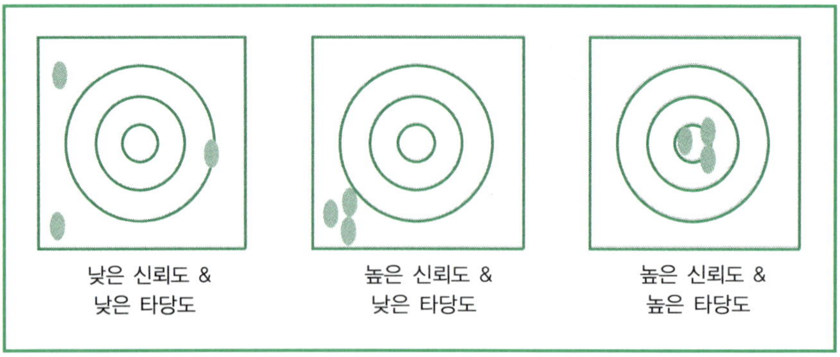

[그림 12-1] 신뢰도와 타당도의 관계

위의 과녁에 신뢰도가 타당도를 위한 필수조건이지만 충분조건이 아님을 잘 보여주고 있다. 가운데 그림을 보면, 과녁에 일관되게 맞았지만 정 가운데가 아닌 곳에 일관되게 맞았기 때문에 타당도는 높을 수 없다.

타당도는 검사목적에 따른 검사도구의 적합성이라는 점에서 볼 때, 검사도구가 측정하고자 하는 목적을 달성하고 있는가를 증명하는 기본적인 절차이다. 타당도를 검정하지 않은 검사 도구를 사용하여 얻은 자료로 학생들의 심리적 증상을 진단하고, 학업성취도를 비교하며, 인성을 측정하는 것은 잘못된 결론을 유도할 가능성이 높아진다.

한편, 관찰점수의 구성요소를 분석하여 타당도와 신뢰도의 관계를 살펴볼 수 있다. 검사에서 얻은 관찰점수는 진점수와 오차점수로 구분할 수 있고, 진점수는 다시 타당한 진점수와 타당하지 않은 진점수로 구분되며 다음 [그림 12-2]와 같다.

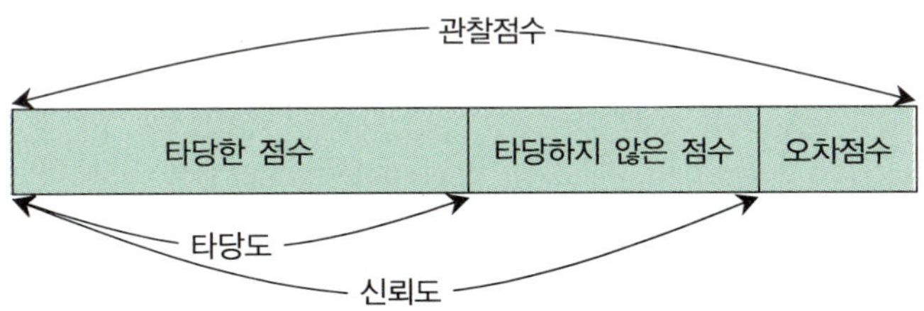

[그림 12-2] **관찰점수의 구성요소**

위의 [그림 12-2]에서 타당한 점수는 신뢰롭고 타당한 점수의 변량을 나타내며 타당하지 않은 점수는 신뢰롭지만 타당성이 없는 내용을 측정한 점수의 변량을 지칭하며, 나머지 오차점수는 오차변량을 나타낸다. 따라서 타당도를 높이기 위하여 신뢰도가 높아야 한다. 그러나 신뢰도가 높다 하여 타당도가 항상 높은 것이 아니다. 신뢰도는 타당도를 위한 필요조건이지 충분조건은 아니다.

타당도 계수는 피험자 집단의 응답결과에 의하여 추정되므로 피험자 집단이 보다 이질적일 때 공인타당도와 예측타당도 계수는 높아지는 경향을 보인다. 반대로 피험자 집단이 동질적이면 타당도 계수는 낮아진다. 그 이유는 두 변수간의 상관관계를 산출할 경우에 어떤 변수이든 절단되면 상관계수가 낮게 추정되기 때문이다.

2. 내용타당도 증거

1) 정의

내용타당도(content validity)는 검사의 문항, 질문, 목적이 측정을 위하여 규정된 내용 영역이나 전체를 얼마나 잘 대표하느냐의 정도를 말한다. 내용타당도는 논리적 사고에 입각한 논리적 분석과정으로 판단하는 주관적인 타당도로 객관적인 자료에 근거하지 않는다. 이는 검사내용 전문가에 의하여 검사가 측정하고자 하는 속성을 제대로 측정하였는지를 주관적으로 판단한다.

내용타당도의 핵심은 검사의 문항이 측정하기 위한 내용을 어느 정도 대표하고 있는가의 정도, 대표성(representativeness)을 확보하는 데 있다. 대표성이 높은 검사는 내용영역의 모든 측면을 골고루 측정한다. 여기서 내용은 교과영역과 인지과정을 포괄한다. 대표성은 검사가 갖추어야 할 매우 중요한 요건이다. 왜냐하면 검사는 문항 전집에서 추출하여 구성한 문항표본으로 점수에 근거하여 문항 전집의 정답률을 추론하기 때문이다. 내용타당도가 높다는 것은 검사문항들이 내용영역과 인지과정을 대표할 수 있는 표본으로 구성되어 있음을 의미한다.

내용타당도와 유사한 용어로 안면 타당도(face validity)라는 용어를 사용하기도 하였다. 안면 타당도는 문항들이 피험자들과 얼마만큼 친숙하게 보이는가를 말한다. 교과 타당도(curriculum validity)는 검사문항과 교수목표와의 일치도 또는 관련성을 구체적으로 관찰해서 기술하는 내용타당도이다. 즉, 개개 문항의 내용과 형식이 주어진 교수목표에의 도달 정도를 평가하는데 얼마만큼 적절한가를 따져서 이론적으로 설명한 것이 교과 타당도이다. 학업성취도 검사에서 교과, 교수타당도를 증진시키기 위하여 내용영역과 행동영역으로 구성되는 이원분류표의 작성이 아주 중요하다.

2) 추정방법

내용타당도는 전문가의 주관적 판단에 의존하므로 객관적 자료를 사용하지 않으며 내용타당도가 '높다 혹은 낮다'로 표현할 수 있을 뿐이다. 검사내용의 분석에 의하여 내용타당도가 '높다 혹은 낮다'로 표현함은 검사내용 전문가의 전문 지식에 의존하는 것이기 때문에 임의적 판단이 아님을 전제한다. 특히 학업성취도 검사의 내용타당도는 검사제작 전에 작성한 이원분류표에 의하여 문항들이 제작되었는지를 확인하는 과정을 통하여 검증된다.

3) 장·단점

내용타당도는 계량화되어 있는 정보를 제공하지 못한다고 하여도 전문가들의 판단에 의하여 검사의 타당성을 입증 받게 되므로 검사의 목적에 부합하는가의 여부를 검증할 수 있다는 장점이 있다. 일반적으로 전문가들이란 어느 특정 영역에서 공통된 인식을 고유하므로 검사의 타당성 입증에 다른 견해를 표출하는 경우는 많지 않다.

그러나 정의에 대한 통일된 인식이 없는 특성, 특히 정의적 특성을 측정할 때 전문가마다 각기 다른 견해를 가지는 경우가 많으므로 내용타당도에 대해 각기 다른 검증결과가 나올 수 있다. 예컨대, 성격에 대한 정의가 60개 이상 존재하기 때문에 한 연구자가 작성한 성격검사에 대하여 어떤 전문가는 내용타당도가 있다고 평가하였으나, 다른 전문가는 내용타당도가 없다고 평가할 수 있는 단점을 지니고 있다. 또한 내용타당도는 계량화되지 않았기 때문에 타당성의 정도를 표기할 수 없는 단점도 지니고 있다(성태제, 2005).

3. 구인타당도 증거

1) 정의

구인타당도(construct validity)란 특정 검사가 조작적으로 정의한 구인을 실제로 측정하고 있는 정도를 말한다. 이는 인간의 심리적 특성이나 성질을 심리적 구인으로 분석하여 조작적 정의를 내린 후 검사 점수가 조작적 정의에서 규명한 심리적 구인들을 제대로 측정하였는가를 검증하는 방법이다. 구인이란 심리적 특성을 설명하기 위하여 있을 것이라고 가정하는 심리적 요인을 말한다. 예컨대, 창의력이 민감성, 독창성, 도전성, 개방성, 자발성, 그리고 자신감으로 구성되어 있다고 한다면, 이러한 특성을 심리적 구인이라고 하고 그 검사도구가 이 구인들을 측정하고 있는지를 밝히는 것이 구인타당도를 검증하는 것이다.

또한 최근에 구인타당도를 내적 구조에 기초한 증거로 부르고 있다. 내적 구조에 기초한 증거는 문항과 검사 구성요소와의 관계가 구인에 어느 정도 합치되는가를 분석한다. 검사가 측정하고자 하는 구인들을 측정할 수 있도록 구성되어 있는가의 문제로서 문항들의 관계가 검사구조의 가정을 지지하는 정도를 말한다(성태제, 2009).

2) 추정방법

구인타당도, 내적 구조에 기초한 증거는 심리적 특성이 무엇인가를 규명한 다음 이에 근거하여 문항을 작성하고 시행하여 얻은 응답결과를 분석하여 정의된 심리적 특성이 제대로 측정되었는가를 수량적으로 규명한다. 구인타당도를 검증하는 통계적 방법으로 상관계수법, 실험설계법, 요인분석 등이 있다. 구인타당도를 추정하는 세부적인 절차는 다음과 같다(성태제, 2009).

① 측정하고자 하는 심리적 특성을 구성하는 구인, 즉 요소들이 무엇인지 이론적, 경험적 배경에 의하여 밝힌다. 심리적 특성에 대한 조작적 정의를 내린다.

② 구인과 관련된 이론에 근거하여 구인을 측정할 수 있는 문항을 제작한다.
③ 구인들을 측정하는 문항들로 검사를 제작한다.
④ 측정대상에게 검사를 실시하여 응답 자료를 얻는다.
⑤ 응답 자료를 분석하여 검사가 측정하고자 하는 구인들을 제대로 측정하였는지를 밝힌다.
⑥ 심리적 특성을 규명하는 조작적 정의와 관련 있는 구인과 관련 없는 문항을 제거한다.

3) 장·단점

구인타당도는 응답 자료를 기초로 한 계량적 방법에 의하여 검증되므로 과학적이고 객관적 정보를 제공할 수 있다. 또한 모르는 심리적 특성에 부여한 조작적 정의의 타당성을 밝혀 주므로 많은 연구의 기초가 될 수 있다.

단점으로는 요인분석을 실시할 경우 변수 혹은 문항들 간의 보다 안정적인 상관계수를 얻기 위하여 많은 연구대상이 필요하다는 점을 들 수 있다. 요인분석을 하기 위하여 일반적으로 300명 이상의 응답자가 필요하다.

4. 준거타당도 증거

준거타당도(criterion validity)는 검사점수와 다른 외적 변수와의 관계되는 정도, 즉 검사점수가 외적 준거를 추론할 수 있는 정도에 대한 증거를 수집하는 과정을 말한다. 준거타당도의 목적은 검사점수가 준거변수를 추정하거나 예측하는 정도에 관한 증거를 수집하는 데 있다. 그러므로 준거타당도의 일차적인 관심은 준거에 있다. 여기서 말하는 준거는 준거지향평가에서 준거와는 다른 개념이다. 여기서 준거는 검사점수와 관련되어 있거나 검사점수로부터 예언하려는 외적 변수를 의미한다. 그래서 검사점수가 준거변수를 효과적으로 추정하거나 예측하면 준거타당도가 확보된다. 대학수학능력시험이 대학 성적을 정확하게 예언하면 준거타당도를 갖고 있다고 할 수 있다. 준거변수에 대한 자료를 수집하는 시점에 따라 준거타당도는 공인타당도와 예언타당도로 구분된다.

1) 공인타당도

가) 정의

공인타당도(concurrent validity)란 어떤 검사점수가 '현재' 시점에서 다른 검사 점수와 어느 정도 일치되느냐의 정도를 말한다. 공인타당도는 준거타당도의 한 종류로서 검사점수와 기존에 타당성을 입증 받고 있는 검사로부터 얻은 점수와의 관계에 의하여 검증되는 타당도이다. 즉, 새로운 검사를 제작하였을 때 기존에 타당성을 보장받고 있는 검사와의 유사성 혹은 연관성에 의하여 타당성을 검증하는 방법이며 공유타당도라고도 한다.

공인타당도는 새로 개발한 검사를 타당화하기 위하여 기존의 양호한 검사를 준거로 삼아 경험적 증거를 확보하는 경우에 사용된다. 예컨대 어떤 검사개발자가 새로운 지능검사를 개발한 경우에 기존의 카우프만의 지능검사를 준거로 하여 두 검사간의 관계를 검토하는 과정이 공인타당도의 대표적인 사례가 될 수 있다.

나) 추정방법

공인타당도는 새로 제작된 검사의 점수와 타당성을 검증받은 기존 검사점수간의 상관계수에 의하여 추정된다. 추정절차는 다음과 같다(성태제, 2009).

① 피험자 집단에게 새로 제작된 검사를 실시한다.

② 동일 집단에게 동일한 시험상황에서 타당성을 인정받고 있는 검사를 실시한다.

③ 두 검사점수 간의 상관계수를 산출한다.

다) 장·단점

공인타당도의 장점은 계량화되어 타당도에 대한 객관적 정보를 제공할 수 있으며 타당도의 정도를 나타낼 수 있다는 점이다. 단점으로는 타당성을 입증 받은 기존의 타당한 검사가 없을 경우 공인타당도를 추정할 수 없다. 기존의 검사가 있을지라도 그 검사와의 관계에 의하여 공인타당도가 검증되므로 기존에 타당성을 입증 받은 검사에 의존한다는 단점이 있다.

2) 예측타당도

가) 정의

예측타당도(predictive validity)는 검사 점수를 이용해서 일정 시간이 경과한 후 피험자의 행동 수준 또는 성과를 예언할 수 있는 정도를 말한다. 예측타당도는 검사점수가 피험자의 미래 행동이나 특성을 얼마나 잘 예언하느냐의 문제를 다루고 있다. 예측타당도 증거는 선발시험, 입학시험, 입사시험 등에서 중요하게 고려되어야 하는 요소이다. 예컨대 신입사원 선발시험에서 높은 점수를 받은 사원이 입사 후에 성공적으로 업무를 수행할 경우에 선발시험의 예측타당도가 높다고 할 수 있다. 예측타당도를 예언타당도라고도 한다.

나) 추정방법

예측타당도는 검사점수와 미래의 행동과의 관계에 의하여 추정되므로 계량화되는 특징을 지니고 있다. 공인타당도와 마찬가지로 검사의 점수와 미래 행동 간의 상관계수에 의하여 추정된다. 예측타당도의 추정절차는 다음과 같다(성태제, 2009).

① 피험자 집단에게 새로 제작된 검사를 실시한다.

② 일정한 기간 후 검사한 내용과 관계가 있는 피험자들의 행위를 측정한다.

③ 검사점수와 미래 행위의 측정치와 상관 정도를 추정한다.

여기서 미래 행위의 측정은 이전에 만들었던 검사로 다시 측정하는 것이 아니라 검사에서 특정한 내용과 관련된 행동이어야 한다. 그러므로 미래의 행동을 측정하는 데 어려움이 있을 수 있다.

다) 장·단점

예측타당도의 장점으로는 검사도구가 미래의 행위를 예측해 주기 때문에 예측타당도가 높으면 선발, 채용, 배치 등의 목적을 위하여 검사를 사용할 수 있다. 예컨대, 약사고시, 의사고시, 교사임용고시, 대학수학능력시험에서 예측타당도가 중요시되어야 한다.

단점으로는 동시 측정이 불가능하므로 검사의 타당성을 검증하기 위해서는 시간적 여유가 필요하다. 일정한 시간이 경과된 후에 검사 점수와 측정된 행위간의 상관계수에 의하여 타당도를 검증하기 때문에 연구용 검사도구의 예측타당도를 검증하기 어렵다. 예측타당도는 과소 추정되는 경향이 있다. 그 이유는 미래의 행위를 동시에 측정할 수 없고, 시간의 흐름에 따라 중도탈락 등으로 평가대상이 달라지기도 하고, 합격자와 불합격자 집단으로 구분되어 통계적으로 자료가 절단되기 때문이다.

3절 신뢰도의 개념과 종류

1. 신뢰도의 기초

1) 신뢰도의 개념

신뢰도(reliability)는 한 검사나 시험이 측정하고자 하는 내용을 얼마나 안정적으로 일관성 있게 재고 있는 정도를 나타내는 것과 관련된 정확성을 뜻한다. 즉, 신뢰도는 한 검사가 재려고 하는 측정 대상을 어떻게 어느 정도 정확하게 재느냐에 관심을 가지고 주로 측정과정에 작용하는 오차만을 문제 삼는 검사의 정확성을 가리키는 개념이다. 신뢰도가 높다는 것은 측정의 일관성과 안정성이 높다는 것을 의미한다. 예컨대 학생의 키를 자로 잴 때마다 신장이 같다면 측정의 일관성이 높고, 따라서 신뢰도가 높다. 반면에 자로 잰 신장이 매번 다르다면 일관성이 낮으므로 신뢰도가 낮다.

AERA, APA, NCME(1999)에 의하면 신뢰도란 피험자들에게 동일한 검사를 반복 실시하였을 때 측정의 일치성이라 정의하고 있다. 그러므로 신뢰도란 측정하려는 것을 얼마나 안정적으로 일관성 있게 측정하였느냐의 문제며, 검사도구가 정확하게 오차 없이 측정한 정도를 의미하므로, 만약 측정 시 오차가 크다면 신뢰도는 낮아진다(성태제, 2009).

2) 신뢰도의 특징

인간의 행동 특성은 수많은 요인들의 영향을 받기 때문에 측정의 일관성을 유지하기 어렵고 측정의 오차가 항상 개입되고 있다. 실제상황에서 모든 측정은 오차를 포함하고 있다. 측정오차는 무작위로 작용하기 때문에 크기나 방향을 예측할 수 없는 방식으로 점수에 영향을 준다.

인간행동의 특성을 측정하는 평가도구나 검사는 피험자의 심리상태, 검사조건, 채점자 등의 요인에 따라 점수가 상당히 달라진다. 이러한 특성을 측정할 때마다 같은 점수를 얻는다면 이 검사는 신뢰도가 높다고 할 수 있다. 여기서 신뢰도의 의미를 자세하게 설명하면 다음과 같다(권대훈, 2008).

① 신뢰도는 검사자체의 성질이 아니라 검사점수의 성질이다.
② 신뢰도는 실무율적(all or none) 문제가 아니라 정도를 의미한다.
③ 신뢰도는 통계적인 방법을 통해서만이 확인할 수 있으므로 논리적인 방법으로는 신뢰도를 구할 수 없다.
④ 신뢰도는 타당도의 필요조건이지만 충분조건은 아니다.
⑤ 신뢰도의 핵심은 측정의 일관성이지만 일관성의 의미와 그것을 구하는 방식은 평가형태에 따라 다르다.

2. 검사-재검사 신뢰도

1) 정의

검사-재검사 신뢰도(test-retest reliability)는 동일한 검사를 동일한 대상에게 일정한 시간 간격을 두고 두 번에 걸쳐 실시했을 때 두 번 실시한 시험점수가 일치되는 정도를 의미한다. 두 번 실시한 점수가 일치되는 정도를 의미한다는 점에서 안정성 계수라고 부른다. 검사-재검사 신뢰도에서 오차의 근원은 시간 간격이다.

2) 추정방법

검사-재검사 신뢰도는 동일 검사를 동일 집단에게 두 번 실시하여 얻은 두 검사점수 간의 상관계수로 추정된다.

3) 장·단점

신뢰도 추정방법이 간단하다는 장점을 지니고 있지만 여러 가지 단점을 지니고 있다.

첫째, 시험 간격 설정에 따른 논란이다. 시험 간격 설정은 검사를 두 번 시행하는 데 따른 기억 효과를 배제하기 위한 기간을 의미한다. 일반적으로 2주에서 4주의 기간을 설정하나 검사도구의 특성이 시험 간격 설정의 주요 변수가 된다.

둘째, 검사를 두 번 시행하는 데 따른 문제점이다. 현실적으로 검사를 두 번 시행해야 하는 번거로움과 동일한 검사환경, 검사에 대한 동일한 동기와 검사 태도를 만들기 어렵다는 점이 문제로 제기된다.

3. 동형검사 신뢰도

1) 정의

동형검사 신뢰도(parallel-form reliability)는 문항내용은 다르지만 측정 내용, 문항 수, 문항형식 등이 같도록 만든 두 개의 동형검사를 동일한 대상에게 연속적으로 실시했을 때 두 개의 검사에서 받은 점수가 일치되는 정도를 의미한다. 동형검사 신뢰도는 두 검사의 유사성을 측정하며 평행 검사 신뢰도라고도 한다.

2) 추정방법

동형검사 신뢰도는 두 개의 동형검사가 제작되어 동일 피험자에게 검사가 두 번 시행되어야 한다. 두 번 시행으로 얻어진 각 피험자의 검사점수 간의 상관계수를 계산하여 동형검사 신뢰도를 추정한다.

3) 장·단점

동형검사 신뢰도는 두 개의 동형검사를 동일 집단에게 동시에 시행하므로 시험 간격이 문제가 되지 않으며 신뢰도 계수 추정이 쉽다는 점이 장점이다. 단점으로는 동형검사 제작이 어렵다는 점을 들 수 있다. 동형검사 신뢰도는 추정 시 두 검사의 동형성 여부에 따라 동형검사 신뢰도 계수가 달리 추정되는 단점이 있으므로 연구자의 검사도구 제작 능력에 따라 신뢰도 계수가 영향을 받는다.

4. 내적일관성 신뢰도

내적일관성 신뢰도(internal consistency reliability)는 검사를 구성하고 있는 문항간의 일관성을 측정하므로 검사도구가 얼마나 오차 없이 정확하게 측정하고자 하는 속성을 측정하였느냐 하는 문제이다. 내적일관성 신뢰도에는 반분검사 신뢰도, Kuder-Richardson 20, Kuder-Richardson 21, Hoyt 신뢰도, Cronbach α 등이 있다.

1) 반분검사 신뢰도(split-half reliability)

반분검사 신뢰도는 한 번에 실시한 검사문항을 동형이 되도록 두 부분으로 나누어 두 부분에서 얻은 점수들이 어느 정도 일치하는가의 정도를 의미한다. 반분검사 신뢰도는 하나의 검사를 가지고 추정해낸 동형검사 신뢰도라는 점에서 아주 간편하고 경제적인 방법이다. 반분검사 신뢰도는 한 개 검사를 반쪽으로 나누어 구한 상관계수이므로 Spearman-Brown의 수정공식을 교정하여 문항수를 두 배로 증가시켰을 때의 신뢰도를 구하면 된다.

검사점수를 양분하는 방법으로 전후절반법, 기우절반법, 문항특성에 따른 양분법, 무선 양분법이 있다. 반분검사 신뢰도는 한 번의 검사 실시로 신뢰도를 추정할 수 있는 장점을 지니고 있으나, 검사를 양분하는 방법에 따라 신뢰도 계수가 변하는 단점을 지니고 있다.

특히 속도검사에서 반분검사 신뢰도를 사용할 때, 주의가 필요하다. 만약에 100문제 중에 60개를 풀었다면, 60개 문항을 거의 다 맞혔을 것이고, 그 문항들을 짝수와 홀수로 나누어 신뢰도를 구한다면 거의 1.0에 가까운 신뢰도를 구할 수 있기 때문이다. 따라서 속도검사에서는 검사-재검사 신뢰도가 더 적합한 것으로 여겨진다.

2) Cronbach 알파(α)계수

검사를 한번 실시하여 양분하지 않고 문항간의 일치 정도를 추정하는 방법은 KR-20, KR-21, Hoyt 신뢰도, Cronbach α계수 등이 있다. 이 가운데 가장 널리 사용되는 Cronbach α계수를 추정하는 공식은 다음과 같다.

$$\text{Cronbach } \alpha = \frac{k}{k-1}\left[1 - \frac{\Sigma S_i^2}{S_x^2}\right]$$

S_i = 한 개 문항의 변량
S_x^2 = 총점의 변량
k = 문항 수

Cronbach α계수는 검사를 양분하지 않아도 되는 장점과 단일한 신뢰도를 추정하는 결과를 얻을 수 있고, 재검사 신뢰도, 동형검사 신뢰도, 반분검사 신뢰도가 지니는 단점을 극복할 수 있는 장점이 있다. 최근 각종 연구보고서에서 가장 많이 활용되는 신뢰도 추정방법이라 할 수 있다. 그러나 검사도구의 신뢰도를 과소 추정하는 점을 들 수 있으나 이를 단점이라 할 수 없다.

5. 신뢰도 계수의 해석

신뢰도는 검사 자체의 특성이라기보다는 검사점수의 특성이라고 언급하였다. 사실 검사점수는 어떤 집단이 실제 검사 상황에서 특정한 검사를 실시한 결과를 획득하게 된다. 여기서 획득한 검사점수가 신뢰도를 갖게 된다. 따라서 신뢰도에 영향을 주는 요인들로는 검사에 관련된 요인, 피험자에 관련된 요인, 검사 시행에 관련된 요인들을 들 수 있다(성태제, 1995). 실제로 신뢰도가 높은 검사점수를 얻기 위해서는 이러한 여러 요인들을 종합적으로 고려하여 해석해야 한다.

신뢰도 계수는 1.0이 가장 높으며 1.0에 가까울수록 바람직하다. 신뢰도 계수가 어느 정도여야 적절한가에 대한 명확한 해답은 없다. 검사결과의 중요도가 높을수록 그리고 다른 평가를 통해 검사결과를 보완할 기회가 없을 경우 신뢰도는 높아야 한다. 검사의 결과가 개인의 당락을 결정하는 용도로 쓰이는 경우에 신뢰도가 .85이상 되어야 하고, 집단에 대한 결정에 쓰이는 경우에 신뢰도가 .65이상, 교사가 교실에서 사용목적으로 만든 검사에는 .50이상, 그리고 외부기관에서 만든 검사는 .80이상 되어야 한다(Ebel & Frisbie, 1991).

4절 학교생활기록부의 작성과 활용

1. 기본 성격

학교생활기록부(이하는 학생부라 함)는 법정 장부로서 반드시 작성해야 하는 문서인 동시에, 작성하도록 되어 있는 사항은 반드시 기록해야 하는 강제성을 띠고 있다. 학교생활기록은 크게 학교생활기록부(학교생활기록부 I)와 학교생활세부사항기록부(학교생활기록부 II)로 구분되어 작성하고 관리한다. 학교생활세부사항기록부는 상급학교 진학지도 및 상급학교 학생선발에 활용하기 위한 근거자료로 활용된다. 학교생활기록부는 학교생활세부사항기록부의 기록사항 중 학생의 행동특성 및 종합의견과 교육부장관이 정하는 항목에 대한 특기사항을 삭제하여 보존한다.

학교생활기록부와 학교생활세부사항기록부는 공통적으로 인적사항, 학적사항, 출결상황, 수상경력, 자격증 및 인증 취득상황, 진로지도상황, 창의적 재량활동상황, 특별활동상황, 교외체험학습상황, 교과학습 발달상황을 포함한다. 다만, 학교생활세부사항기록부에는 행동특성 및 종합의견이 추가되고 교과학습 발달상황에 과목별 세부능력 및 특기사항을 입력하도록 되어 있다. 또한 학교생활기록부는 준영구 보존토록 하고 있으며, 학교생활세부사항기록부는 학생 졸업 후 5년 동안 보존하되, 고등학교는 상급학교 전형자료로 활용 가능하도록 5년을 추가 보존하여 10년간 보존토록 하고 있다.

학생부에서 작성된 결과를 학생의 교수학습 지도 자료로 활용함과 동시에, 학교에서 이루어지고 있는 대부분의 학생 활동 결과를 입력하여 학생을 총체적으로 이해하는 자료로서 상급학교의 진학, 취업 등의 자료로 활용한다.

2. 교과학습발달 상황의 평가 관리

학교생활기록부의 작성에서 공정한 학업성적 관리가 가장 어렵고 까다로운 문제일 것이다. 각급 학교는 학업성적 평가 및 관리의 객관성·공정성·투명성과 신뢰도를 높이기 위하여 학교별 각 교과협의회(학년협의회)와 학업성적관리위원회를 구성하고, 그 기능을 강화한다. 교과학습발달상황의 평가는 지필평가와 수행평가로 구분하여 실시한다. 다만, 전문교과 실기과목 등 특수한 경우는 시·도 교육청의 학업성적관리 시행지침에 의거하여 학교 학업성적관리규정으로 정하여 수행평가만으로 실시할 수 있다. 동 교과학습발달상황 평가 및 관리 내용을 준거로 시·도 교육청에서는 초·중·고등학교별 학업성적관리 시행 지침을 수립하고, 각급 학교에서는 시·도 교육청 학업성적관리 시행지침에 의거한 학교별 세부적인 학업성적관리규정을 제정하여 활용한다.

각급 학교에서는 학업성적 평가와 관리의 객관성, 공정성, 신뢰도를 높이기 위하여 학교별 학업성적관리위원회를 설치하여 운영해야 한다. 학교별 학업성적관리위원회의 심의 내용은 다음과 같다(교육과학기술부, 2012).

① 학교 학업성적관리규정 제·개정
② 각 교과협의회(학년협의회)에서 제출된 지필평가 및 수행평가의 영역·방법·횟수·기준·반영 비율 등과 성적처리방법 및 결과의 활용
③ 창의적 체험활동상황의 평가 기준 및 방법
④ 행동특성 및 종합의견의 평가 덕목 및 방법
⑤ 학업성적 평가 및 관리의 객관성·공정성·투명성과 신뢰도 제고 방안(평가의 기준·방법·결과의 공개 및 홍보 등)
⑥ 학교생활기록부의 기재방법 및 기재내용 등에 관한 사항
⑦ 고등학교의 교과목별 성취도별 기준 성취율(원점수), 성취도별 부여 가능한 비율 등에 관한 사항
⑧ 기타 학교 학업성적관리 관련 업무

3. 학업성적 평가결과 보고

성취평가제를 도입한 2012년 이후부터 중등학교 학교생활기록부 기재 방식이 종전과 다소 변경되었다. 과목별 성적일람표는 매 학기말 담당과목 지도교사가 작성하되, 지필평가(명칭, 반영비율 등 명기)와 수행평가(영역, 반영비율 등 명기)의 점수를 합산하고, 성취도(수강자 수)와 원점수/과목평균(표준편차)을 산출한다. 다만, 체육·음악·미술 교과의 과목은 성취도만 산출한다. 단, 전산처리할 경우 전산 입력하여 관리함을 원칙으로 한다. 원점수는 지필평가 및 수행평가의 반영비율 환산 점수 합계를 소수 첫째 자리에서 반올림하여 정수로 기록하며, 과목평균, 과목표준편차는 원점수를 사용하여 계산하여 소수 둘째 자리에서 반올림하여 소수 첫째 자리까지 기록한다.

중학교의 성취도는 종래의 수, 우, 미, 양, 가라는 평어가 A, B, C, D, E라는 새로운 평어로 변경되었다. 예체능 교과를 제외한 학기단위 성취율과 성취도는 다음 <표 12-2>와 같이 평정한다.

〈표 12-2〉 중학교 일반 교과 성취도

성취율(원점수)	성취도
90% 이상	A
80% 이상~90% 미만	B
70% 이상~80% 미만	C
60% 이상~70% 미만	D
60% 미만	E

4. 평가결과의 활용

평가자는 평가를 실시한 목적에 부합되도록 결과를 활용할 수 있어야 한다. 평가결과를 효과적으로 활용하도록 도와주기 위하여 실시목적의 확인, 평가결과의 유포, 결과활용의 지침, 그리고 활용결과의 점검 등으로 구분하여 논의하고자 한다(정재삼, 2004).

1) 실시목적의 확인

평가를 실시하는 근본적인 목적은 처음 의도한 목적에 맞도록 의사결정자가 평가결과를 유용하게 활용하는 데 있다. 평가목적을 명확히 확인하면 결과 활용방안이 분명하게 드러나게 된다. 한 가지 주의해야 할 사항은 평가결과를 오용하거 남용하는 일이 없도록 각별히 주의할 필요가 있다.

2) 평가결과의 유포

평가결과를 잘 활용하려면 우선 결과를 널리 유포 또는 보급해야 한다. 평가결과를 유포시키는 방법 가운데 문서 작성 방법과 구두 보고 방법이 가장 많이 활용되고 있다. 평가결과의 유포란 평가이해당사자뿐만 아니라 관심 있는 사람이라면 누구라도 볼 수 있게 적극적으로 평가결과를 보고하는 것을 의미한다.

Rossi와 Freeman(1989)은 평가결과의 유포형식을 일차적 유포와 이차적 유포로 구분하였다. 일차적 유포는 평가 전문가 집단을 위하여 작성한 기술보고서(technical report)를 의미하고, 이차적 유포는 평가이해당사자와 비전문가들을 위하여 기술보고서를 쉽게 쓴 간이 또는 요약보고서를 뜻한다.

3) 결과활용의 지침

평가결과가 현장에의 적합성이 높을 경우, 평가자와 사용자간의 의사소통이 원활할 경우, 사용자의 관심과 지지가 높을 경우에 평가결과가 잘 활용된다. Solomon과 Shorrell(1981)은 평가결과를 활용하는 지침을 다섯 가지로 요약하고 있다(정재삼, 2004).

① 평가자는 평가결과 사용자의 인지양식을 파악하고 그에 대응하는 보고방식을 선택해야 한다.
② 평가결과는 필요할 때 즉각적으로 사용할 수 있도록 가용성이 있어야 한다.
③ 평가자는 여러 이해당사자들의 관심을 존중하고 수렴해야 한다.
④ 평가결과에 대한 보다 구체적인 설명과 해석 그리고 결과활용 방법이 제시되어야 한다.
⑤ 평가결과를 활용하는 과정과 그 결과를 포함하는 활동을 평가에서 다루어야 한다.

4) 결과활용의 점검

평가결과를 분석하여 보고서를 작성하는 평가자와 이를 활용하는 의사결정자는 다른 기관에 근무하고 있다. 또한 결과를 활용하도록 지시하는 의사결정자와 이를 집행하는 실무자가 다르다. 그래서 평가결과를 실제로 활용하는 과정을 확인하거나 점검하지 않으면, 결과가 잘 활용되지 않고 있다. 점검하는 과정에서 부족한 점이 드러나면 즉각 수정 보완해야 한다.

부 록

A 교육평가의 모형

교육학에서 평가모형이라는 용어는 원래 교육과정 또는 프로그램 평가의 과정과 기능을 설명하기 위해 사용되기 시작하였지만, 여러 평가 분야에 널리 활용되고 있다. 이러한 평가모형들은 평가의 기본관점을 정리하고 평가의 기능과 절차를 탐색하는 데 크게 도움이 된다(Madaus, Scriven, & Stufflebeam, 1983). 1960년대 이후 지금까지 제안된 평가모형은 60여 개 이상인 것으로 나타났다. Fitzpatrick, Sanders, & Worthen(2004)은 공리주의에서 직관주의에 이르는 평가의 관점에 비추어 목표 및 관리중심모형, 소비자중심모형, 전문가중심모형, 자연주의와 참여중심모형 등 5개 범주로 분류하였다.

여기에서는 변창진 외(1996)가 소개한 7가지 교육평가의 모형 가운데, 학교현장에서 가장 널리 적용할 수 있는 모형으로 판단되는 ① 목표달성 모형, ② 의사결정 모형, ③ 판단중심 모형, ④ 고객(소비자)중심모형, ⑤ 자연주의모형에 대하여만 간략히 다루고자 한다.

1. 목표달성 모형

목표달성 모형(goal attainment model)은 교육과정, 수업 또는 행정적 조치 및 경영·관리를 통해 교육목표나 교육을 위한 제도적, 행정적 목표가 달성된 정도를 사정하는 평가모형이다. 따라서 학생들의 성취도를 평가하든, 행동발달상황을 평가하든, 교사의 수업을 평가하든, 학급경영을 평가하든, 교육행정을 평가하든, 교육재정을 평가하든, 교육시설을 평가하든, 미리 설정하여 놓은 목표를 평가의 기준으로 하는 평가는 모두 목표달성 모형이라 한다.

Tyler(1949)가 처음으로 목표달성 평가모형을 제안한 이래 가장 대표적인 목표달성 평가모형으로는 ① Tyler의 모형, ② Provus의 모형, ③ Hammond의 모형 등이 포함된다(변창진 외, 1996).

2. 의사결정 모형

평가를 의사결정자에게 필요한 정보를 제공하여 의사결정을 돕는 과정으로 설명하는 의사결정론적 교육평가의 정의를 정보처리론적 정의라고 하는 것과 같이 의사결정 모형(decision-oriented model)을 정보처리모형(information process model)이라고 부르기도 한다.

교육평가의 결과는 교육의 개선과 발전에 활용되어야 하고 평가결과를 활용한다는 것은 합리적인 의사결정을 돕기 위해 평가결과를 사용하는 행위를 의미하기 때문에 의사결정 모형으로 간주될 수 있는 평가모형은 다양하지만 그 중에서 ① Stufflebeam의 CIPP모형과 ② Alkin의 CSE모형이 가장 대표적인 모형이다(변창진 외, 1996).

3. 판단중심 모형

판단중심 모형(judgment-oriented model)은 평가란 본질적으로 전문가에 의해 전문적인 지식과 기술을 바탕으로 하여 평가하고자 하는 대상 또는 내용의 가치를 체계적으로 판단하는 활동이라고 보는 입장이다. 판단중심 모형은 전문가의 지식과 기술, 그리고 자질과 경험을 중시하고 판단을 내리기 위해 어떤 표준을 사용할 것인가에 많은 관심을 기울인다.

평가를 어떻게 정의하든 가치판단이 개입되기 때문에 판단중심 모형으로 분류되지 않을 평가모형이 없다고 할 정도로 판단중심 평가모형은 많다. 여러 가지 판단중심 모형 가운데 ① Flexner의 평가인정모형, ② Stake의 안모(종합실상)모형, ③ Scriven의 탈목표모형, ④ Eisner의 감정·비평모형 등이 대표적인 모형이다(변창진 외, 1996).

4. 고객(소비자)중심 모형

고객중심(client centered) 또는 소비자지향(consumer-oriented) 평가모형은 교육과정이나 프로그램 전문가들이 교육적 서비스 상품의 소비자인 학생, 학부모 또는 교사를 대신하여 교육서비스의 상대적 장·단점을 판단하여 학생, 학부모 또는 교사들에게 교육서비스를 현명하게 선택, 구입하는데 도움을 줄 수 있는 정보를 수집하고 제공하려는 평가모형을 말한다. 고객중심 평가모형은 범람하는 조잡한 교육서비스 또는 상품으로부터 교육자와 학생 또는 학부모들을 보호하기 위해 Scriven(1974)이 제안했다.

고객중심 평가모형에서는 평가항목이 아주 중요한 의미를 갖는다. Tyler와 Klein(1967)은 미국심리학회의 심리검사 평가항목을 이용하여 교육 프로그램을 평가하는 7개의 항목을 제안했고, Morrisett와 Stevens(1967), Eash(1970)는 다시 그것을 기초로 하여 교육과정 자료분석체계(curriculum materials analysis system; CMAS)를 개발했다.

5. 자연주의 평가모형

자연주의 평가모형(naturalistic model of evaluation)은 프로그램의 내용, 구성, 운영과정, 효과, 중요 쟁점 등에 관한 정보를 자연주의적 탐구방법을 이용하여 수집, 제공하는 평가방식을 총칭한다. 현상 또는 사물의 실상과 성질을 자연주의 철학에 바탕을 두고 탐구하는 방식을 자연주의적 탐구라고 한다. 인위적으로 조작하는 실험적인 장면보다 현장의 실제 상황에서 평가를 실시하고 사례연구 형태로 데이터를 수집, 분석하여 평가결과를 되도록이면 수량화시키지 않고 질적으로 나타내는 것이 자연주의 평가모형의 방법론적인 특색이라 할 수 있다.

자연주의 평가모형은 어느 하나의 관점에 집착하지 않고 프로그램의 참모습을 제대로 평가할 수 있는 방법이라면 어떤 견해와 전략도 모두 수용하기 때문에 이 모형에는 분간하기 어려울 정도로 수많은 접근들이 제안되고 있다. 여러 가지 자연주의 평가모형 가운데 ① Rippey의 교류적 평가, ② Parlett와 Hamilton의 조명적 평가, ③ Stake의 반응적 평가, ④ Koppleman의 해설적 평가 등이 대표적 모형이다(변창진 외, 1996).

B 지필평가의 한계

지필검사는 평가자가 글이나 말로 물으면 응답자는 글로 써서 대답하는 검사형태이다(변창진 외, 1996). 지필검사의 역사는 기원전 2200년 경 중국에서 관리를 등용하기 위한 경쟁시험제도에서 찾을 수 있다(DuBoise, 1970). 그 후에 한나라 시대(기원전 202년~200년)에 지필검사가 과거제도의 평가도구로 정착되면서 응시자의 학업성취도와 일반능력을 측정하기 위하여 사용되었다. 이 과거시험은 응시자의 개인차를 확인하기 위한 평가도구로서 중요한 역할을 수행하게 되었다.

일반적으로 지필검사에서는 피험자들이 고정된 형태의 문항에 응답하도록 되어 있다. 지필검사는 첨용검사(peaked test)와 평용검사(rectangular test)로 구분되며 두 종류의 검사 사이에 여러 가지 변형의 검사가 실제로 개발될 수 있다(Weiss, 1985).

첨용검사는 특정한 피험자의 능력 수준에 최적한 난이도를 가진 문항을 가장 많이 출제하고 쉽거나 어려운 문항을 적게 출제하는 유형이다. 평용

검사는 여러 피험자들의 능력수준에 각각 적절한 난이도 수준의 문항을 가급적 같은 수로 배정하여 출제하는 유형이다. 첨용검사는 특정 능력집단의 피험자를 정확하게 측정하는 검사 충실도 수준이 높은 반면에, 다양한 능력수준의 피험자를 효율적으로 측정하지 못하기 때문에 검사가 측정하고자 하는 피험자의 능력수준의 폭이 상대적으로 좁다. 평용검사는 모든 수준의 피험자의 능력을 골고루 측정할 수 있어서 피험자의 능력수준의 폭은 지극히 넓으나 각 피험자의 능력수준을 정확하게 측정할 수 있는 적합한 문항은 극소수이기 때문에 검사의 전반적인 충실도(정확도)는 아주 낮다. 이러한 문제를 지필검사의 폭과 충실도의 딜레마(bandwidth- fidelity dilemma)라고 부른다(Weiss, 1985). 아무리 우수한 출제자가 지필검사를 잘 출제한다고 해도 이러한 딜레마를 해결하기 어렵다(Kim, 1995).

C 컴퓨터 검사의 종류

1. 컴퓨터 보조검사

컴퓨터 보조검사(computer assisted test)는 1960년대부터 컴퓨터를 이용하여 답안지를 채점하거나 결과를 분석하고 해석하는 수준의 검사 유형이다. 컴퓨터 보조검사는 컴퓨터 보조검사 체제의 맥락에서 제대로 시행될 수 있다. 이 체제의 일반적인 목적은 컴퓨터를 이용하여 문항과 검사의 질을 높이고, 이들을 체계적으로 관리하며, 검사에 있어서의 효율성과 효과성 및 적합성을 극대화하기 위한 것이다.

현재 대부분의 경우 교육 및 심리검사의 제작이나 실시를 위해 컴퓨터를 활용하는 수준은 컴퓨터 보조검사의 단계에 있다고 해도 과언이 아니다. 우리나라에서 제작되고 있는 거의 모든 검사는 컴퓨터의 도움을 받아 문항을 제작하고, 인쇄하고, 채점 및 분석을 하고 있는 초보적인 컴퓨터 보조검사 단계이다.

2. 컴퓨터 이용검사

컴퓨터 이용검사(computerized test)는 1970년대 이후 컴퓨터의 기능이 확장되고 대중화됨에 따라 컴퓨터의 스크린과 키보드 또는 마우스를 사용하는 단계의 검사형태이다. 컴퓨터 이용검사는 개인용 컴퓨터를 이용하여 실시할 수도 있고, 지역이나 국가단위의 정보통신망을 이용하여 가정이나 작업장에서 실시할 수도 있다. 이러한 컴퓨터 이용검사를 사용하기 위해서는 기본적으로 검사에 필요한 컴퓨터 하드웨어 및 소프트웨어를 갖추고 있어야 할뿐만 아니라, 실시하고자 하는 검사가 컴퓨터 프로그램화되어 저장되어 있는 검사은행이 사전에 구축되어 있어야 한다. 피험자는 컴퓨터 소양(computer literacy)을 갖추고 있어야 한다.

3. 컴퓨터 개별적응검사

컴퓨터 개별적응검사(computer adaptive test; CAT)는 문항반응이론의 원리와 컴퓨터의 계산 및 제어능력을 이용하여 피험자의 수준에 적절한 문항을 개별적으로 제시하고 단기간에 적은 수의 문항으로 효율적으로 피험자의 능력을 추정하는 검사유형이다.

여기서 컴퓨터 검사가 컴퓨터 보조검사에서 컴퓨터 이용검사로 다시 컴퓨터 개별적응검사로 발전해 온 것은 사실이지만, 컴퓨터 개별적응검사가 다른 검사보다 무조건 우수하다고 단정할 수 없다. 각 단계가 나름대로의 장점과 단점을 가지고 있기 때문에 주어진 평가 상황에서 가장 필요한 형태로 컴퓨터를 활용하는 것이 바람직하다. 컴퓨터 검사의 단계별 특징을 정리하면 다음 <표 C-1>과 같다(부재율, 2002).

〈표 C-1〉 컴퓨터 검사의 단계별 특징

발달 단계	특 징
컴퓨터 보조검사	① 지필검사의 제작, 채점, 분석, 해석을 위해 컴퓨터를 이용
컴퓨터 이용검사	① 은 위와 동일 ② 컴퓨터를 통해 검사 실시 ③ 검사 오차의 감소 ④ 증진된 보안성 ⑤ 화면을 통한 다양한 자료 제시 ⑥ 동기유발 및 사기진작 ⑦ 다양한 정보 ⑧ 새로운 유형의 문제 ⑨ 즉각적인 점수 혹은 프로파일 제공 ⑩ 시험 및 결과 자료의 운송 불필요 ⑪ 컴퓨터의 문해력 측정 ⑫ 장기적으로 경제적
컴퓨터 개별적응검사	① 부터 ⑫까지 위와 동일 ⑬ 문항반응이론을 이용하여 학생의 수준에 적절한 문제 세트를 개별적으로 실시 ⑭ 측정의 정확성 증가 ⑮ 측정의 효율성 증가 ⑯ 수시 평가 가능 ⑰ 개별 학생의 오차 추정 가능 ⑱ 검사의 목적이나 필요에 따라 적절한 형태의 검사전략 채택 가능

D 문항반응이론

1. 개념

고전검사이론에서는 측정오차가 피험자 집단의 성질에 관계없이 동일하다고 가정하고 있으나 실제로 측정오차가 피험자들의 능력수준에 반비례하기 때문에 그 가정이 충족되기 어렵다. 고전검사이론의 문제점을 극복하기 위해 제안된 검사이론이 바로 문항반응이론이다. 문항반응이론은 피험자의 검사 결과에 영향을 미치는 관찰할 수 없는 잠재적 특성이 있다고 가정하고 피험자의 검사 점수로부터 잠재적 특성을 추정하는 절차와 관련된 일련의 이론이다. 문항반응이론은 피험자의 잠재된 능력수준과 문항에 대한 반응의 관계를 수학적으로 나타내며, 피험자의 능력에 따른 문항의 답을 맞힐 확률을 나타내는 문항특성곡선에 기초한 검사이론이다.

2. 기본 가정

문항반응이론을 전개하기 위한 두 가지 가정이 있다. 하나는 일차원성 가정이며, 다른 하나는 지역독립성 가정이다. 일차원성(unidimensionality)이란 하나의 특성으로 문항점수나 문항들의 상호관계를 설명할 수 있다는 가정이다. 한 검사의 모든 문항들이 오직 하나의 잠재적 특성만을 재어야 한다는 가정이다. 만약 수리력 검사를 실시하여 피험자의 수리 능력을 측정하고자 할 때, 문항들이 어려운 단어로 구성되어 있다면 이 검사는 본의 아니게 피험자의 언어능력까지 측정하게 된다. 이 검사는 일차원성 가정을 위배하고 있다고 할 수 있다.

지역독립성(local independence)이란 피험자의 능력 수준을 감안하여 한 검사의 문항들에 대한 반응은 각각 통계적으로 상호 독립적이라는 가정이다. 특정 문항에 대한 반응은 다른 문항에 대한 반응에 전혀 영향을 미치지 않으며, 능력과 문항특성에 의해서만 문항반응이 결정된다는 것이다. 한 문항에 답을 하거나 아는 것이 다른 문항에 답하는 것에 영향을 미친다면 그 문항들은 지역적으로 독립이 아니다.

3. 불변성 개념

불변성(invariance) 개념은 문항 특성 불변성과 피험자 능력 불변성으로 구분된다. 문항 특성 불변성이란 문항의 특성인 문항난이도, 문항변별도, 문항추측도가 피험자 집단의 특성에 의하여 변화되지 않는다는 것이다. 고전검사이론에서는 능력이 높은 피험자들이 시험을 치르면 그 문항들은 쉬운 문항으로 분석되고, 능력이 낮은 피험자들이 같은 시험을 치르면 그 문항들은 어려운 문항으로 판명되는 모순이 일어난다. 그러나 문항반응이론에서는 어떤 문항의 특성은 피험자 집단의 능력에 관계없이 항상 똑같은 수준으로 문항을 평가할 수 있다는 것이다.

피험자 능력 불변성 개념이란 피험자의 능력은 어떤 검사나 문항을 택함으로써 변하는 것이 아니라 고유한 능력 수준에 있다는 것이다. 고전검사이론에서 동일한 능력의 피험자는 쉬운 검사에서 높은 점수를 받기 때문에 능력이 높은 것으로 추정되고 어려운 검사에서는 낮은 점수를 받기 때문에 능력이 낮은 것으로 추정되어 검사도구의 특성에 따라 피험자 능력이 종속된다. 그러나 문항반응이론에서는 어떤 피험자가 어려운 검사를 택하든 쉬운 검사를 택하든 피험자의 능력은 변하지 않는다는 가정이다.

4. 문항특성곡선

검사나 시험은 언어능력, 수리능력, 자아개념 등과 같은 변인을 측정할 목적으로 제작된다. 이 변인들은 직접 측정하기 어렵기 때문에 잠재적 특성이라고 하고 일반적으로 능력이라고 부른다. 문항특성곡선(item characteristic curve; ICC)이란 피험자의 능력수준에 따라 문항의 답을 맞힐 확률을 나타내는 S자 형태의 곡선을 의미한다. 문항특성 곡선은 피험자 j의 능력수준 θ_j와 그에 따른 문항 i의 답을 맞힐 확률 $P_i(\theta_j)$간의 함수관계를 말한다. 문항특성곡선은 [그림 D-1]과 같다.

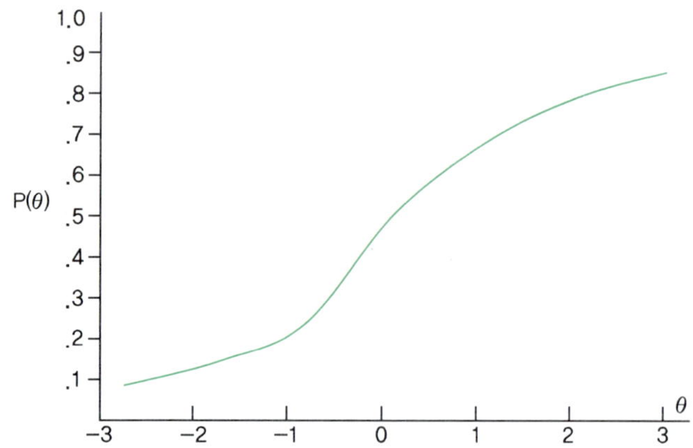

[그림 D-1] 문항특성곡선

인간의 능력은 θ로 표기하고 능력수준은 −에서 +에 위치한다. 문항반응이론에서는 인간의 능력평균을 0 표준편차를 1로 하기 때문에 인간의 능력이 음수로 표기될 수 있다. 능력이 높을수록 문항의 답을 맞힐 확률은 증가하나 선형적으로 증가하지 않는다. 문항특성곡선은 각기 다른 속성으로서 위치모수와 척도모수를 지니고 있다.

E 고전검사이론에 의한 문항분석

1. 고전검사이론

1) 개념

고전검사이론은 검사도구의 총점에 의하여 분석되는 이론이며, 관찰점수를 진점수와 오차점수의 합으로 가정하여 전개한 검사이론이다. 개인의 능력이 불변한다고 전제할 때, 독립적으로 반복측정한 검사의 평균점수를 개인의 진점수로 추정한다. 그리고 측정오차와 진점수 간의 상관관계가

영이라고 가정하므로, 관찰점수의 분산은 진점수의 분산과 오차점수의 분산으로 분할된다. 검사점수의 해석과 점사의 양호도를 점검할 때 기본모형으로 이용되지만, 피험자의 능력에 따라 문항모수가 검사문항에 따라 피험자의 능력이 달리 추정되는 단점이 있다(교육평가연구회, 1995). 고전검사이론에 의하여 문항을 분석하였을 경우 같은 문항이라도 능력이 높은 학생들이 응답한 자료를 가지고 분석하면 쉬운 문항으로, 능력이 낮은 학생들이 응답한 자료를 가지고 분석하면 어려운 문항으로 분석되므로 문항특성의 불변성 개념을 지지하지 못한다. 또한 검사의 총점으로 능력을 추정하므로 검사가 쉬우면 학생의 능력은 과대 추정되고, 검사가 어려우면 능력이 과소 추정되므로 피험자 능력 불변성 개념을 유지하지 못하는 단점을 지니고 있다.

2) 기본가정

고전검사이론의 기본가정은 다음과 같이 요약된다(박도순 외, 2007).

① 관찰점수는 진점수와 오차점수로 이루어진다.

② 피험자의 진점수는 무수히 반복하여 추정된 점수의 평균이다.

③ 진점수와 오차점수의 상관은 '0'이다.

④ 한 검사에서 얻은 오차점수는 다른 검사에서 얻은 오차점수와의 상관은 '0'이다.

⑤ 한 검사에서 얻은 진점수와 다른 검사에서 얻은 오차점수와의 상관은 '0'이다.

이상의 가정에서 오차점수의 평균은 '0'이라는 결론에 도달한다. 관찰점수의 분산은 진점수 분산과 오차점수 분산으로 합성된다. 그러므로 오차점수의 분산이 '0'이라면 관찰점수와 진점수의 값이 같아지며, 이는 신뢰도가 완벽하여 측정오차가 전혀 없음을 의미한다.

2. 문항난이도

문항난이도(item difficulty)는 문항이 쉽고 어려운 정도를 나타내는 지수이며, 문항곤란도라고도 한다. 난이도를 추정하는 공식을 보면 정답률이라고 하는 것이 정확한 표현이다. 즉, 총 피험자들 중에서 답을 맞힌 피험자의 비율을 말한다. 이는 해당 문항에 정답 할 확률이다. 문항난이도를 계산하는 공식은 다음과 같다.

$$P = \frac{R}{N} \times 100$$

N : 총 피험자 수
R : 문항의 답을 맞힌 피험자 수

예를 들어 200명의 피험자에게 검사를 실시하여 180명이 정답을 맞혔다면 문항의 난이도는 90이다. 문항난이도 지수는 백분율 대신에 .9라는 비율로 표시되기도 한다.

문항난이도로 문항을 평가하는 절대적 기준은 없다. 대체로 문항을 5단계로 평가하면 다음 <표 E-1>과 같다.

〈표 E-1〉 문항난이도에 의한 5단계 문항평가

문항난이도(%)	문항평가
0~20 미만	매우 어려운 문항
20이상~40 미만	어려운 문항
40이상~60 미만	중간 난이도 문항
60이상~80 미만	쉬운 문항
80이상~100	매우 쉬운 문항

문항난이도 지수가 높으면 쉬운 문항이고 낮으면 어려운 문항이다. 학교현장에서는 문항난이도를 '상, 중, 하'로 표기하는 관례가 있다. 대체로 어려운 문항의 경우를 난이도 '상', 쉬운 문항의 경우를 '하'로 통용되고 있다. 하나의 대안으로 어려운 문항의 경우에 '상(20 미만)', '중(20이상 80미만)', '하(80 이상)'로 평어와 문항난이도 지수를 병기하는 방안을 제안한다.

3. 문항변별도

문항변별도(item discrimination)는 개개 문항이 한 시험 또는 검사에서 총점이 낮은 학생과 높은 학생을 구분해 줄 수 있는 변별력을 말한다. 문항이 능력에 따라 피험자를 변별하는 정도를 나타내는 지수이다. 가령 어떤 문항에서 총점이 높은 학생들은 대부분 맞게 응답하였고 총점이 낮은 학생들은 틀리게 답하였다면 그 문항은 변별력이 높다. 반면에 문제가 너무 쉬워서 총점이 높은 학생이나 낮은 학생 모두 정답을 했다면 그 문항은 변별력이 낮고, 문제가 너무 어려워 총점이 높은 학생과 낮은 학생 모두 오답을 했다면 그 문항도 역시 변별력이 낮다. 문항변별도를 계산하는 방법은 상하부 지수를 비롯하여 양분상관계수, 사분상관계수, 양류상관계수 등과 같은 상관계수로 추정하는 방법이 활용되고 있다.

문항변별도 지수에 의한 문항 양호도를 판단하는 절대적 기준은 없으나 Ebel & Frisbie(1991)는 .40 이상을 매우 좋은 문항, .30~.39를 상당히 좋으나 개선될 여지가 있는 문항, .20~.29를 약간 좋은 문항으로서 개선될 필요가 있는 문항, .19이하를 별로 좋지 않은 문항으로서 버려야 하거나 수정되어야 하는 문항 등과 같은 판단 기준을 제시하고 있다.

문항변별도가 .19이하이면 나쁜 문항인 것으로 분류하였으나, 소규모 교실 상황에서는 문항변별도가 + 값이면 완전히 삭제할 필요는 없다. 그러나 −값을 갖는 변별도는 나쁜 문항으로 간주된다.

문항변별도는 문항난이도에 따라 다른 값을 가지게 된다. 문항난이도와 문항변별도 간의 관계를 제시하면 다음 <표 E-2>와 같다.

〈표 E-2〉 문항난이도와 문항변별도와의 관계

문항난이도(%)	최대 변별도	최소 변별도
00	.00	.00
10	.20	−.20
20	.40	−.40
30	.60	−.60
40	.80	−.80
50	1.00	−1.00
60	.80	−.80
70	.60	−.60
80	.40	−.40
90	.20	−.20
100	.00	.00

위의 표에 나타난 바와 같이 최대 문항변별도를 얻으려면 적정 평균 난이도는 .50이고 개개의 문항 난이도는 .3에서 .7 사이에 있어야 한다. 그 기준을 좀 낮추면 문항변별도가 적어도 .2에서 .8사이에 있어야 한다.

F 문항반응이론에 의한 문항분석

1. 문항난이도

고전검사이론에서 문항난이도는 전체 피험자 집단이 각 문항마다 반응한 정답자의 비율로 산출된다. 반면에 문항반응이론에서 문항난이도는 위치모수의 속성을 지니고 있다. 위치모수란 문항특성곡선이 위치하는 즉 기능하는 능력수준의 범위라 할 수 있다. 즉 어떤 문항은 높은 능력 수준의 피험자들에게 기능하는 문항이 될 수 있으며, 어떤 문항은 능력 수준이 낮은 피험자들에게 기능하는 문항이 될 수 있다. 위치모수는 바로 문항난이도와 관계가 있음을 이해할 수 있다. 예컨대, 높은 능력 수준에서 기능하는 문항은 어려운 문항이 될 것이고, 낮은 능력 수준에서 기능하는 문항은 쉬운 문항이 될 것이다. 위치 모수로 표현되는 문항난이도는 각 문항에 답을 맞힐 확률이 .5인 위치에 해당되는 준거 변수를 나타내는 척도상의 점을 말한다. 문항특성곡선의 문항난이도를 그림으로 나타내면 다음 [그림 F-1]과 같다.

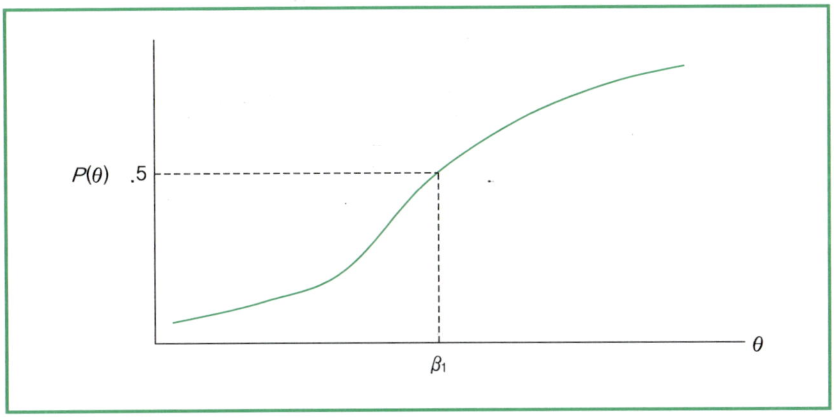

[그림 F-1] 문항특성곡선의 문항난이도

문항난이도가 [그림 F-1]과 같이 .5라면 문항특성곡선의 위치지수 즉, 문항의 답을 맞힐 확률이 .5에 해당하는 능력수준의 점을 말하며, β 또는 b로 표기한다. 문항난이도의 이론적 범위는 $-\infty$에서 $+\infty$에 존재하나 일반적으로 -2에서 $+2$사이에 존재한다.

세 개의 각기 다른 문항특성곡선들의 난이도를 제시하면 다음 [그림 F-2]와 같다.

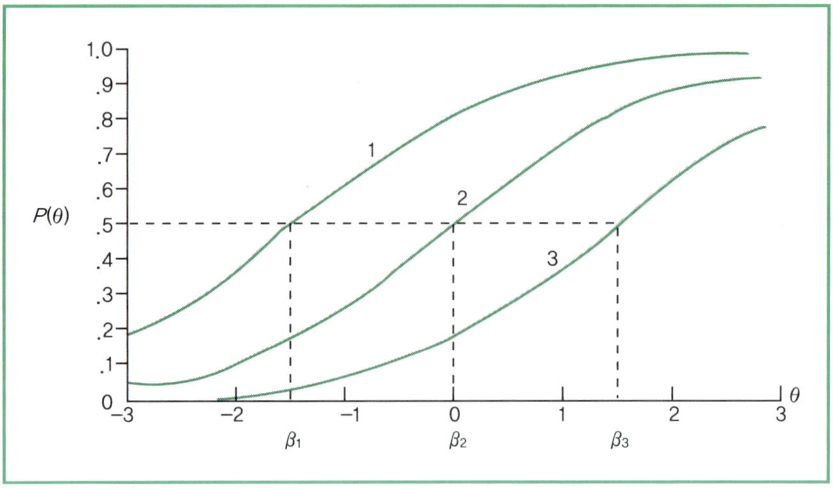

[그림 F-2] **문항난이도가 다른 세 개의 문항특성곡선**

문항반응이론에서 문항난이도 해석을 언어적으로 표현하면 다음 <표 F-1>과 같다(Baker, 1985; 성태제, 2001).

〈표 F-1〉 언어적 표현에 의한 문항난이도의 범위

언어적 표현	문항난이도 지수
매우 쉽다	−2.0 이하
쉽다	−2.0 ~ −.5
중간이다	−.5 ~ +.5
어렵다	+.5 ~ +2.0
매우 어렵다	+2.0 이상

2. 문항변별도

고전검사이론에서 문항변별도는 문항점수와 검사총점과의 양분상관계수로 정의하고 있으나, 문항반응이론에서 문항변별도는 문항특성곡선에서 각 문항의 문항난이도를 나타내는 위치에서의 기울기로 계산한다. 다시 말하면, 문항특성곡선 상의 문항의 답을 맞힐 확률이 .5에 해당하는 점에서 문항특성곡선의 기울기를 의미한다. 문항난이도가 위치모수라면 문항변별도는 문항특성곡선 상의 척도모수라고 할 수 있다. 척도모수란 위치모수 아래의 능력을 가진 피험자와 위치모수 위의 능력을 가진 피험자를 얼마나 잘 변별하는가의 정도를 나타내며 문항변별도라고 한다. 문항특성곡선 상의 문항변별도는 [그림 F-3]과 같다.

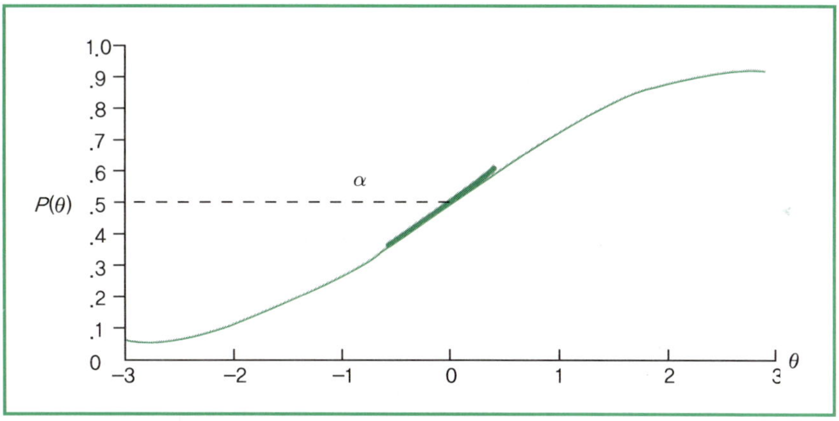

[그림 F-3] 문항특성곡선상의 문항변별도

문항반응이론에 의한 세 개의 문항특성곡선에 의하여 문항변별도를 설명하면 [그림 F-4]와 같다.

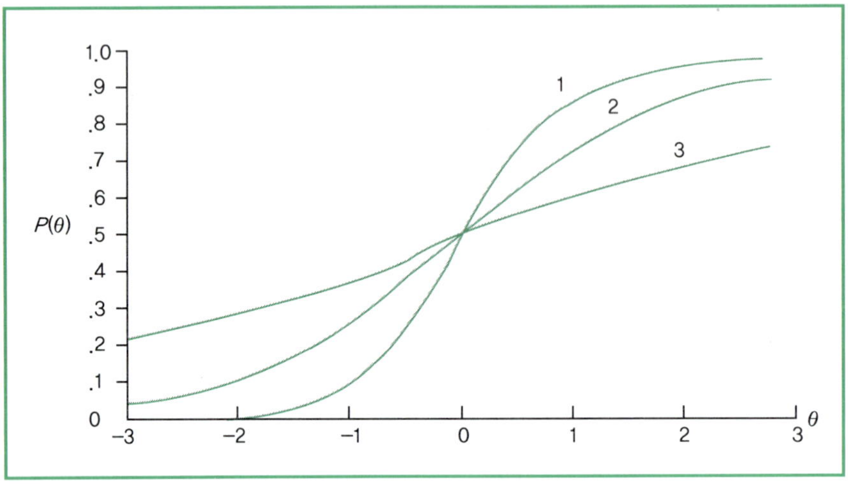

[그림 F-4] 문항변별도가 다른 세 개의 문항특성곡선

위의 [그림 F-4]에서 1번, 2번, 3번 세 개의 문항특성곡선은 문항난이도가 같으나, 곡선의 형태가 다르므로 문항변별도가 다름을 알 수 있다. 3번 문항은 피험자의 능력 수준이 증가하여도 문항의 답을 맞힐 확률의 변화가 심하지 않는 반면에, 1번 문항은 능력수준 변화에 따른 문항의 답을 맞힐 확률이 심하게 변함을 알 수 있다. 여기서 1번 문항의 변별도가 3번 문항의 변별도보다 높다는 사실은 바로 문항특성곡선의 기울기가 더 가파르다는 것이다.

문항변별도는 α 혹은 a로 표기하며, 문항변별도 범위는 이론적으로 $-\infty$에서 $+\infty$까지 가능하나 일반적으로 0에서부터 $+2.0$ 정도까지 존재한다. 문항변별도의 언어적 표현에 대응하는 문항변별도 지수의 범위를 엄밀하게 설정할 수는 없으나 다음 <표 F-2>와 같이 설정할 수 있다(Baker, 1985; 성태제, 2001).

〈표 F-2〉 언어적 표현에 의한 문항변별도의 범위

언어적 표현	문항변별도 지수(로지스틱 모형)
없다	.00
거의 없다	.01 ~ .34
낮다	.35 ~ .64
적절하다	.65 ~ 1.34
높다	1.35 ~ 1.69
매우 높다	1.70 이상
완벽하다	+∞

3. 문항추측도

선택형의 경우 정답을 모르고서 우연에 의하여 답을 맞힐 수 있다. 능력이 전혀 없는 피험자가 답을 맞힐 확률을 문항추측도(item guessing)라고 하며, 이를 c로 표기한다. 문항추측도의 범위는 0에서 1.0까지이나 일반적으로는 '1/(답지 수)'보다 낮은 확률을 나타낸다.

문항추측도 c값이 높을수록 그 문항은 좋지 않은 문항이라 할 수 있다. 전혀 능력이 없는 학생들도 답을 맞힐 확률이 높아지므로 문항 안에 정답을 암시하는 요소가 들어 있다고 해석할 수 있다. 일반적으로 어려운 문항일수록 피험자들의 능력보다는 추측으로 답을 할 확률이 높아진다. 문항분석에서 문항추측도가 상대적으로 높은 문항은 추후에 수정하거나 제거해야 한다.

G 성취기준과 성취수준의 예시

1. 성취기준과 성취수준의 개념

현행 성취평가제에서 성취기준은 각 교과목에서 학생들이 학습을 통해 성취해야 할 지식, 기능, 태도의 능력과 특성을 진술한 것으로 교수학습 및 평가의 실질적인 근거가 된다. 교사는 성취수준에서 기대하는 학생들의 지식, 기능, 태도의 능력과 특성을 설명하는 성취수준 기술(performance level description)을 학기 초에 작성해야 한다. 성취수준은 성취기준 단위 성취수준과 학기 단위 성취수준으로 구분된다. 성취기준 단위 성취수준은 성취기준의 성취정도를 상, 중, 하 3개 수준으로 구분하여 각 특성을 진술하여, 수준별 학습, 서술형 및 수행평가의 채점기준 작성을 위한 참고자료로 활용한다. 학기 단위 성취수준은 학기말 성취수준(A-B-C-D-E)에 있는 학생들의 일반적인 특성, 즉 성취기준에의 도달 정도를 기술한 것으로서, 단위학교에서 학기 단위로 학생 성적을 최종 평정하거나 각 학생의 성취도 특성을 진술할 때 활용할 수 있다(한국교육과정 평가원, 2012).

2. 교과별 성취기준의 예시

교과별 성취기준은 2007 개정 교육과정에 따른 국어, 도덕, 사회, 수학, 과학, 기술·가정, 체육, 음악, 미술, 영어 10개 교과에 대해 개발되어 보급되었다. 최근에는 한국교육과정 평가원(http://kice.re.kr)의 성취평가제 홈페이지(http://assess.kice.re.kr)에 중학교와 고등학교의 성취기준과 성취수준이 각각 탑재되어 있다. 교육과정에 기반한 성취기준의 예시는 다음 <표 G-1>과 같다.

▶ 〈표 G-1〉 교육과정에 기반한 성취기준 예시

교과	교육과정	성취기준 예시
국어	이야기나 속담을 활용하여 주장하는 말을 한다.	이야기나 속담에 담긴 의미나 교훈에 대해 말할 수 있다.
		자신이 주장하고자 하는 내용과 관련이 있는 이야기나 속담을 찾을 수 있다.
		이야기나 속담을 활용하여 자신의 주장을 말로 표현할 수 있다.
수학	복소수의 뜻을 알고, 기본 성질을 이해한다.	복소수의 뜻을 알고 기본 성질을 이해한다.

3. 성취수준의 예시

일반적으로 성취기준 단위 성취수준의 예시는 다음 <표 G-2>와 같다(교육과학기술부·한국교육과정 평가원, 2012).

▶ 〈표 G-2〉 성취기준 단위 성취수준(상, 중, 하) 예시

성취수준	설명
상	성취기준에 제시된 지식이나 기능 및 태도에 대한 이해와 수행이 우수한 수준
중	성취기준에 제시된 지식이나 기능 및 태도에 대한 이해와 수행이 보통인 수준
하	성취기준에 제시된 지식이나 기능 및 태도에 대한 이해와 수행이 미흡한 수준

위의 일반적 성취기준 단위 성취수준을 사회과에 적용한 성취기준 단위 성취수준 예시는 다음 <표 G-3>과 같다(교육과학기술부·한국교육과정 평가원, 2012).

▶ 〈표 G-3〉 사회과 성취기준 단위 성취수준의 예시

성취기준	성취기준 단위 성취수준 예시		
	상	중	하
지역문제의 해결과정을 통해 지리 조사의 순서와 방법을 이해하고, 구체적인 조사 활동을 수행한다.	적절한 순서와 방법에 따라 지리 조사를 수행하여, 지역 문제해결을 위한 바람직한 대안을 도출할 수 있다.	지리조사의 순서와 방법을 이해하고, 지역 문제해결이라는 주제로 지리 조사활동을 수행할 수 있다.	순서와 방법이 체계적이지는 않지만, 지리 조사활동을 수행할 수 있다.

일반적으로 학기 단위 성취수준의 예시는 다음 <표 G-4>와 같다(교육과학기술부·한국교육과정 평가원, 2012).

〈표 G-4〉 학기 단위의 성취수준(A-B-C-D-E) 예시

성취수준	설명
A	한 학기 동안 학생들이 충실한 교수학습과정을 통해 성취하기를 기대하는 전체 성취기준에 대한 이해와 수행이 매우 우수한 수준
B	한 학기 동안 학생들이 충실한 교수학습과정을 통해 성취하기를 기대하는 전체 성취기준에 대한 이해와 수행이 우수한 수준
C	한 학기 동안 학생들이 충실한 교수학습과정을 통해 성취하기를 기대하는 전체 성취기준에 대한 이해와 수행이 보통 수준
D	한 학기 동안 학생들이 충실한 교수학습과정을 통해 성취하기를 기대하는 전체 성취기준에 대한 이해와 수행이 다소 미흡한 수준
E	한 학기 동안 학생들이 충실한 교수학습과정을 통해 성취하기를 기대하는 전체 성취기준에 대한 이해와 수행이 미흡한 수준

위의 일반적 학기 단위 성취수준을 도덕과에 적용한 학기 단위 성취수준 예시는 다음 <표 G-5>와 같다(교육과학기술부·한국교육과정 평가원, 2012).

〈표 G-5〉 도덕과 학기 단위 성취수준의 예시

성취수준	학기 단위 성취수준 기술
A	바람직한 가치 규범의 의미와 중요성에 대한 이해를 바탕으로, 다양한 생활 영역에서 발생하는 도덕적인 문제 상황에 민감하게 반응하면서 올바른 도덕적 판단을 내리며 책임 있게 행동한다.
B	바람직한 가치 규범의 의미와 중요성에 대한 이해를 바탕으로, 다양한 생활 영역에서 발생하는 도덕적인 문제 상황에 적절하게 판단하고 행동하지만 도덕적 민감성을 제한적으로 발현한다.
C	바람직한 가치 규범의 의미와 중요성에 대한 이해를 바탕으로, 다양한 생활 영역에서 발생하는 도덕적인 문제 상황에 대해 경우에 따라 자신의 입장에서 판단하고 행동하기도 한다.
D	바람직한 가치 규범의 의미와 중요성에 대한 이해를 바탕으로, 다양한 생활 영역에서 발생하는 도덕적인 문제 상황에 대해 적절한 판단과 행위가 미흡하다.
E	바람직한 가치 규범의 의미와 중요성에 대한 이해가 부족하고, 다양한 생활 영역에서 발생하는 도덕적인 문제 상황에 대해 적절한 판단과 행위도 미흡하다.

참고문헌

강승호 외(1999). **현대 교육평가의 이론과 실제**. 양서원.

강이철(2001). **코스웨어 설계를 위한 교육공학의 이론과 실제.** 학지사.

강인애(1997). **왜 구성주의인가?** 문음사.

강현석(2012). **학교교육과정: 컨설팅의 이론과 실제**. 교육과학사.

강현석·주동범(2004). **현대 교육과정과 교육평가**. 학지사.

교육과학기술부(2009). 초·중등학교교육과정. 저자.

______(2011). 초·중등학교교육과정. 저자.

______(2011. 9. 5.). 유치원 교육과정. 저자.

______(2011. 12. 13). 중등학교 학사관리 선진화 방안. 저자.

______(2012. 1. 27). 학교생활기록 작성 및 관리지침. 교육과학기술부훈령 제239호.

______(2012. 7. 10.). 유치원 교육과정. 저자.

교육과학기술부·보건복지부(2012). 5세 누리과정 해설서. 저자.

교육과학기술부·보건복지부(2013). 3-5세 연령별 누리과정 해설서. 저자.

교육과학기술부·한국교육과정 평가원(2012). 2012학년도 성취평가제 운영 매뉴얼 중학교용. 저자.

교육부(1997a). 초·중·고등학교 학교교육과정 평가 편람. 서울: 저자.

____(1997b). 초·중등학교교육과정. 서울: 저자.

____(1999. 5. 1). 초등학교·중학교·고등학교학교생활기록부전산처리및관리지침. 교육부훈령 제587호.

____(2000). 특별활동·재량활동 교육과정의 편성과 운영. 서울: 저자.

____(2014. 9. 24.). 2015 문이과 통합형 교육과정 총론 주요사항 요약.

____(2015a). 초·중등학교 교육과정. 저자.

____(2015b). 2015 개정 교육과정 총론 및 각론 확정·발표. 교육부 보도자료('15.09.23.).

교육인적자원부(2005. 9. 23). 학교생활기록부의 작성 및 관리에 관한 규칙. 교육인적자원부령 제867호.

____________(2005. 9. 28). 학교생활기록부의 작성 및 관리지침. 교육인적자원부훈령 제676호.

____________(2007). 초·중등학교교육과정. 저자.

____________(2007. 12. 19). 유치원 교육과정. 저자.

교육평가연구회(1995). **교육측정·평가·연구·통계 용어사전**. 서울: 중앙교육연구소.

국립교육평가원(1996). **수행평가의 이론과 실제**. 대한교과서주식회사.

권낙원(1985). 중학교교육과정 평가연구. 한국교육개발원.

기영화(2001). **평생교육프로그램 개발**. 학지사.

김경배·김재건·이홍숙(2005). **교육과정과 교육평가**. 학지사.

김대현·김석우(1996). **교육과정 및 교육평가**. 학지사.

____________(2005). **교육과정 및 교육평가**(개정2판). 학지사.

김두정(2000). 교육과정 편성운영과 수준별 교육평가. **중등교육평가 직무연수 교재**. 대전교육연수원.

김성권(1991). **교육과정과 평가**. 형설출판사.

김성훈(2000). 학교교육과정 평가 실천연구의 특징 및 효과. **교육평가연구**. 13(2), pp.13-30.

김수동 외(2005). 교사의 학생평가 전문성 신장 연구(Ⅱ). 한국교육과정평가원.

김억환·김민환(1991). **새로운 교육과정 탐구**. 성원사.

김재복 외(1996). 학교교육과정 편성·운영 실태 및 개선방안 연구. 인천교육대학교.

김재춘(2003). 국가수준 교육과정의 부분·수시 개정 담론에 대한 비판적 분석. **교육과정연구**. 21(3), pp.3030-320.

김재춘 외(2000). **교육과정과 교육평가**. 서울: 교육과학사.

김재춘 외(2005). **교육과정과 교육평가**(제3판). 교육과학사.

김재춘·조덕주·노국향(1998). 초·중등 교육과정 평가 방안: 제7차 교육과정 평가 실행에 대비한 기초연구. 한국교육과정 평가원 연구보고 RRC 98-2.

김정호 외(1999). 중학교 사회과 수행평가 시행방안 및 자료개발 연구. 한국교육과정 평가원.

김종서·이영덕·정원식(1984). **교육학개론**. 교육과학사.

김진규(1987). 정의적 특성의 분류방법과 종류. **교사를 위한 정의적 특성의 평가방법**. 중앙교육평가원.

______(1989). 행동발달상황의 전인적 평가방안. **수도교육**. 통권 제113호, 31-35.

______(1996). 국가 교육과정 평가체제의 개발과 개혁과제. **교육평가**. 제6호, 6-23.

______(2000a). 학교현장에서의 수행평가 실시현황과 발전과제. 한국교육평가학회 학술세미나 발표논문집.

______(2000b). **행동발달평가**. 교육과학사.

______(2002). **프로그램 평가방법**. 학지사.

______(2008). **김교수의 형성평가 이야기**. 강현출판사.

______(2009). **교육평가 탐구 이야기**. 동문사.

______(2010). **형성평가탐구 50가지 이야기**. 교육과학사.

______(2013). **형성평가 101가지 기법**. 교육과학사.

김진규 외(1996). 지역·학교교육과정 평가연구. 국립교육평가원.

________(1997). 중학교 학교교육과정 평가연구. 국립교육평가원.

김진규·윤길근(2013). **교육평가의 탐구**. 서울: 동문사.

김찬종·김진규·임형(2001). **과학과 수행평가의 이해와 활용**. 경문사.

김학수·이희도(1976). **현대교수학습론**. 교육과학사.

김호권 외(1994). **현대교육과정론**. 교육출판사.

박경미(1998). 수학과 수행평가. 백순근(편). **중학교 각 교과별 수행평가의 이론과 실제**(pp.239-298), 원미사.

박경숙 외(1983). 국민학교교육과정 평가 연구(Ⅰ). 한국교육개발원.

박도순 외(2007). **교육평가: 이해와 적용**. 교육과학사.

박도순·홍후조(1999). **교육과정과 교육평가**. 문음사.

____________(2006). **교육과정과 교육평가**(제3판). 문음사.

박봉목(1977). **교육이론과 실천원리**. 학문사.

______(2000). **위대한 교육사상가들 Ⅳ**. 교육과학사.

박소영(1998). 미술과 수행평가. 백순근(편). **중학교 각 교과별 수행평가의 이론과 실제**(pp.531-585). 원미사.

박제윤(2007). 초·중등학교교육과정 개정(안). 초·중등학교교육과정 총론 개정안 공청회 자료집. 교육인적자원부.

배호순(1994). **프로그램평가론**. 원미사.

배호순 외(1997). 초·중·고등학교 교육과정 평가 방안 및 도구개발 연구. 학교교육과정 평가연구회.

백순근(2000). **수행평가의 원리**. 교육과학사.

______(2003). **일제강점기의 교육평가**. 교육과학사.

백순근 외(1998). **중학교 각 교과별 수행평가의 이론과 실제**. 원미사.

백순근·채선희(1998). **컴퓨터를 이용한 개별적응검사**. 원미사.

변창진·최진승·문수백·김진규·권대훈(1996). **교육평가**. 학지사.

부재율(2002). **컴퓨터활용검사**. 교육과학사.

성태제(1995). **타당도와 신뢰도**. 양서원.

______(1996). **문항제작 및 분석의 이론과 실제**. 학지사.

______(2001). **문항반응이론의 이해와 적용**. 교육과학사.

______(2002). **현대교육평가**. 학지사.

시·도교육청평가위원회(1997). 1997년도 시·도교육청 평가보고서. 저자.

신경희(2014). **교육과정의 이해**. 학지사.

양용칠(2000). 교육공학의 발전과 심리학: 영향과 전망. 한국교육공학회 춘계발표대회 논문집, pp.33-57.

오만록(2012). **교육과정론**(제3판). 동문사.

오성삼·구병두(1996). **교육과정 및 평가의 이해**. 양서원.

유봉호(1992). **한국교육과정사연구**. 교학연구사.

유한구·김경성·김진규·김승호(1997). 초등학교교육과정 평가방안 연구. 서울교육대학교.

유현숙 외(1997). 서울특별시 초·중등학교 및 지역교육청 평가방안 연구. 한국교육개발원 연구보고 CR 97-14.

윤길근·김진규·유승구(1999). 유치원 교육과정 평가기준개발 연구. **교육학연구**. 37(2), pp.135-159.

윤팔중(1980). **인간중심 교육과정이론**. 교육과학사.

______(1981). **전인교육을 위한 교육과정**. 배영사.

이경섭(1972). **현대교육과정론**. 형설출판사.

이경섭·이홍우·김순택(1982). **교육과정:이론·개발·관리**. 교육과학사.

이귀윤(1996). **교육과정연구**. 교육과학사.

이달우(1995). 형식도야이론의 교육원리. **교육총론**. 제11집. 공주대 교육연구소.

이명준 외(1999). 중학교 도덕과 수행평가 시행방안 및 자료개발 연구. 한국교육과정 평가원.

이선경(1998). 과학과 수행평가. 백순근(편). **중학교 각 교과별 수행평가의 이론과 실제**(pp.299-354). 원미사.

이성호(1984). **교육과정 개발전략과 절차**. 문음사.

이영덕(1981). **교육의 과정**. 배영사.

이용애(2006). 학교교육과정 평가도구개발. 학교교육과정 평가의 성격과 과제. 한국교육과정학회 발표논문집.

이인제 외(2004). 교사의 학생평가 전문성 신장 연구. 한국교육과정 평가원.

이인효(1998). 국가수준 초·중등학교 평가의 필요성과 방법. **교육개발**. 통권 114호.

이홍우(1977). **교육과정탐구**. 박영사.

______(1996). **증보 교육과정 탐구**. 박영사.

이홍우·유한구·장성모(2003). **교육과정이론.** 교육과학사.

정원식 외(1975). **현대교육심리학.** 교육출판사.

정재삼(2004). **교육프로그램 평가**. 교육과학사.

조덕주(2004). 미국 8년 연구운영 및 평가방안이 우리에게 주는 시사. 미국의 8년 연구의 재조명. 연구자료 RM 2004-37. 한국교육개발원.

최호성(1993). **교육과정 평가의 모형정립과 평가기준 설정 및 타당화**. 경북대학교 대학원 박사학위논문.

한국교육과정 평가원(1999). 수행평가 정책 시행 실태분석과 개선대책 연구. 연구보고 CRE 99-2.

한국교육심리학회(2000). **교육심리학 용어사전**. 학지사.

한국교육평가학회(2004). **교육평가 용어사전**. 학지사.

함수곤(2000). **교육과정과 교과서**. 대한교과서.

허경철 외(1986). 고등학교 교육과정 적절성 평가연구. 한국교육개발원.

허형·김재복·김진규·최철용(1996). 한국의 교육과정 평가모형 개발연구. 국립교육평가원.

홍후조(1999). 국가수준 교육과정개발 패러다임의 전환(Ⅰ): 전면 개정형에서 점진 개선형으로. **교육과정연구**. 17(2), pp.209-234.

황정규(1998). **학교학습과 교육평가**. 교육과학사.

황정규 외(1997). 초·중·고등학교 학교평가 절차 및 기준 개발. 서울: 서울대학교 사범대학 교육연구소.

AFT, NCME, & NEA(1990). Standards for teacher competence in educational assessment of students. *Educational Measurement: Issues and Practice*. 9(4), pp.30-32.

Aikin, W.M.(1942). *The story of the eight-year study: With conclusions and recommendations*. New York: Harper and Brothers.

Airasian, P.W.(1991). *Classroom assessment*. NY: McGraw-Hill, Inc.

Alkin, M.C.(1969). Evaluation theory development. *Evaluation Comment*. 2, pp.2-7.

Allport, G.W.(1961). *Pattern and growth in personality*. New York: Holt, Rinehart, and Winston.

American Evaluation Association(2004). *AEA guiding principles for evaluators*. Fairhaven, MA: Author.

American Psychological Association(1985). *Standards for educational and psychological testing*. Washington, DC: Author.

Anastasi, A.(1976). *Psychological testing*(4th ed.). New York: Macmillan.

Anderson, L.W.(1981). *Assessing affective characteristics in the school*. Boston, MA: Allyn and Bacon, Inc.

Anderson, L.W., & Krathwohl, D.R.(2001). *A taxonomy for learning, teaching and assessing: A revision of Bloom's taxonomy of educational objectives*. 강현석 외(역)(2005). 교육과정 수업 평가를 위한 새로운 분류학. 아카데미프레스.

Arends, R.L.(1994). *Learning to teach*. McGraw-Hill.

Baker, F.B.(1985). *The basic of item response theory.* New Hampshire: Heinemann.

Beauchamp, G.(1981). *Curriculum theory.* Wilmette, IL: Kagg Press.

Bloom, B.S.(1956). *Taxonomy of educational objectives. Handbook 1: Cognitive domain.* New York: MacMillan.

__________(1976). *Human characteristics and school learning.* New York: McGraw-Hill.

Bloom, B.S., Hastings, J.T., & Madaus, G.F.(1971). *Handbook of formative and summative evaluation of student learning.* New York: McGraw-Hill.

Bloom, B.S., Madaus, G.F, & Hastings, J.T.(1981). *Evaluation to improve learning.* New York: McGraw-Hill.

Blum, R.E., & Arter, J.A.(1996). *A handbook for student performance assessment in an era of restructuring.* Alexandria, VA: ASCD.

Brown, F.G.(1976). *Principles of educational and psychological testing* (2nd ed.). New York: Holt, Rinehart and Winston.

Brualdi, A.(1998). *Implementing performance assessment in the classroom.* ERIC/AE Digest Series EDO-TM-98-07.

Bruner, J.S.(1960). *The process of education.* Cambridge, MA: Harvard University Press.

__________(1996). *The culture of education.* Cambridge, MA: Harvard University Press.

Crocker, L., & Algina, J.(1986). *Introduction to classical and modern test theory.* New York: Holt, Rinehart and Winston.

Cronbach, L.J.(1963). Course improvement through evaluation. *Teachers College Record.* 64, pp.672-683.

__________(1970). *Essentials of psychological testing.* New York: Harper & Row.

Doll, R.C.(1992). *Curriculum improvement: Decision making and process* (8th ed.). Boston: Allyn and Bacon.

Driscoll, M.P.(2000). *Psychology of learning for instruction*(2nd ed.). Boston: Allyn and Bacon.

DuBoise, P.H.(1970). *A history of psychological testing.* Boston: Allyn and Bacon.

Ebel, R.L., & Frisbie, D.A.(1991). *Essential of Educational Measurement* (5th ed.). Englewood Cliffs, NJ: Prentice-Hall.

Eisner, E.W.(1975, April). *The perceptive eye: Toward the reformation of educational evaluation.* Invited address at the American Educational Research Association. Washington, DC.

Fishbein, M., & Ajzen, I.(1975). *Belief, attitude, intention, and behavior: An introduction to theory and research.* Reading, MA: Addison-Wesley.

Fitzpatrick, J.L., Sanders, J.R., & Worthen, B.R.(2004). *Program evaluation: Alternative approach and practical guidelines*(3rd ed.). Boston: Pearson Education, Inc.

Getzels, V.S.(1966). The problem of interests: A recommendation. In H.A. Robinson(Ed.), *Reading: Seventy-five years of progress.* Supplementary monographs. 66, pp.97-106.

Glaser, R.L.(1963). Instructional technology and the measurement of learning outcomes: Some questions. *American Psychologist.* 18, pp.519-521.

Gronlund, N.E.(1988). *How to construct achievement tests.* Englewood Cliffs, NJ: Prentice-Hall.

Guba, E.G., & Lincoln, Y.S.(1981). *Effective evaluation.* San Francisco, CA: Jossey-Bass.

Guilford, J.P.(1959). *Personality.* New York: MaGraw Hill.

Guilfoyle, C.(2006). NCLB: Is there life beyond testing? *Educational Leadership.* 64(3), pp.8-13.

Haladyna, T.M.(1994). *Developing and validating multiple-choice test items.* Hillsdale, NJ: LEA.

Hall, C.S., & Lindzey, G.(1970). *Theories of personality.* New York: John Wiley.

Hammond, R.(1969). Context evaluation of instruction in local school districts. *Educational Technology.* 9, pp.13-18.

Harrow, A.J.(1972). *A taxonomy of the psychomotor domain: A guide for developing behavior objectives.* New York: David McKay.

Hauenstein, A.D.(1998). *Conceptual framework for educational objectives: A holistic approach to traditional taxonomies.* Lanham, MD: University Press of America.

Herman, J.L., Aschbacher, P.R., & Winters, L.(1992). *A practical guide to alternative assessment.* Alexandria, VA: ASCD.

Hopkins, L.T.(1934). *Curriculum principles and practice.* New York: Sandborn Co.

House, E.R.(1980). *Evaluating with validity.* Beverly Hills, CA: Sage.

Kerlinger, F.N.(1973). *Foundations of behavioral research*(2nd ed.). New York: Holt, Rinehart and Winston.

Kim, J.G.(1995). *The effects of computerized adaptive testing and examinee test motivation on algebra skills, test anxiety, and attitudes.* Unpublished doctoral dissertation. The University of Alabama.

Kliebard, H.M.(1986). *The struggle for the American curriculum 1893-1958.* Boston: RKP.

Koppleman, K.L.(1979). *The explication model: An anthropological approach to program evaluation.* Washington, DC: American Educational Research Association.

Krathwohl, D.R., Bloom, B.S., & Masia, B.B.(1964). *Taxonomy of educational objectives, Handbook II: Affective domain.* New York: McKay.

Madaus, G.F., Scriven, M., & Stufflebeam, D.L.(1983). *Evaluation models: Viewpoints on educational and human services evaluation,* Boston: Kluwer Nijhoff.

Marsh, C.(1992). *Key concept for understanding curriculum.* London: The Falmer Press.

Marzano, R.J.(2001). *Designing a new taxonomy of educational objectives.* 강현석 외(역)(2005). 신교육목표분류학의 설계. 아카데미프레스.

McMillan, J.H.(2004). *Classroom assessment: Principles and practice for effective instruction*(3rd ed.). Boston: Pearson Education, Inc.

Mischel, W.(1986). *Introduction to personality*(4th ed.). New York: Holt, Rinehart, and Winston.

Nevo, D.(1986). The conceptualization of educational evaluation: Analytical review of the literature. In E. R. House(Ed.), *New directions in educational evaluation*(pp.15-29). London: Falmer Press.

Office of Technology Assessment(1992). *Testing in American schools: Asking the right questions.* Washington, DC: Congress of the United States.

Oliva, P.F.(1988). *Developing the curriculum*(2nd ed.). Boston: Little Brown.

Peters, R.S., & Hirst, P.H.(1970). *The logic of education.* London: Routledge & Kegan Paul.

Pinar, W., Reynolds, W., Stattery, P., & Taubman, P.(1995). *Understanding curriculum.* 김복영 외 역(2001). 교육과정 담론의 새 지평. 원미사.

Provus, M.(1969). *Discrepancy evaluation model.* Pittsburgh, PA: Pittsburgh Public Schools.

Rippey, R.M.(1973). *Studies in transactional evaluation.* Berkeley, CA: McCutchan.

Saylor, J.G., Alexander, W.M., & Lewis, A.J.(1981). *Curriculum planning for better teaching and learning*(4th ed.). New York: Holt, Rinehart, and Winston.

Scriven, M.S.(1967). The methodology of evaluation. In R.E. Stake(Ed.), *Curriculum Evaluation(pp.39-83)*. Chicago: Rand McNally.

____________(1972). Pro and cons about goal-free evaluation. *Evaluation Comment.* 3, pp.1-4.

Simpson, E.J.(1966). The classification of educational objectives: Psychomotor domain. *Illinois Teacher of Home Economics.* 10.

Stake, R.E.(1967). The countenance of educational evaluation. *Teachers College Records.* 68, pp.523-540.

Stevens, S.S.(1946). On the theory of scales of measurement. *Science.* 103, pp.677-680.

Stiggins, R.J.(1987). Design and development of performance assessments. *Educational Measurement: Issues and Practice.* 6(3), pp.33-42.

Stufflebeam, D.L.(1971). The relevance of the CIPP evaluation model for educational accountability. *Journal of Research and Development in Education.* 5, pp.19-25.

Stufflebeam, D.L., & Shinkfield, A.J.(1985). *Systematic evaluation.* Boston: Kluwer Nijhoff.

Taba, H.(1962). Curriculum development: Theory and practice. New York: Harcourt.

Thorndike, E.M.(2005). *Measurement and evaluation in psychology and education*(7th ed.). Upper Saddle River, NJ: Pearson Education, Inc.

Thurstone(1946). Comment. *American Journal of Sociology.* 52, pp.39-40.

Tyler, R.W.(1949). *Basic principles of curriculum and instruction.* Chicago: University of Chicago Press.

____________(1973). Assessing educational achievement in the affective domain. *Measurement in Education.* 4(3), pp.1-8.

Walker, D.F.(1972). A naturalistic model for curriculum development. *School Review.* 80(1), pp.56-65.

Watras, J.(2006). The eight-year study: From evaluative research to demonstration project 1930-1940. *Education Policy Analysis Archives.* 14(21).

Worthen, B.R., & Sanders, J.R.(1987). *Educational evaluation: Theory and Practice.* Belmont, California: Wadsworth.

Worthen, B.R., Sanders, J.R., & Fitzpatrick, J.L.(1997). *Program evaluation: Alternative approach and practical guidelines*(2nd ed.). New York: Longman.

Ysseldyke, S.(2004). *Assessment in special and inclusive education*(9th ed.). Boston, MA: Houghton.

찾아보기

용어

인명

저자 소개

김진규(金鎭奎)

* 약력

경북대학교 사범대학 교육학과 졸업
미국 University of Alabama 대학원(철학박사)

육군3사관학교, 문교부 중앙교육연수원, 국립교육평가원, 교육행정연수원, 국가전문행정연수원, 교육인적자원연수원, 교육과학기술연수원, 교육부 중앙교육연수원 교수 역임
부천대학교 특임 교수(현)

* 저서 및 주요 논문

교사를 위한 정의적 특성의 평가방법(공저)
교육평가(공저)
행동발달평가
과학과 수행평가의 이해와 활용(공저)
교육과정과 교육평가
프로그램 평가방법
아동연구방법(공저)
김교수의 형성평가 이야기
교육평가 탐구 이야기
형성평가 탐구 50가지 이야기
교육심리학의 이해(공저)

The effects of computerized adaptive testing and examinee test motivation on algebra skills, test anxiety, and attitudes

* E-Mail: jkim618@daum.net

저 자
인 지

[제3판] 교육과정과 교육평가

초 판 1쇄 발행 / 2002년 3월 20일
개정판 1쇄 발행 / 2007년 6월 5일
제 3 판 1쇄 발행 / 2015년 11월 30일
제 3 판 2쇄 발행 / 2019년 7월 31일
제 3 판 3쇄 발행 / 2022년 8월 10일

저공자 / 김 진 규
발행인 / 이 중 수
발행처 / **동 문 사**

서울특별시 서대문구 홍제원 1길 12
(홍제동 137-8)
Tel : 02)736-3718(대), 736-3710, 3720
Fax : 02)736-3719

등록번호 : 1974.04.27 제9-17호
가격 : 18,000원

ISBN : 978-89-8251-742-6(93370)

E-mail : dong736@naver.com
www.dongmunsa.com